生活因阅读而精彩

曹操秘史

胡月◎著

中国华侨出版社

图书在版编目(CIP)数据

曹操秘史 / 胡月著.—北京:中国华侨出版社,2014.6

("翰林书院"帝王史系列)

ISBN 978-7-5113-4676-6

Ⅰ.①曹… Ⅱ.①胡… Ⅲ.①曹操(155~220)-传记

Ⅳ.①K827=342

中国版本图书馆 CIP 数据核字(2014)第111638号

"翰林书院"帝王史系列:曹操秘史

著　　者 / 胡　月

责任编辑 / 文　艾

责任校对 / 志　刚

经　　销 / 新华书店

开　　本 / 787 毫米×1092 毫米　1/16　印张/20　字数/271 千字

印　　刷 / 北京军迪印刷有限责任公司

版　　次 / 2014 年 8 月第 1 版　2020 年 5 月第 2 次印刷

书　　号 / ISBN 978-7-5113-4676-6

定　　价 / 68.00 元

中国华侨出版社　北京市朝阳区静安里 26 号通成达大厦 3 层　邮编:100028

法律顾问:陈鹰律师事务所

编辑部:(010)64443056　　64443979

发行部:(010)64443051　　传真:(010)64439708

网址:www.oveaschin.com

E-mail:oveaschin@sina.com

总序

滚滚长江东逝水，浪花淘尽英雄。是非成败转头空。青山依旧在，几度夕阳红。
白发渔樵江渚上，惯看秋月春风。一壶浊酒喜相逢。古今多少事，都付笑谈中。

这首词是明代杨慎《说秦汉》的开场词，深沉悲壮，意境高远。后来罗贯中
将其收入《三国演义》，更被广为传诵。

虽为《说秦汉》的开场词，但作者的视野却没有局限在秦汉两代上，而是高
屋建瓴地从历史事件和人物经历中，概括出一些始终能让人产生共鸣的思想感情，
比如"空"。古来多少英雄是非成败，犹如大浪淘沙转眼成空。字里行间抒发了对
历史变迁、英雄故去的感慨：无数英雄豪杰长眠地下之后，生前的所有是非得失、
荣辱成败又有什么意义呢？在横亘古今的"青山"面前，"夕阳红"不过是人生
短暂的美好时光而已。一个"空"字，无限感慨，几多惋惜，尽在其中。

本序言为何以这阕词为引子？是因为笔者认为这阕词可称为"史论"。它综观
历代兴亡盛衰，以英雄豪杰的成败得失抒发感慨，体现了一种旷达超脱的人生观
和历史观。在这种人生观和历史观指导下，我们认识和了解本套书的诸多帝王才
更有宏观感和穿透力。

中国正统朝代的皇帝，加上一些农民起义建立的政权，皇帝总数不少于四百
位！如何在这么多君王中选出十二个，实在不是简单的事。丛书撰写组最终在名
气、正史、评价等综合因素考虑下，遴选出了如下十二位帝王，作为"帝王秘史"

的第一辑。这十二位帝王分别是：

统一六国，结束战国乱世的秦始皇嬴政；

起于亭长，击败西楚霸王项羽的汉高祖刘邦；

平定内乱，北击匈奴的汉武帝刘彻；

统一北方，奠定魏国基业的魏武帝曹操；

一统华夏，被西方称为"中国最伟大皇帝"的隋文帝杨坚；

文武双全，堪称帝王典范的唐太宗李世民；

毁誉参半的历史上唯一一位女皇帝武则天；

弯弓射雕，横扫欧亚的一代天骄成吉思汗；

乞丐出身，推翻元朝残暴统治的明太祖朱元璋；

开创明朝辉煌时代的明成祖朱棣；

南征北战，在位 61 年的康熙皇帝玄烨；

在位 60 年，有"十全老人"美称的乾隆皇帝弘历。

这十二位帝王，毫无疑问都开创或推动了一个时代的文明与繁盛。无论是时势造英雄，还是英雄改变时代，他们都是华夏星空中熠熠生辉的历史"明星"。本丛书的每一分册，都在有限而真实的史料基础上，以生动的语言和独特的视角，叙写他们百转千回、波澜壮阔的一生，展示了他们的成功与失败、高潮与低谷、坚定与疑惑、气魄与迷茫……

每位帝王都曾抒写过一段历史，或雄壮或悲戚，给后人无穷的想象和感叹。你可以击节，可以唏嘘，更可以和篇首那阕词中通晓古今、豁达潇洒的"白发渔樵"一样，把古今多少英雄的是非恩怨、成败荣辱都化作可助酒兴的谈资，纵论古今、品评人物，笑谈之中，人生不亦乐哉！

是为序。

目录
Contents

第二篇　曹家军

第三篇　挟天子以令诸侯

第一篇／狼来了

第一章 ／ 苍天已死

黄巾之乱

"苍天已死，黄天当立，岁在甲子，天下大吉！"张角振臂一呼，数十万农民头扎黄巾，揭竿而起，由此掀开了一个风云变幻、英雄辈出的时代！

正所谓"乱世出英雄"，而东汉末年正是这样一个造就英雄的乱世。东汉王朝自第四任皇帝汉和帝刘肇起，之后的皇帝包括殇帝刘隆、安帝刘祜、桓帝刘志、灵帝刘宏等几乎都是儿时即位，且大多短命而亡。皇帝幼年即位，必定要受制于其母皇太后，而皇太后往往依靠自己的父兄母族来处理朝政，如此一来，必定致使外戚专政。而皇帝年长之后，必然希望从外戚手中夺回政权，此时，皇帝身边亲近的人只有一直跟随他的宦官，因此只能依靠宦官势力来与外戚作斗争，如此一来，又会出现宦官弄权的局面。因此，皇帝短命，帝位不稳必然导致朝政不稳，外戚与宦官的斗争也就周而复始，以致国无宁日。

到桓、灵两帝时期，朝廷政治已经腐败到了极点，而外戚与宦官之间的斗争也愈演愈烈。在桓帝前期，外戚势力占据优势地位，其时，桓帝皇后的哥哥梁冀为大将军，把持朝政，将京师洛阳周围近千里的地方霸占，修建林苑来供自己玩乐。据闻，曾有人不慎杀死了林苑中的一只兔子，结果被梁冀处死，因此受牵连的还有十余人。梁冀嚣张跋扈，对百姓巧取豪夺，对官员敲诈勒索，搞得朝中乌烟瘴气。桓帝对梁冀早有不满，后借助宦官势力将其捕杀，梁冀死后，宦官集团得以把持朝政，东汉王朝从此进入了宦官当政的时代。

宦官集团得势后，政治越发黑暗，朝中官吏的升迁和任命几乎都把持在宦官手中，甚至州牧郡守也都要顺应他们的意愿来行事，朝野上下怨声载道。朝廷中一些耿直官员和一部分太学生开始抨击宦官，公然与宦官势力展开对抗，力图改善政治，司隶校尉李膺正是耿直派官员的代表之一。

李膺为人刚正不阿，对宦官更是深恶痛绝。当时，大宦官张让的弟弟张朔担任野王县令，张朔为人贪婪残暴，为祸一方，触犯法令后因畏惧李膺的威严逃回了京师，藏匿在张让家里。李膺知道后立即派人前往张让家逮捕了张朔，并将其处死。张让因此与李膺结下了仇怨。

除李膺外，朝中许多官员也都利用职权将宦官在朝中的部分党羽剪除，引起了宦官的怨恨和恐惧。延熹九年（166年），以张让等为首的宦官向桓帝上书，诬告李膺等耿直派官员"共为部党，诽讪朝廷"，致使二百余官员及太学生被诬为"党人"，受牵连下狱，这便是历史上有名的第一次"党锢事件"。

由于此次"党锢事件"愈演愈烈，以致牵连了部分宦官的子弟门生，因此不久后，在宦官们的请求下，桓帝大赦天下，这些所谓的"党人"得以出狱回家，但却终身不得做官。

桓帝死后，灵帝即位，外戚大将军窦武与太傅陈蕃联合，打算铲除宦官势力，然而却因为泄露机密，反而被宦官所杀，由此引发了第二次"党锢事件"。李膺、范滂等百余人皆被牵连，天下豪杰及儒学有行义者都被宦官指为党人。随后，各州县也为了逢迎宦官而捕杀士人，遭到杀害、禁锢的士人达到六七百人之多。

外戚、宦官、士人之间的长期斗争使得东汉王朝摇摇欲坠。但东汉皇帝却丝毫没有感到危机的到来，依然毫无进取之心，继续贪图享乐，一再对百姓进行残酷的剥削和压榨。

桓帝时期，为了缓解国库空虚的情况，桓帝曾下诏减发公卿百官的俸禄，借贷王、侯的一半租税，并公开拍卖关内侯、虎贲郎、羽林郎、缇骑营士和五大夫等官爵，试图通过卖官鬻爵来解决迫在眉睫的财政问题，同时维持自己穷奢极欲的生活。

而灵帝比起桓帝则有过之而无不及，他专门在西园建造了一个"万金堂"，将国库中的财物以及搜刮到的大量民脂民膏都存放于此，据为己有。为了搜刮更多的钱财，灵帝将各级官爵定价公开拍卖。如地方郡守两千万钱，朝廷三公等官职则一千万钱，卿官为五百万钱。由于地方官员可以更直接地搜刮民脂民膏，因此，买地方官的价钱比朝官更贵。除了公然卖官之外，即便是朝廷直接任命的官员，灵帝也要以助军和修官的名义来"敲诈"他们。当时有一个叫司马直的官员，因政绩出众而被朝廷任命为冀州钜鹿郡太守。由于司马直是朝廷直接任命的官员，且为官清廉，故而西园的宦官减免了他三百万钱，只让他缴纳剩余钱款。但司马直实在是囊中羞涩，根本没钱上交朝廷，只得一再称病不肯就任，甚至提出了辞官请求，但朝廷却不肯答应，一再催促，无奈之下，司马直只得启程出发，最后在途中自杀身亡。

在这样的情况下，朝政混乱可想而知，而在朝廷的残酷剥削下，无论是买官就任的官员还是朝廷升任的官员都转而千方百计地搜刮百姓，使得百姓的生活更加贫苦。

由于政治腐败，各级官吏无暇治理郡县，更不注意水利设施的兴修，致使全国各地频发水旱灾害。据史书记载，桓、灵两帝时期，大的水祸就曾发生十三次之多，大的旱灾则有六次。水旱灾害的频发对百姓生活无异于雪上加霜，甚至出现了人吃人的凄惨景象。在饥寒交迫、求生无路的情况下，这些贫苦的百姓只能走上反抗压迫的斗争之路。

汉灵帝中平元年（184年），全国遭遇了罕见的旱灾，百姓颗粒无收，贪婪的灵帝却罔顾百姓性命，不肯减免赋税。在民不聊生的苦况之中，巨鹿人张角站出来了。张角本是巨鹿郡的农民，深谙医道，经常医治贫苦农民。他目睹百姓遭到朝廷、官府的压榨，希望能够建立一个太平世界，于是便创立了"太平道"，以宗教的方式笼络人心。而生活困苦的百姓们早已不堪忍受朝廷暴政，他们急需一种信仰来支撑他们度过地狱般的岁月，因此加入"太平道"的人越来越多。张角派遣自己的弟弟张宝、张梁到全国各地传道，十年的时间，太平道传遍了全国各地，信徒发展到几十万人。张角将全国各地的信徒组织起来，分为三十六方，每方都有自己的首领，由张角统一指挥。

眼见时机成熟，张角便和全国各地的统领约定在甲子年甲子日，即灵帝中平元年（184年）三月五日举行大起义。

张角以"苍天已死，黄天当立，岁在甲子，天下大吉"为口号，向官府和官僚地主发起了猛烈攻击。所谓"苍天"，指的正是东汉王朝，而"黄天"则是太平道，据五德始终说，汉为火德，火生土，而土则为黄色，因此，太平道的信徒都以头扎黄巾为记号，象征着要将腐朽的东汉政权取而代之。同时，张角还派人在各官府和寺庙的门上，写上"甲子"两字，用作起义的暗号。

但没想到的是，起义还没爆发，道众中就出现了叛徒。张角的弟子唐周贪图赏钱将起义之事告发官府。朝廷随即下令，对起义军大肆搜捕，洛阳分部首领马元义不幸被捕，被处以车裂之刑，太平道信徒一千余人皆被诛杀。

面对这等危急情势，张角只得提前发动起义。二月，张角自称"天公将军"，以张宝、张梁为"地公将军"及"人公将军"，率领道众在冀州一带正式发难。由于这支起义军队伍人人头戴黄巾，因此被称为"黄巾军"。张角的起义很快就得到了全国各地的响应，一个月之内，黄巾军遍及全国七州二十八郡，愤怒的农民势如破竹，很快就攻破了河北、河南等多个州郡。

声势浩大的黄巾军主要集中在冀州的巨鹿（今河北宁晋南）、豫州的颍川和荆州的南阳三个地区，对洛阳城形成了严重威胁。直到此时，灵帝方才如梦初醒，急忙调兵遣将，以抵御黄巾军的进攻。

灵帝以皇后的哥哥、外戚何进为大将军，令其带领军队镇守京城，北中郎将卢植前往黄河以北的冀州，左中郎将皇甫嵩、右中郎将朱儁前往河南的颍川，至于南阳地区则暂时不派遣人马，只等将颍川的起义军镇压下去之后再进行围剿。

与此同时，灵帝赦免了被禁锢的士人、官吏，以对付农民起义军。各地的豪强大族也利用各自的人力、财力招兵买马，组织私人武装，修建坞壁营垒，与起义军队伍抗衡。

在朝廷和各地豪强的联合打压下，黄巾军很快就节节败退。面对强大的敌人，起义军虽然未有丝毫退缩，但农民军始终缺乏作战经验，自然难敌皇甫嵩、朱儁等身经百战的将领所率领的军队。经过九个多月的顽强反抗，起义军领袖张角在战事最紧张的时刻不幸病死，张宝和张梁也相继战死沙场。失去统帅的黄巾军顿时军心涣散，很快就被镇压了。

尽管黄巾军的主力已经溃败，但散布在全国各地的残余部队却与东汉王朝持续斗争了近二十年。在这场规模浩大的起义军打击下，东汉王朝已是名存实亡，奄奄一息。

黄巾虽未杀死"苍天"，"苍天"却因黄巾而死。轰轰烈烈的黄巾起义虽然以失败而告终，但是却彻底打破了东汉王朝脆弱的平衡，开启了中国历史上一个群英璀璨的时代。

英雄辈出的时代

面对来势汹汹的黄巾军大起义，腐朽的东汉朝廷摇摇欲坠，为对抗农民起义军，灵帝只能依靠各地方豪强及宗室贵胄，不断下放权力，任其发展势力。如此一来，天下豪杰均有了充分显示自己才能的机会，曹操、董卓、袁绍等人乘势登上了历史舞台，从此开启了东汉末年群雄争霸的新时代。

曹操出身于大官僚地主家庭，其祖父曹腾是东汉末年的宦官，父亲曹嵩在朝中官居太尉。由于受到家庭的庇佑，曹操的仕途之路十分顺利，二十岁就被地方推举为孝廉，不久便担任洛阳北部尉，后因得罪宦官蹇硕而被贬为顿丘县令。

黄巾起义爆发时，曹操被任命为骑都尉，率领一队人马去前线支援。当曹操到达长社时，皇甫嵩正打算用计火烧黄巾军营寨，曹操立即全力配合，率领军队冲锋陷阵，很快就打败了黄巾军。随后，曹操与皇甫嵩、朱儁集中兵力乘胜追击，斩杀黄巾军数万人。此后，曹操因战功升任为济南国相，退出了之后与黄巾军的战斗，在仕途上迈进一大步。

皇甫嵩、朱儁围剿洛阳黄巾军时，孙坚在朱儁手下担任佐军司马一职。孙坚是吴郡富春（今浙江杭州富阳）人，表字文台，其家族世代在吴地为官。传说在孙坚出生之前，孙家的祖坟上萦绕着五色祥云，直抵苍穹，数里之外皆能见到，百姓们都争相传言，说孙家日后必将强盛。孙坚出生之后果然相貌不凡，气节高尚，年少时便担任县吏之职。孙坚十七岁时曾与其父一同前往钱塘，途中遇到海盗抢劫商人财物，孙坚指挥手下将强盗制服，从此声名大振。跟随朱儁讨伐黄巾军时，孙坚作战勇猛，常置生死于度外。镇压汝颍的黄巾军时，孙坚又独当一面，率先登上城墙，攻下宛城，被封为别部司马。后又随张温镇压韩遂、边章的叛乱，作战同样骁勇，实力不容小觑。

在黄巾起义中得以发展壮大的，还有身为东中郎将的董卓。当时，卢植在冀州镇压张角军时因遭到监军宦官的诬陷被灵帝罢免，董卓得以取而代之，继续统领军队镇压起义军队伍。董卓字仲颖，在陇西一带颇有名望，他喜欢结交天下豪杰，并且和西北羌族首领有着密切的关系。其后，董卓因为平定了羌人的反叛，被朝廷任命为并州刺史、河东太守。在镇压黄巾军时，董卓因战败而被灵帝免职。此后不久，凉州韩遂、边章发动叛乱，董卓大喜过望，趁此机会领兵跟随车骑将军张温前往镇压，后再因战功被封为前将军，壮大了其在凉州的兵力，与此同时，董卓的政治野心也越来越大。

为了缓和统治阶级内部的矛盾，全力对付起义军队伍，汉灵帝曾宣布赦免禁锢的党人。世族大家出身的袁绍因此得以出仕，并被大将军何进辟召，顺利参与到朝廷政事之中。袁绍字本初，出身于显赫的汝南袁氏世家。袁氏家族地位显赫，有"四世三公"之称。所谓"四世三公"，意思就是其家族四代人都连续担任"三公"职务。"三公"分别为太尉、司徒以及司空等官职，在东汉王朝，"三公"在朝廷中的地位仅次于皇帝，可以说是一人之下万人之上。

袁绍本人也十分出彩，不到二十岁就出任濮阳县长，后因为母亲、父亲守丧辞官，前后共六年。其后，袁绍拒绝了朝廷辟召，在洛阳隐居。但实际上，袁绍并未放松对政治的关注，他暗中结交士人和豪杰，如张邈、何颙、许攸等人。在"党锢之祸"之时，张邈等人经常进入洛阳，同袁绍一起商议如何帮助"党人"避祸。这一段时间，曹操也和袁绍等人来往甚密，这样一来，他们便组成了以袁绍为首的反宦官集团，这也是日后曹操加入袁绍阵营的原因。何进任大将军后，对袁绍十分赏识，而袁绍也想借助何进的力量铲除宦官集团，两人一拍即合，结成联盟。此后，袁绍因协助何进铲除蹇硕、赵忠等宦官集团，在官僚阶层和士人阶层中获得了极高的声望，在争霸之路上迈进了巨大的一步。

东汉乱世不仅推动袁绍、曹操等名士豪强登上了历史舞台，还为一些心怀大志的贫士提供了出人头地的有利条件。刘备便是其中一人。

刘备字玄德，是幽州涿郡涿县（今河北省保定涿州）人。据《三国志·先主传》记载，刘备乃是西汉景帝刘启庶子中山靖王刘胜的后代，为人谦和、礼贤下士，素以仁德为世人称赞。

刘备虽是汉室宗亲，但因父亲早死，家境十分贫寒，早年依靠与母亲编织贩卖草鞋、草席维持生活。虽然家贫，但刘备却志向远大，喜欢结交有志之士，因为他为人谦逊，人们也愿意与他交好。黄巾起义爆发后，刘备与关羽、张飞桃园结义，招募了少数人马，跟随校尉邹靖镇压黄巾军起义，后因屡立军功被任命为安喜县县尉。

刘备任职不久，朝廷就发出诏令：但凡是因军功得到官职的人，都要经过精选淘汰。当时涿郡的督邮（督邮书掾、督邮曹掾的简称，代表太守督察县乡，宣达政令兼司法等）想要遣散刘备，刘备得知后立刻前往驿站求见，但督邮却以生病为借口，不愿接见刘备，刘备大怒，闯入驿站将督邮捆绑起来，鞭打两百。

在《三国演义》中，罗贯中为凸显张飞的鲁莽，而将鞭打督邮的事情冠到了他头上，而实际上，真正鞭打督邮的人是刘备。

闯下祸端后，刘备等人弃官而逃，适逢大将军何进派毌丘毅到丹杨（今安徽宣城）招兵买马，刘备等人便投奔到何进麾下。下邳一役，刘备等人大败黄巾军，刘备随后被任命为下密县丞。后刘备又相继任过高唐尉、高唐令等职。其后，刘备在与黄巾军对抗时遭遇失败，损失惨重，只能投奔当时的中郎将公孙瓒，任为别部司马。之后，刘备便一直跟随公孙瓒，并参与了其后讨伐董卓的战斗。直到后来，刘备与青州刺史田楷一起对抗冀州牧袁绍，才因为屡次建立功勋被任命为平原国相。尽管在初期，刘备的仕途并不顺利，始终依附于别人之下，但是心怀大志的刘备始终等待着机会，随时准备创立一番伟大的事业。

这是一个动乱的时代，同时也是一个充满机会的时代。大大小小的战争此起彼伏，形形色色的人物粉墨登场。所有有抱负、有野心的人都可能抓住机会，称霸中原。

汉家将亡

在内忧外患的双重威胁下，东汉朝廷已经病入膏肓，然而灵帝的贪暴却并未有所收敛，甚至为了享乐愈发变本加厉地搜刮百姓。中平二年（185 年），灵帝为了修建宫室和铸铜人，下令增加田赋，并令太原、河东、陇西各郡向京师输送木材、文石等。而当地方运送的木材抵达京师后，宦官为了敛财，又在验收时百般刁难，甚至故意调而不发，导致木材搁浅腐朽，宫殿连年修建不成。同时，地方刺史、太守等官吏也趁火打劫，让百姓苦不堪言。

灵帝十分宠幸宦官，尤其亲近张让和赵忠二人。灵帝将此二人升任为中常侍，并晋封列侯。此二人与郭胜、孙璋等人被并称为"十常侍"。他们独霸朝纲，权倾天下，灵帝对他们更是言听计从，甚至还时常说："张常侍（张让）是我父，赵常侍（赵忠）为我母。"仗着皇帝的宠幸，宦官们更加胡作非为，东汉政治可谓腐败到了极点。

统治者倒行逆施，百姓反抗自然频繁发生，自中平五年（188 年）起，被镇压的黄巾军余部再度纷纷起事。二月，郭泰等于西河白波谷起事，攻掠太原郡、河东郡等地。四月，汝南郡葛陂黄巾军再起，攻破郡县。十月，青州、徐州黄巾军又起，攻占郡县。十一月，朝廷派遣扶风人鲍鸿讨伐声势最大的葛陂黄巾，双方大战于葛陂，鲍鸿不敌黄巾军，遭遇惨败。在黄巾军起义中，凉州北宫伯玉、李文侯、韩遂等人领导的起义军是历时最久、反抗最激烈的队伍。

这些起义无论规模还是所造成的影响虽然都不及张角领导的黄巾军，但是也给汉室带来了不小的震动。东汉朝廷对于此起彼伏的农民起义疲于应付，为了维护自身的利益和稳定，不得不加强各州刺史的职权，使其监管军政财赋。

中平五年（188年）三月，灵帝接受太常刘焉（江夏竟陵人，刘璋的父亲）的建议，将部分刺史改为州牧，由宗室或重臣担任，让其拥有地方军政之权，以便加强地方政权的实力，有效进剿黄巾余孽。灵帝的这种做法虽然有效地打击了起义军，但同时也放任了军阀势力的增长，形成"内轻外重"的尴尬局面，致使地方军阀拥兵自重，群雄林立。

中平六年（189年）四月，灵帝病死，由于灵帝并未册立太子，外戚集团和宦官集团之间因皇位继承问题再次展开了激烈的争斗。

灵帝膝下有两名皇子，一是何皇后所生的皇子刘辩，一是王贵人所生的皇子刘协。灵帝本想册立刘协为太子，但又忌惮何皇后的地位以及大将军何进的势力，一直犹豫不决，久而久之，此事便耽搁下来。

灵帝病危之际，担心何皇后和何进对刘协不利，便将刘协托付给了上军校尉蹇硕。如此一来，以何进为代表的外戚集团势力和以蹇硕为代表的宦官集团势力之间立刻开始剑拔弩张起来。

蹇硕在灵帝去世后，积极谋划除掉何进，立刘协为帝。但不料阴谋败露。在何进的威迫下，蹇硕只好同意立刘辩为帝，是为少帝，封刘协为渤海王（后迁封为陈留王），尊称何皇后为太后，临朝听政，何进得以执掌朝政。

何进控制朝政之后，将袁绍、袁术兄弟视为心腹，并开始大力培植党羽，先后任命何颙为北军中侯、许攸为黄门侍郎、郑泰为尚书后迁侍御史，受到提拔的官员达二十多人。

蹇硕不甘心大权旁落，便写信给宦官赵忠、宋典等人说："大将军何进兄弟（指何进与其弟弟何苗）秉国专政，与天下党人共谋要诛除我等，只因我统领禁军，才迟迟没有下手。如今我们只有同心合力，先下手为强，才能保住性命。"

就在蹇硕试图联合其他宦官谋划铲除何进的时候，何太后的亲信宦官郭盛却将此事告知了何太后。何太后知道后立即告诉了哥哥何进，于是，何进、袁绍等先发制人，将蹇硕杀死，掌握了西园禁军。

袁绍对宦官历来深恶痛绝，趁机极力劝说何进除掉所有宦官，袁绍说："宦官亲近皇帝，出入发号施令，如果不彻底铲除他们，必将留下祸端。现在大将军统领禁军，部下将领都是英雄名士，万事都在掌握之中，这就是绝好的时机。如果能够铲除天下污秽之臣，可谓是功勋卓著、扬名后世的大好事。"但何进却犹豫不决。

不久，袁绍在军中听到一些对何进不利的流言，意识到必定是"十常侍"所为，便立刻向何进进言道："张让等向外放出流言，诬陷大将军鸩杀董太后，欲谋权夺位。如今文武百官已经人心惶惶，朝廷陷入重重危机之中，随时会酿成大祸。昔日窦武、陈蕃等人欲诛杀宦官，宦官便流言窦武等人造反，使得京城士兵心存畏惧，反而倒向支持宦官，窦武等人最终落得被害的下场。现在大将军的声望和力量足以压过宦官，不如乘势彻底洗杀宦官，铲除祸根。"

何进听完也认为袁绍说得有道理，便立即向何太后请示，希望解除宦官统领禁军的职权，并罢黜中常侍以下的所有宦官机构。汉章帝以来，为了平衡内宫以及统治阶级内部的力量，宦官统领禁军成了汉室朝廷的传统。何太后虽然是何进的妹妹，但显然对这个大将军哥哥并没有十足的信任。铲除宦官势力，就意味着增大外臣权势，这样一来，很可能会威胁到皇室的安全，况且皇帝年纪还小，缺乏自主性，容易被人控制。考虑到这一点，何太后便以祖先遗命不可违背为由，拒绝了何进的建议。

同时，何进的弟弟何苗接受了宦官的贿赂，也极力劝阻何进。何进本身便是一个好谋无断的人物，又怕违背何太后的旨意，便将此事耽搁下来。

何进犹豫不决的时候，张让、段珪等宦官却在紧锣密鼓地筹划着政变事宜。他们一方面通过何苗以及舞阳君（何太后的母亲）向何太后表示忠诚，一方面公开表示宫内禁军属于皇帝和皇太后，旨在保护内廷不受权臣的欺凌。何太后对张让等人的说辞信以为真，逐渐亲信他们。而大将军皇甫嵩公开表示尊重并支持皇权之后，驻军司隶区军团也逐渐倾向于内廷，使得宦官集团势力大增。

袁绍见铲除宦官的计划受阻，又给何进出主意，让何进召集外地将领入京师来吓一吓何太后，让她同意铲除宦官集团。何进手下的主簿陈琳听说了袁绍的建议后坚决反对，陈琳对何进说："将军你现在大权在握，只要当机立断，万事皆可成功。如今召集外兵进京，将兵权交给别人，恐怕会招致祸乱。"

比起陈琳，何进当然更为信任袁绍，加之何进一直忌惮宦官势力，同时又对何太后有所顾忌，因此对陈琳的意见不置可否。

这件事情被典军校尉曹操知道了，曹操大笑，说道："这宦官自古就有，之所以会祸乱朝纲，不过是因为君主宠信他们，将大权交付给他们。要惩治他们，只需派个人去杀掉他们领头的就可以了。何必召来外将呢？"

何进听了曹操的话后非常不高兴，冷言冷语地说道："孟德难道对宦官存有私心吗？"曹操的祖父曹腾正是一名宦官，何进此言直戳曹操的心窝子，令曹操气结于心，一时哑口无言。

这时，卢植站出来赞成了曹操的说法，由于卢植地位超然，说话有分量。

何进和袁绍也不好反驳。但最终，何进也没有采纳陈琳以及曹操等人的意见，而是暗中派遣使者带着伪造的诏书，奔往各地调动军马去了。

何进调兵入京的诏令一出，统领二十万西凉军的凉州刺史董卓立马就站出来响应了。对野心勃勃的董卓来说，这可是个大好机会啊！听闻董卓愿意进京，何进不但没有感到危机的来临，反而十分高兴，当即就要回信让董卓赶紧进京。

侍御史郑泰知道后，立即劝阻何进说："董卓这个人强暴寡义，如果授以大事，必定会危害朝廷，千万不要依靠董卓的力量啊。"

卢植也支持郑泰的说法，进言道："我素知董卓的为人，面善心狠，他若是进入京城，势必滋生祸端。还是赶紧派遣使者阻止他前来吧！"

对于郑泰和卢植等人的反对，何进非常不高兴，一意孤行地同意了董卓进京的请求，并派大将军府秘书王匡、骑兵都尉鲍信等返回青州招募勤王部队。眼见董卓进京之事已经不可阻挡，为防生变，卢植立即将此事告知了皇甫嵩，皇甫嵩恐董卓趁机夺权，便召来东郡太守桥瑁屯兵成皋（今荥阳市西汜水镇虎牢关附近），武猛都尉丁原带领军队进驻河北，以此来牵制董卓的力量。

眼见如今情势越发不利，张让等人决定孤注一掷，除掉何进。张让和段珪等宦官趁何进进长乐宫拜见太后的机会，布置亲信埋伏在宫外。当何进到达宫门时，众人假冒太后的命令，将其骗入宫中。张让怒斥何进说："天下混乱，并不是我等之罪造成的。先帝曾经和太后出现矛盾，是我为太后苦苦求情，才使得太后和先帝和好如初。如今你竟想将我等灭族，真是太过分了！"随后，张让等人一拥而上，将何进杀死。

何进被杀后，吴匡和张漳等人领兵攻打宫门，想为何进报仇，袁术则下令放火焚烧青琐门，一举攻下南宫。张让、段珪等人见势不好，劫持少帝刘辩和陈留王刘协匆匆忙忙逃走。当他们逃到小平津时，被尚书卢植、河南中部掾闵贡追上，张让、段珪等人无奈投河自杀。

与此同时，袁绍下令封闭所有的宫门，搜捕宦官，大宦官赵忠、曹节等被杀，其余宦官无论长少也尽数被处死，共两千余人。一时间，洛阳城陷入了混乱之中。

持续百年的外戚同宦官的斗争终于结束。但手握强兵、骄纵跋扈的董卓也已领兵进入洛阳，成了新的狼虎，将东汉政权牢牢控制在手中，掀起一阵阵新的血雨腥风。

第二章 ／ 能臣

游侠少年

　　曹操生活在一个最坏的时代，朝廷腐败黑暗、宦官为所欲为；曹操也生活在一个最好的时代，正所谓乱世出英雄，东汉末年的乱世为他提供了大展拳脚的舞台。

　　曹操字孟德，小名叫作阿瞒。曹操的父亲曹嵩本姓夏侯，后做了宦官中常侍曹腾的养子，才改为曹姓。关于曹氏的祖先有几种不同的说法，据《三国志·武帝纪》记载：曹氏是汉高祖刘邦开国功臣曹参的后代，后来家世逐渐没落。而曹氏后人和历史学家也认为这种说法比较可信，但即便如此，因为曹操的父亲是曹腾的养子，因此从血缘关系上来说，曹操与曹氏祖先是没有什么关系的。至于曹操父亲曹嵩的生父生母是谁，则无从考证。《三国志·魏志·武帝纪》裴注引《曹瞒传》也只粗略记载，称曹嵩是夏侯氏之子，曹操和夏侯惇是从兄弟。

　　曹氏一族原本在乡里颇有声望，到曹腾的父亲曹节（与大宦官曹节并不是一个人）这一代时，曹氏家族已经败落，没有条件供养孩子读书识字。当时汉安帝刘祜挑选少年做宦官，陪伴太子刘保读书，曹节便将曹腾送去了宫中。曹腾性情温顺、做事认真，深得皇太子喜欢，后刘保即位为汉顺帝之后，曹腾便晋升为中常侍，深受皇帝信任。曹腾在宫中历经东汉安、顺、冲、质、桓五帝，前后长达三十多年。

　　虽然曹腾身为宦官，但是与那些专横跋扈、胡作非为的宦官还是有很大区别的。他崇敬贤能之才，经常推荐一些有才能的人到朝中做官，张温、张奂等人都是经过曹腾的举荐才得到重用，位列公卿。更为难得的是，曹腾能做到举贤不避仇。曾经有一次，一个蜀郡太守想笼络曹腾，趁本郡官吏进京时，给他送去书信和礼物。益州刺史种暠得知这件事之后，便上书向皇帝检举曹腾收受贿赂。皇帝袒护曹腾，并未将其治罪。曹腾事后不仅没有记恨种暠，反而称赞他是正直贤能之人，向皇帝推荐他升了官。后来种暠升为司徒，一直对别人说："我今天能够坐到三公之位，全是曹常侍的功劳啊！"

　　曹腾死后，曹嵩承袭费亭侯。因为曹腾的关系，曹嵩的仕途也一帆风顺，很快就做到了司隶校尉，主管京师地区的监察。灵帝时期，曹嵩又担任大司农，主管租税钱谷；大鸿胪，主管接待宾客；后又花钱买官，做了太尉，位列三公。

　　因此，曹操的家境可以说是非常好的，祖父和父亲都是有权有势的大人物。但若论门第，曹操的出身则完全上不了台面。曹腾虽然是个好宦官，但毕竟还是宦官，更何况东汉末年，宦官集团又因祸乱朝纲而臭名远播。所以在当时，很多士人都看不起曹操。

少年时候的曹操是典型的纨绔子弟，整天游手好闲、不务正业，还处处惹是生非。由于曹操太调皮捣蛋，他的叔叔实在看不下去了，便到曹操的父亲曹嵩那里告了他一状。曹嵩很生气，因此责备了曹操。曹操非常不高兴，对叔叔特别有意见。

有一天，曹操正在家门口玩，远远就见到叔叔走过来，曹操顿时心生一计。待叔叔走近后，曹操突然口眼一歪倒在地上，叔叔大惊，问曹操说："阿瞒你这是怎么了？"曹操应声道："我突然中风了。"叔叔非常担心，赶紧冲到家里去告诉曹嵩说："快来快来！阿瞒中风了！"结果曹嵩冲出来一看，曹操正活蹦乱跳地在玩耍，哪里有中风的样子！曹嵩走过去询问曹操说："你叔叔说你不是中风了吗？到底怎么回事啊？"曹操瞪大眼睛看着曹嵩，一副浑然不知的样子说道："我哪有中风……唉，一定是叔叔讨厌我，所以才这么说。"曹嵩一听，非常生气，以后再也不相信曹操叔叔所说的话了。可见，这曹操从小时候开始就是个鬼点子多、极其奸猾的人。

当时，常常和曹操混在一起胡作非为的，还有同样身为"纨绔子弟"的袁绍以及张邈等人。据《三国志·魏志·武帝纪》记载：有一次，曹操和袁绍在一起玩，突然听说有人结婚，曹操兴致来了，对袁绍说："我们一起去闹一闹婚礼，找点乐子怎么样？"袁绍一听，问道："怎么个闹法？"曹操眼珠子一转，笑道："我们去把新娘给抢了！"袁绍顿时来了兴致："这个好玩！"然后曹操和袁绍赶紧乔装打扮了一番，混进主人家的后院。等到客人差不多都离开的时候，曹操便大声喊道："抓小偷啊！"房内的人听到声音，赶紧跑了出来四处查看，曹操就趁机溜进房里，拿着刀把新娘给劫持了。和袁绍会和后，两人急忙逃走，结果袁绍一不小心栽倒在灌木丛里，衣服还被勾住了，一时之间动弹不得。袁绍急了，赶紧喊："曹操你快来帮忙！"曹操见状，脑子一转，突然大声喊道："抓小偷，小偷在这里啊！"袁绍惊出了一身冷汗，情急之下，一跃而起，冲出了灌木丛。可见这曹操自小便是满怀鬼点子的捣蛋鬼。

随着年纪的增长，曹操开始耳闻目睹朝廷腐化、政治混乱的局面，尤其是在他十四五岁时，李膺等人因"党锢之祸"被宦官杀害，对他造成了极大震动。从此之后，曹操不再沉迷于飞鹰走狗的生活，决心集中精力学习，立志以天下为己任。此后，曹操开始博览群书，并且爱上了读书这件事情，尤其喜好研读兵书。据记载，曹操这一生都非常重视读书，即便是在行军打仗的时候也不落下。同时，曹操还喜欢舞枪弄棒，在武艺方面也是同龄人中的佼佼者。

虽然曹操称得上是文武全才，但由于此前胡作非为的"黑历史"，加上宦官家庭的出身背景，当时很多人都看不起他。但是有一个人却非常看重曹操，这个人就是当时官居太尉的桥玄。

桥玄与曹操的父亲曹嵩有交情，因此对曹操也比较了解。桥玄非常欣赏曹操，认为他是不可多得的人才，将来必然能成就大业。桥玄对曹操说："这天下将要大乱，能安定天下的，必定是像你这样的人才。"曹操听后非常高兴，此后两人多次交往，惺惺相惜，成了莫逆之交。桥玄甚至对曹操说："我已经老了，恐怕不久便会离开人世，我想把妻儿托付给你。"可见，桥玄对于曹操的信任和重视。

为了提高曹操的知名度，帮助他跻身士林，桥玄便推荐曹操去见许劭。

东汉末年的时候有这样一种风气：任何人想要出人头地，获得社会的认可，就必须要得到著名的人物"鉴赏家"的鉴定。许劭正是当时非常有名的人物"鉴赏家"，但凡是能够得到他好评的人，声望必定大大提升。许劭在每个月初一都会对当时的人物进行一番评议，因此他又被称为"月旦评"。

在桥玄的推荐下，曹操见到了许劭，但许劭却始终闭口不言，死活不肯评论曹操。曹操急了，想尽办法，锲而不舍地追问，逼得许劭实在没有办法，这才说道："子治世之能臣，乱世之奸雄。"（《后汉书》记载为"君清平之奸贼，乱世之英雄"）曹操听罢大笑，随后得意地离开了。

许劭对曹操的评价是非常耐人寻味的，这句话有两种不同的理解。一是曹操若生在治世，那便是能臣；但若是生在乱世，那就是奸雄。也就是说，曹操以后会走上什么样的道路，完全是世道所决定的。另一种解释则是，曹操若是治理天下，那就是能臣，但若是扰乱天下，那就是奸雄。如此一来，未来走上什么样的道路，那就是曹操主观愿望所决定的了。但不管是哪一种解释，都肯定了曹操的能力，预言他将来必定出人头地，因此，对于这个评定，曹操心中应该是十分满意的。

经过许劭的评定，再加上曹氏家族的影响力，曹操很快就有了踏上仕途的机会。

初露锋芒

灵帝熹平三年（174 年），二十岁的曹操被地方推举为孝廉。所谓孝廉，原本是汉武帝时设立的选举官吏的两种科目。孝，指孝悌者；廉，指清廉之士，后来合称孝廉。在当时，有了孝廉的资格才能入朝做官，后到了明清时期，孝廉通常是对举人的称呼。

开始，曹操被任命为郎官（帝王侍从官的总称，长官为郎中令），紧接着又受到尚书丞、京兆尹司马防（司马懿的父亲）推荐，出任洛阳北部尉。根据东汉时期的官制，县一级的正印官在大的县被称为县令，小的县则被称为县长，县令和县长都有两个副手，一个是丞，一个是尉。丞所主管的是县里的民政和财政事宜；而尉所主管的则是军事和治安问题。当时洛阳是东汉都城，负责都城治安的尉官分为东、西、南、北四部。而曹操的职责就是负责洛阳北部地区的治安工作，洛阳处于天子脚下，权贵皇族众多。这些贵族、宦官以及其党羽常倚仗权势目中无人，胡作非为，因此，洛阳城的治安管理并不是一件容易的事情。

这是曹操踏上仕途后担任的第一个官职，自然十分重视，年轻的曹操将此当作自己大展宏图的起点。走马上任后，曹操首先修缮了官署和城门，并下令制造了十几根巨大的五色棒挂在衙门里。这个五色棒是用来干什么的呢？就在众人一片疑惑之际，曹操随即令人贴出了告示，将朝廷的法令一条条列在告示上，并宣布："但凡是违反朝廷禁令的人，无论是平民百姓还是豪绅权贵，一律用五色棒打死，绝不留情！"

告示贴出来后不久，就有不怕死的撞上枪头来了。一个深夜，曹操正坐在衙内读书，狱吏突然闯了进来，说抓到一个触犯禁令的人，却不知要如何处置。曹操面色一沉，这禁令既然已经说得明明白白，自然应当秉公办理，还有什么争议呢？结果一询问，曹操这才知道，原来违反禁令的人正是灵帝最宠信的宦官蹇硕的叔父。蹇硕是灵帝的宠臣，所谓打狗还得看主人，若是将蹇硕的叔父打死，无疑会得罪蹇硕，进而惹怒灵帝，这也是狱吏不敢贸然执法的缘由所在。曹操虽然是宦官家庭出身，但对宦官乱政一事却深恶痛绝，当即下令："乱棒打死，绝不留情！"很快，曹操棒杀蹇硕叔父的消息就传遍了京城，百姓无不拍手称快，从此之后，京城的达官贵人皆有所收敛，治安情况也有所好转。

曹操刚上任不久就出手不凡，干出了震动朝野的"大事业"，赢得世人刮目相看，同时也提升了其在士人和官僚地主之间的威望。但他得罪的却是灵帝身边最受宠信的宦官蹇硕，蹇硕对此必定不会善罢甘休。

蹇硕对曹操恨之入骨，一心想要为叔父报仇雪恨，但又碍于曹氏家族在朝中的地位，不好公然对曹操进行报复。经过多番思索后，蹇硕决定采取明升暗降的方式来将曹操赶出京师。于是，蹇硕便怂恿朝中官员在灵帝面前进言说："曹操这人特别有本事，在京师做个副官实在是太屈才了，不如升他做个县令吧！"这一调任，把曹操调到了顿丘（今河南清丰）。

熹平六年（177年），曹操离开洛阳，前往顿丘做县令。顿丘人人尚武，好勇喜斗，官民之间经常发生集体械斗，杀人放火都是平常之事。在近三十年间，顿丘共调任和撤换了四十二任长官，其中四任死于非命，二十二任申请调离，十任被撤换，还有六任半夜挂印逃跑。可见，这顿丘根本就是一个是非之地，而蹇硕将曹操调任于此，显然是居心不良。

曹操到任之后，立即从外乡招募百余名勇士，组织了一支执法武装队伍来维持治安。随后，又查点官库财物、清点每月支出，翻阅陈年旧宗，审查多年积压的案件。根据当地情况，曹操颁布了十条暂行条例，对于杀人放火者、强买人口者、聚众械斗者、奸淫掳掠者、欺压良善者等违法者，杀立决，该条例被称为"十诛"。

为了威慑豪强，整顿治安，曹操对那些抢占良田、杀人放火的地主豪强实行严惩，杀一儆百。一时间，顿丘的百姓纷纷奔走相告，争相到县衙告状。

经过曹操的大力整顿，顿丘县境内民风肃然，地方的农业和经济也有所发展。

然而次年，即光和元年（178年），曹操却被牵连到了一宗皇室冤案之中，这宗冤案的主角正是灵帝的皇后宋氏。

宋皇后是扶风人，由于姿色平平，并不受灵帝宠爱。当时，宦官王甫向灵帝进谗，说宋皇后在宫中行巫蛊之事来诅咒灵帝。灵帝本就不喜欢这个皇后，如今又听说这等事情，便毫不留情地收回了皇后印绶，废掉了宋皇后。之后不久，宋皇后郁郁而终，而她的父亲宋酆以及其兄弟也相继被杀。曹操的堂妹夫宋奇（滁强侯）是宋皇后的同宗，对曹操早有不满的宦官们便借此机会捕风捉影，将曹操也牵扯其中，致使灵帝罢免了曹操的官职。

宦官王甫与宋皇后之间有何冤仇，为何非要置宋皇后于死地呢？这还要从宋皇后的姑母说起。宋皇后的姑母宋氏是桓帝亲弟弟渤海王刘悝的妻子。渤海王刘悝曾因不守王法被汉桓帝贬为瘿陶王，因不甘被贬斥，刘悝夫妇便求助于当时颇有权势的宦官中常侍王甫，答应事成之后酬谢王甫五千万。结果王甫还未来得及为刘悝求情，桓帝就在临终前恢复了刘悝渤海王的爵位。王甫见渤海王复位，便毫不客气向他索取那五千万酬金，刘悝大怒，严词拒绝了王甫的要求，使得王甫一直怀恨在心。灵帝即位后非常信任王甫，王甫便趁机在灵帝面前诬陷渤海王谋反，结果，渤海王与王妃宋氏被迫自杀。渤海王夫妇死后，王甫担心皇后与在朝的宋氏子弟报复，便决定先发制人，捏造宋皇后私行巫蛊的谣言，最终害死了宋氏一家。这般冤事，实在令人唏嘘。

曹操被罢免之后，在洛阳无事可做，回到家乡谯县闲居。直到光和三年（180年）才再次获得出仕机会。当时，灵帝诏令公卿举荐通晓《尚书》、《春秋》的士人任为议郎，曹操因为博古通今，又被征召回京城，拜为议郎（为光禄勋所属郎官之一，掌顾问应对，无常事）。

虽然议郎属于闲职，没有具体的工作和实权，但是却可以参与时政的议论。曹操不甘于无所事事，想要向朝廷多提些建议，希望凭借自己的力量致使政治清明。此前，大将军窦武、太傅陈蕃谋划诛杀宦官，不料其事未济反为宦官所害。曹操上书陈述窦武等人为官正直而遭陷害，致使奸邪之徒满朝，而忠良之人却得不到重用的情形，言辞恳切，想为窦武等人鸣冤，但其上书却石沉大海，再没有任何回音。

光和五年（182年）正月，灵帝诏令公卿检举为害百姓的地方官员，予以罢免。太尉许戫、司空张济收受贿赂，按照宦官的意思，对那些民愤很大的宦官亲属、宾客的贪污罪行，不予以查处，反而对一些颇有政绩的官吏进行制裁。这些被冤枉的官员纷纷向朝廷申诉，司徒陈耽也向灵帝表明实情，却被宦官诬陷，最终被罢免官职，冤死狱中。

同年二月，发生了大瘟疫，四月发生大旱，五月太后居住的永乐宫发生大火。一系列的灾祸让灵帝深感不安，认为是"因政事得失而天降灾祸"。曹操对于许戫、张济等人的做法早已不满，便趁机上书，谴责许戫等人的胡作非为。这一次，灵帝终于对曹操的上书予以重视，严加责备了许戫、张济等人，并将许戫罢官。

这一回合，曹操虽然取得了小小的胜利，但却始终未能撼动宦官在朝廷中的势力。此后，朝政在宦官的把持下越来越黑暗混乱，虽然曹操又多次上书进谏，但东汉朝廷已然病入膏肓，曹操知道无法匡正，便失去了再进言的信心。

进与退的抉择

中平元年（184年），酝酿已久的黄巾大起义终于像火山一样爆发了，东汉王朝的统治陷入了严重的危机之中。黄巾起义受到广大百姓的响应和支持，他们火烧官府、释放囚犯，打击贪官污吏、豪强恶霸，给统治者以沉重的打击。

此时，曹操因镇压颍川黄巾军有功，而被升任为济南国相（国相是中央政府派到藩国管理政事的官吏，职位与郡太守相同，有治国实权）。他踌躇满志，冀图施展早年的政治抱负，一上任便雷厉风行、肃清贪官、罢黜无能的郡县官吏，因此得罪了不少宦官以及外戚豢养的特权阶级。

济南国（今山东济南一带）所管辖的县有十多个，曹操到任前，各县官吏大多依附权贵，勾结地方豪强，贪赃枉法，无所顾忌。历任国相对此几乎都置若罔闻，甚至与他们同流合污。曹操一到职就立即开始大力整饬，一举罢免了八个县令、长吏，震动了整个济南，大小贪官污吏无不心惊，贪赃枉法的人都因惧怕曹操而纷纷逃窜，一时之间，济南境内政治清平，社会治安大为好转。

当时，在青州地区，地主、商人、贵族、官僚等均盛行立祠庙祭祀祖先的风气，以标榜祖宗的功德来提高自己的社会地位。西汉初年，齐悼惠王之子、朱虚侯刘章因为与太尉周勃、丞相陈平铲除吕氏势力有功，被汉文帝封为城阳王，后来，他的后人为其立祠供祀。青州各郡争相效仿，致使笃信祖先鬼神的风气越演越烈。到曹操上任之时，青州地区的祠庙竟多达六百余处。这些地主、官员、贵族在修建祠庙进行祭祀的活动中，不仅大搞"鬼神奸邪"之事，还大肆铺张浪费，搜刮百姓，致使百姓苦不堪言。

见此情形，曹操非常愤怒，大刀阔斧地将济南地区尤其是青州地区的祠庙全部摧毁，并严禁官民进行所谓的祭祀活动。此禁令一出，再也没有人敢提起"鬼神奸邪"的事情了。

曹操在济南就任期间，罢黜贪官、禁止淫祀，清除凶暴和污浊势力，得到了百姓的支持和拥护。但曹操在济南的大力整饬却触犯了宦官和豪强的利益，中平四年（187年），曹操再次接到了调任命令，让他去担任东郡太守。

数次的调任让曹操感到非常失望，他终于认识到，在权臣专朝、豪强横行的当下，想要按照自己的意愿整治吏治，实现政治清明，社会安定的伟大抱负，几乎是不可能完成的事情。况且，自己在朝中如此"大胆妄为"，如今还能保全性命，都是倚靠父亲在朝廷中的地位和势力，但如果继续这样一意孤行，只怕会给家族带来无法预料的灾祸。但同时，曹操又不愿向权贵屈服，与之同流合污。在看清楚这一切之后，曹操谢绝了朝廷的任命，以身体不适为由请辞回乡，隐居在谯县城郊一个偏僻的小茅草屋中，过着春夏读书、秋冬弋猎的自由生活。

这段日子里，曹操表面上虽然不问政事，但实际上却时刻关注着天下局势的发展，从未有片刻松懈。他在等待机会，如同蛰伏的猛兽一般，只待一个出击的时机。

在曹操隐居乡野期间，冀州刺史王芬、陈蕃的儿子陈逸、豪侠周旌、名士许攸等人共同谋划，企图废黜灵帝，诛杀宦官，为陈蕃报仇。由于曹操和许攸较为熟悉，因此众人便想要拉拢在洛阳民间声望较高的曹操，以确保政变成功。

曹操接到许攸的密函之后，立即态度鲜明地拒绝了他们。曹操认为，要废立君主，只有在霍光对昌邑王、伊尹对太甲的情势下才能成功。因为昌邑王和太甲均刚刚即位，根基未稳，且内朝的皇亲、外朝的大臣都不支持皇帝，反而倾向作为元老权臣的霍光和伊尹。但现在，东汉朝廷虽然腐败无能，却仍然拥有强大的军事力量，若以冀州之地来反抗整个东汉政权，无异于以卵击石。

曹操的分析是非常有道理的，但此时，王芬等人却完全听不进去。不久，汉灵帝突然下诏，想要到冀州进行巡视。王芬大喜，认为这是个千载难逢的机会，便即刻上书灵帝，称有黑山贼作乱，要求灵帝准许他调动兵马，而实际上则是准备待灵帝进入冀州后将其一网成擒。但没想到的是，就在灵帝即将前往冀州之时，突然夜半见到天空出现了大片的红云，灵帝大惊，随即召来大臣询问，太史卜卦后进言说："天有异象，必然是有阴谋所致，皇上你不能北行！"灵帝随即取消了冀州之行，并下令让王芬集结兵力讨伐黑山贼之前先到京师述职。收到消息后，王芬异常恐惧，以为阴谋败露，竟举家自杀。

此次王芬等人的反叛行为绝非偶然现象，而是代表了大部分人的心声。

其实，自第二次党锢之祸后，朝中大臣和士人对宦官可谓恨之入骨，对昏庸无能的汉灵帝也相当地失望和反感。因此，很多官僚和士人纷纷劝说地方军阀揭竿而起，冀州信都郡令阎忠就曾极力劝说皇甫嵩发动兵变。

皇甫嵩是东汉末年军中最富有声望的将领，他在冀州大破黄巾军时，阎忠就曾对他说："这天底下的事情，最难得的就是时运，时运一到，良机便会到来。所以古今圣者能够顺应时势，智者则能够把握机会。现在将军您时运当头，如果放弃此千载难逢的良机，怎么能享有天下之至名？"

皇甫嵩却对阎忠所说的不甚理解。

于是，阎忠进一步说明道："天下大势只能顺着有能力的人才走，智者不应该受制于昏君。现在将军春末出征，晚秋凯旋，大破黄巾军，有如天降神兵，天下群雄无不佩服，天下百姓无不爱戴。即使是商汤、周武也不如将军的壮举，难道将军依然打算侍奉昏君，将自己置于危险之地吗？"

皇甫嵩却说道："我日夜为国事操劳，无时无刻不敢忘记忠诚，又怎么会置于危险之地呢？"

阎忠说："从前韩信不忘报一餐之恩，拒绝蒯通的劝说，失掉了和项羽、刘邦三份天下的机会，最后死在吕后之手。当今皇上远不及刘邦、项羽，而将军势力远远大于韩信……只要将军铲除罪恶滔天的宦官，天下无人敢与您争锋……等到天下安定之时，您再取代汉室，登上天子的宝座，这才是顺应时势啊！向衰败的王朝效忠，在昏君手下做事不是长久之计，加上将军军功盖世，难免有佞臣生出嫉妒之心……如果将军不及早为自己设想，后悔便来不及了。"

皇甫嵩大惊，连连摇头，说道："黄巾军怎么能与秦末项羽相比，这次讨贼成功并非我的才能，而是百姓士兵的赤诚报国之心。你的建议简直就是逆天而行，必定引致祸端！我即使受到了佞臣的陷害，最多不过是辞职返乡，仍可以拥有忠义之名。叛逆之说，绝不敢言从。"

阎忠见皇甫嵩不为所动，只得放弃了劝说。几年后，阎忠参加凉州韩遂等人的武装叛变，成为叛军领袖，但不久后便发觉自己不过是他们操纵的傀儡，便忧郁自杀。

韩遂是凉州金城（今青海民和回族土族自治县境内）人，本名韩约，与督军从事边章（本名边允）都是西北地区的名士。韩遂早年进京，劝大将军何进诛杀宦官，没有得到何进的采纳，怕遭到宦官打击报复，便回到了凉州。当时，凉州羌人李文侯、北宫伯玉等人起兵造反，杀死了金城太守陈懿，众人想借助韩遂、边章等人的名望，便劫持并推举他们成了叛军首领。

中平二年（185年），韩遂率领叛军攻打右扶风郡，灵帝派车骑将军张温（字惠恕，吴郡人，后效力于东吴孙权）、破虏将军董卓前往讨伐，两军在美阳县（今陕西武功西北）交战，韩遂、边章大败。中平四年（187年），韩遂杀死边章、北宫伯玉等人，吞并了众人的部队，拥兵十余万。随后，韩遂大举进攻陇西郡，得到陇西太守李相如、酒泉太守黄衍等人的响应。灵帝命令凉州刺史耿鄙率六郡之兵讨伐韩遂，但军队还未与韩遂交锋就发生叛乱，耿鄙被杀。其后，耿鄙手下的将领马腾（蜀国名将马超的父亲）以及汉阳豪强王国也举兵反叛，马腾响应韩遂共同进攻汉阳郡（今甘肃陇西、定西一带）。一时间，以长安为中心的三辅地区（即京兆尹、右扶风、左冯翊）受到了严重威胁，天下骚动，震动朝野。

与此同时，在北方幽州，原中山国国相张纯与原泰山郡太守张举以及乌桓族丘力居等人也联合起兵反叛，率众十余万，屯兵肥如（今河北迁安东）。张举自称天子，张纯为弥天将军、安定王，并且宣称张举应当代汉为帝，命令汉天子退位、公卿大臣逢迎。

此外，黄巾军余部也相继发难，与朝廷进行斗争。中平五年（188年），黄巾军郭大等在并州西河起义，率兵攻打太原郡；马相等在益州绵竹县起义，杀死益州刺史郤俭，其声势都不小。

面对连续发生的地方叛乱和黄巾军起义，汉灵帝不得不重新改组朝政和军政，改州刺史为州牧，州刺史负责郡县监察工作，并无治民权和军权，州牧则具有领兵治民职权。地方掌管权限的扩大，无疑加剧了日后官僚地方武装的割据和混战。

同年八月，灵帝为加强守护京师、保卫皇室的力量，组建了一支新军，在西园成立统帅部，设置八校尉统领。曹操被灵帝召回，以典军校尉之职指挥五军团中的第四大军团。曹操认为这正是自己一展抱负的大好机会，立刻结束了隐居生活，赶到洛阳报到。和曹操一并被选入西园新军的还有他的朋友袁绍，袁绍被任命为中军校尉。同时，灵帝还任命了宦官蹇硕为上军校尉，将西园新军的总指挥权交到了他手中，甚至连大将军何进也必须听从他的调派。

来到京师不久，曹操便彻底失望了，他发现新军只不过是宦官集团用来和大将军何进进行斗争的本钱，根本没有出征凉州前线的打算。攻打凉州的重任依然交由皇甫嵩以及董卓所领导的军队负责。

半年后，西园新军终于在鲍鸿率领下获得了讨伐葛陂附近黄巾军的机会，但鲍鸿却趁机中饱私囊，大发战争财，吞没军资高达数千万钱。后事情败露，鲍鸿于次年三月被处死，使新军蒙上了一层阴影。此后不久，曹操发现自己正卷入一场逐渐严重的政治斗争，上军校尉蹇硕企图将新军纳入宦官势力，而中军校尉袁绍则投入了大将军何进的阵营，身为宦官后人的曹操几乎没有任何犹豫，义无反顾地站到了儿时伙伴袁绍身旁，与宦官集团展开了一场激烈的斗争。

第三章 / 废立之事

董卓乱政

在与宦官集团的斗争中，好谋无断的大将军何进因惧怕宦官势力而引虎狼董卓入京，并因犹豫不决而让宦官有机可乘，身死"十常侍"之手。何进之死激怒了其阵营的士人集团，袁绍等人借机率兵入宫，对宦官展开了大肆屠戮。而就在此时，专横跋扈的董卓已经率领军队抵达洛阳西郊。

袁绍率军攻入内宫后，宦官张让、段珪等人见势头不对，便挟持了少帝刘辩和陈留王刘协匆忙逃走，却不想刚逃到小平津就被尚书卢植等人追上，张让、段珪等无奈投河自杀。卢植等正欲护送少帝和陈留王回京，却在途中与董卓的军队撞个正着，董卓"扣"下少帝和陈留王，浩浩荡荡地领军进了洛阳城。

董卓出生于陇西殷富的地方豪强家庭。当时岷县属于边远地区，与西北羌人的居住地相邻。董卓自小养尊处优，少年时期便养成了一种放纵任性、粗野凶狠的性格。他不仅体魄健壮，力气过人，还通晓武艺，善骑善射。不仅乡里人对他忌惮三分，甚至周边羌人对他也不敢有丝毫怠慢。

董卓年轻时经常与羌族部落酋长交往，而羌族首领为了保全自己，也极力迎合趋附董卓。凭着非凡的武力，董卓不断拉拢、兼并其他势力，巩固和壮大自己的力量。同时，董卓还收罗了大批失意、落魄的无赖之徒，这些人为董卓的义气所感动，一直死心塌地地跟随他。

东汉末期，为了应付不断爆发的农民起义运动，灵帝不得不拉拢地方豪强势力。而在陇西颇具名望的董卓便成了灵帝利用和招抚的重点对象。于是，董卓被任命为州兵马掾，负责带兵巡守边塞，维护地方治安。

当时，西羌问题一直是东汉政府最棘手的民族问题。自汉安帝永初二年（108 年）开始，羌人就不断发动反叛，涉及范围相当广泛，持续时间也很长久。汉桓帝年间，西羌问题不仅没有得到丝毫平息，反而声势更加浩大。羌人不堪忍受汉朝地方官吏对他们的残酷剥削和压迫，不断杀死汉人官吏，侵占州县。面对羌人的反抗，内忧外患的东汉政权根本无暇顾及，只得借重于地方豪强，这就为董卓创造了一个绝好的机会。

永康元年（167 年），董卓被任命为羽林郎，统管元郡（汉阳、陇西、安定、北地、上郡、西河）羽林军。不久，他又升为军司马，跟随中郎将张奂征讨并州反叛的羌人。由于董卓作战勇猛，屡立战功，因此连连升迁，从郎中、到郡守北部都尉，又到并州刺史、河东太守。

黄巾军起义后，董卓被封为东中郎将，领兵镇压起义军，但因兵败而被免职。不久之后，凉州韩遂、边章发动叛乱，董卓领兵跟随车骑将军张温前往凉州镇压叛军，又因战功而被封为前将军。

随着董卓兵力越来越强，朝廷也开始有所担忧，灵帝便采用明升暗降的方式征召他为少府（九卿之一），试图解除他的兵权。但董卓可不傻，他深知朝廷此举用心不良，便以"羌胡"部众不听从命令为借口，婉言谢绝了朝廷的任命。之后，灵帝病重，担心董卓拥兵自重，急忙召他入京，拜他为并州牧，将他的部队并入皇甫嵩旗下。野心勃勃的董卓又岂能甘心轻易交出兵权？他立即率领自己所属部队进驻河东，以观时变。此时的董卓已经控制了陇西地区，随时准备谋夺东汉中央政权。

就在董卓观望局势变化之际，突然收到了大将军何进的诏令，这无疑为其创造了一个绝好的机会。

刚到洛阳的时候，董卓手下兵力实际上不超过三千人，为了震慑朝中官员，他每隔四五天就命令部队晚上悄悄溜出洛阳，第二天早上再浩浩荡荡开进洛阳，战鼓震天，旌旗招展，俨然千军万马源源不断。洛阳城中的百姓和官员都被董卓的阵仗吓到，不敢对他有丝毫反对。甚至连皇甫嵩、朱儁等将领也对他有所忌惮，甚至慑于董卓淫威而被迫解除兵权。袁绍也对董卓十分畏惧，鲍信曾经劝说袁绍趁董卓士兵疲惫之际除掉他，袁绍竟然不敢下手。

随后，董卓又抓住何进弟弟何苗曾受"十常侍"收买一事，煽动何进旧部吴匡将何苗杀死。何苗死后，董卓坐收渔翁之利，不费一兵一卒就收编了何进、何苗的部队；不久，董卓又收买了丁原的部将吕布，令吕布杀死了守卫京城的丁原，丁原的军队也并入了董卓旗下。吕布字奉先，是丁原手下一员猛将，善弓马骑射，臂力过人，有"飞将"的美誉。随后，董卓收吕布为义子，更加如虎添翼。

有了强大的军事后盾，董卓有恃无恐，为所欲为，不久之后甚至擅自废掉少帝刘辩，改立陈留王刘协为献帝，并自任为太尉、国相，将朝政把控在自己手中。年幼的献帝，成了董卓任意摆布的傀儡。

董卓的狼子野心早在入京之前就昭然若揭，否则又怎么会"凑巧"撞上卢植等护送少帝和陈留王的队伍呢？当初董卓的军队接近洛阳时，远远便望见宫中起火，像是发生了政变，董卓立即率领部众火速前进，并派出探子打探消息。当得知少帝被挟持到北芒后，董卓立即率领军队从洛阳城西改道向北，为的就是"迎接"少帝。据记载，当时少帝见到董卓大军，顿时吓得惊慌失措，泪流满面。董卓威风凛凛地拜见少帝，询问事变经过。少帝却结结巴巴，语无伦次，此时，陈留王刘协却主动上前向董卓讲述了事变的经过，并且条理清晰。经此一事，董卓非常看不起少帝刘辩，对聪明懂事的刘协却青睐有加，加之养大陈留王的董太后与董卓又是同族，使得董卓有了废黜少帝改立陈留王的心思。

进京之后，董卓把袁绍找来了，想要和他商量商量换皇帝的事情。按理说袁绍当时的势力远不如董卓，那么董卓为什么却要找他商量这件事情呢？原来当时袁绍的叔叔袁隗是太尉，负责掌管国家的军事组织，地位非常高，董卓找袁绍，实际上是希望通过袁绍获得袁隗的支持。

董卓将自己的心思跟袁绍这么一说，袁绍顿时就怒了，但此时，董卓在京师可说是一手遮天，袁绍心中虽然对董卓不满，却也不敢立即与他撕破脸，只得强压着怒气回应说："这件事情，等我回去和叔叔说一说吧。"

董卓一听，有戏，心满意足地走了。袁绍呢？当夜就赶紧收拾东西逃往冀州一带避难去了，袁绍的弟弟袁术听说后担忧殃及池鱼，也赶紧跑到了荆州南阳。

董卓听说袁绍跑了，非常愤怒，立即就要下令通缉袁绍。袁氏家族势力非常庞大，可谓桃李门生满天下。当时，董卓手下几个和袁家有交情的名士就来劝说董卓："废立皇帝是大事，不是一般人能够理解的。这袁绍还年轻，不识大体，逃跑也是因为害怕，并没有其他意思。若是通缉他，逼得太急恐怕会激起事变。袁家地位高，在朝廷中也比较有影响力，倒不如赦免他，顺便给他封个官，这样一来，他必然对您感恩戴德，那么袁家的势力范围不就归入您的旗下了吗？"董卓一听，认为这些名士说得非常有道理，便下令任命袁绍为渤海太守，赐爵位为邟乡侯。

虽然没有获得袁绍和他叔叔的支持，但董卓还是擅自废黜了十四岁的少帝刘辩，改立陈留王刘协为献帝，此时刘协年仅九岁。献帝即位后，董卓开始把持朝政，淫乱后宫，完全把皇宫当成了自己家，把先帝留下来的妃嫔宫女都当成了自己的妻妾。董卓这人还十分变态，据说他特别喜欢把朝中的文武大臣叫到一起喝酒吃饭，在吃饭过程中，随便地挑出一个自己看着不顺眼的人来，令人拉下去打死，或者在大厅里煮一大锅汤，把挑出来的人当场挖出眼睛，砍掉手脚，然后丢到汤锅里去煮，这些人叫得越凄惨，董卓就越兴奋。有时甚至会逼迫前来赴宴的大臣和他一起喝煮人肉汤，或直接吃人肉。每次董卓一设宴，朝中大臣无不呼天抢地，恐惧非常。

为了搜刮财富来满足自己的私欲，董卓还放纵手下士兵，实行所谓的"搜牢"运动，而实际上就是公然地抢夺他人财产。这些士兵到处杀人放火，奸淫妇女，劫掠物资，把整个洛阳城闹得鸡犬不宁，怨声载道。

汉献帝初平元年（190年）二月，董卓部属羌兵在洛阳城外抢劫正在举办乡社集会的老百姓。士兵们杀死所有男子，凶残地割下他们的头颅，血淋淋地并排放在车辕上，令人触目惊心。他们还趁机掳走大批妇女和大量财物。回到洛阳后，他手下将领还将百姓的头颅焚烧，将妇女和财物赏赐给士兵，对外却宣称是战胜敌人所得。

为了攫取财富，董卓还派吕布洗劫皇家陵墓和公卿坟冢，搜罗珍宝。为聚敛财富，董卓大量毁坏通行的五铢钱，下令将所有的铜人、铜钟和铜马打破，重新铸成小钱。粗制滥造的小钱不仅重量比五铢钱轻，而且没有纹章，钱的边缘也没有轮廓，不耐磨损。小钱的流通直接导致了严重的通货膨胀，货币贬值，物价猛涨。据史书记载，当时买一石谷大概要花数万钱。老百姓苦不堪言，生活陷于极度痛苦之中。董卓却利用搜刮来的钱财，整日歌舞升平，寻欢作乐，生活荒淫无度。

洛阳城在董卓肆意践踏破坏下，已是千疮百孔，满目疮痍。百姓对董卓的暴行痛恨至极，民间流传着这样一首民谣：千里草，何青青；十里卜，不得生。这里面的千里草，十里卜合起来便是董卓的名字，而何青青，不得生则深刻体现了当时百姓对权臣董卓的痛恨与怨怒，日夜诅咒其早日死去。

曹操东逃避祸

董卓所率领进入洛阳的军队大都是山野土匪，他深知，要巩固自己的地位，将朝政牢牢掌握在自己手里，最终还是要依靠东汉朝廷里的官员名士。因此，他对朝中有名望的官员士大夫极力笼络，任命他们担任显要的官职，何颙、郑泰、荀爽等名士都相继得到了董卓的册封。与此同时，对一些曾遭到贬斥的士人，董卓也加以重用。

当时知名的大学士蔡邕曾因直言上书皇帝而被放逐朔方，后又因为得罪当地的官吏被迫离家逃命，浪迹江湖。董卓对蔡邕的盛名和才气早有所闻，特别征召他进京任官，蔡邕不想再涉足政治，婉言拒绝。董卓就威胁蔡邕说："如不听命，我将诛杀你们全族。"蔡邕恐惧，只好回到洛阳。董卓大喜，任命他为祭酒。为表重视，董卓不断擢升蔡邕，使得蔡邕在三天之内历遍"三台"，迁为侍中，造就了官场升迁路上的"奇迹"。

同时，对其他有重要影响的人物董卓也尽力笼络，比如任命韩馥为冀州牧、刘岱为兖州刺史，张邈为留州太守等。但即便如此，对于董卓的暴行，无论是官员还是百姓都依然充满了怨怒。

当时，曹操在洛阳也算得上小有名气，董卓非常欣赏曹操的才干，一直想将他收为自己的心腹。但曹操却不想与董卓为伍，他料定董卓的倒行逆施必然不得长久。

在《三国演义》中，罗贯中杜撰了一则故事，说曹操向王允借宝刀，自告奋勇去刺杀董卓，当他靠近董卓床铺正要拔刀行刺时，被董卓发现。曹操见行刺董卓不成，马上假意向董卓献刀，董卓并未怀疑，收纳了宝刀。而曹操则趁着董卓尚未醒悟之时，骑着西凉骏马溜之大吉，从此董卓便下令通缉曹操，与之成了生死对头。这就是著名的"孟德献刀"的故事。但据正史记载，行刺董卓的人并不是曹操，而是另有其人。但曹操拒绝董卓的拉拢，从而成为朝廷通缉犯却是真有其事。

董卓拉拢曹操之初，曹操便敏锐地察觉到了危险，他既不愿意与虎狼合污，又担忧拒绝会使家人受到牵连，无奈之余，曹操只得暗中举家逃离京师。曹操将此事告知父亲曹嵩，让他尽快逃离京城避祸，但曹嵩却舍不得放弃京中的财产，非要等变卖家产之后再离开。曹操对父亲的爱财如命无可奈何，为了防范临时的变故，只得派从弟曹洪先返回故乡，将其余家眷移居别处。

事情还没安排妥当，董卓委任曹操为骁骑都尉的敕令就下来了。为拖延时间，让父亲能够安全离开洛阳，曹操派从弟曹仁亲自去向董卓报告，说因为自己此前参与宫廷政变，以致劳累过度，偏头疼的毛病犯了，要休息几天才能去向董卓报到。曹操有严重偏头疼的毛病是众所周知的，因此董卓也没有生出疑心，大方地给曹操延缓了就任的时间。随后，曹操立即安排曹仁和曹嵩离京，未免除董卓起疑，只派遣了少数家丁跟随护送。为了安全起见，曹操安排曹嵩等人直接前往徐州而不必返回家乡。

向董卓报到的前一天晚上，曹操对下人说，自己要早点休息，以便次日精神百倍地面见董卓。打发走众人后，曹操趁着夜色，孤身背着行囊离开了府邸。随后，曹操改名易姓步行出城，一到城外便立即买了一匹无鞍老马，连夜不停地奔往陈留地区（今河南省陈留县）。在那里，曹洪已经变卖了所有家产，换为足够的资金等着与他会合。

第二天，董卓发现曹操跑了，不禁勃然大怒，立即派遣一队人马沿着曹操回乡之路进行追杀，同时向全国发出了抓捕曹操的通缉令。一夜之间，曹操从准骁骑校尉沦为了亡命天涯的逃犯。

在逃亡途中，曹操身上发生了一件直至今日依然疑点重重的悬案：吕伯奢一家灭门案。

关于这个悬案有三个版本的记载：

据《三国志·魏志·武帝纪》裴注引王沈《魏书》的记载，吕伯奢是曹操父亲的老朋友，曹操逃亡的时候路过吕伯奢家，便来投奔他。当时吕伯奢不在家，他的几个儿子见曹操携带的财物不少，马匹也精良，便心生歹意，伙同几位宾客意图抢劫马匹和财物，于是曹操只能将他们杀死后连夜逃离。这个版本中，曹操杀吕伯奢一家完全是正当防卫，是没有任何过错的。但《魏书》毕竟是魏人所著，其真实性值得存疑。

晚出的史籍记载却与此大不相同，据《三国志·魏志·武帝纪》裴引孙盛注《杂记》记载，当时曹操投奔吕伯奢之后，吕伯奢的儿子十分热情地招待曹操，在准备食物时食器相碰发出声响。曹操却误以为是兵器相碰的声音，认为他们要谋害自己，于是先下手为强，杀死了吕伯奢的儿子。当曹操发现是误杀之后，凄怆地说道："宁我负人，毋人负我。"从这个版本的记载中可以看到，曹操在错杀吕伯奢一家后是非常悲痛的，那句"宁我负人，毋人负我"更多的是一种自我安慰，自我排解的意思，同时也充满了无奈。

第三个版本的记载和《杂记》记载差不多，也是曹操误会吕伯奢一家想谋害自己而误杀他们。

而在流传甚广的小说《三国演义》中，罗贯中为了塑造曹操阴险狠毒的人物形象，对史料进行了加工和杜撰，说曹操在知道自己误杀好人之后，为了斩草除根，还将出去给自己买酒的吕伯奢也杀害了。而那句"宁我负人，毋人负我"的无奈之语也在罗贯中笔下演绎成了理直气壮的"宁教我负天下人，休叫天下人负我"。罗贯中笔下的曹操显然已经是个丧尽天良的大奸贼，这与史实是有一定出入的。

吕伯奢一案后，曹操继续向东逃亡，为避免暴露行踪，曹操在隔日午后便抛弃了坐骑，改为步行。经历一天一夜的奔波后，曹操到达了司隶区边缘的中牟县。饥渴难耐的曹操本想趁着夜色的掩护外出寻找食物，不想却遇到了中牟县的巡夜部队。此时中牟县已经接到了董卓发出的通缉令，巡夜部队对眼前这个行踪诡秘的夜行者自然起了怀疑之心，将其团团围住进行盘查。曹操眼见已无路可走，又不愿意再做无谓的杀戮，只得束手就擒。

巡夜部队将曹操押到了衙门，等候县令发落，中牟县县令对照通缉令左看右看，心中顿时大惊，这不正是那个逃亡的曹孟德吗！县令沉思片刻之后，吩咐手下将曹操关押起来，对他的身份却缄口不言。正在县令左右为难，不知该如何处理此事的时候，当夜值班的功曹闻讯而来，功曹对县令说道："董卓擅权，专横跋扈，致使政局混乱，世人对其愤恨非常。而曹操却是拥有崇高声望的英雄人物，今日若我等杀曹操，无异于与董贼为伍，必将招致万世骂名……"县令听罢，连连点头，认为功曹说得很有道理。经过一番商议，二人决定隐瞒曹操身份，偷偷将他释放。

随后，县令告知左右，抓到的夜行人并非朝廷通缉犯，命人将其释放，并私下赠予曹操足够的盘缠和马匹，助他连夜逃离了司隶区，曹操这才有惊无险地逃过了一劫。

第二篇／曹家军

第四章 ／ 讨董联盟

散家财 举义兵

经过辛苦的逃亡之后，曹操终于来到了陈留。曹操之所以选择陈留作为自己的逃亡地，一是因为当时担任陈留郡太守的正是他的老朋友张邈，而张邈也是反董卓阵营中的一员，对董卓的倒行逆施十分痛恨。二是因为陈留隶属于兖州管辖，而兖州刺史刘岱同样站在反董卓阵营之中。因此，选择陈留郡既能让曹操躲避董卓的追杀，同时又为他的"反董计划"提供了良好的环境和条件。

从曹操踏上仕途，到如今逃离京师，我们可以看到，他一直努力想要成为一个治世的"能臣"，他满腔热血，不畏强权，抱着美好的期望，坚持不懈地想要将东汉王朝从混乱与倾颓中挽救出来。但一次次的打击和失败让他终于看清这个世道，这是一个群雄崛起的时代，汉室江山早已在风雨飘摇之中名存实亡，唯有强大的实力才是实现政治理想的本钱。充分认识到这一现实的曹操决定在陈留招兵买马，建立属于自己的武装部队。

曹氏家族在陈留郡有一部分家族产业，曹操将这部分产业变卖之后，得到了支持他招兵买马的"第一桶金"。当时陈留地区有一个富豪名叫卫兹，此人仗义疏财，是当地清流派的重要领袖，曾拜名士郭泰为师，在当地士人中有很高的声望。卫兹从前便听说过曹操的事迹，对他的才能和抱负都十分钦佩。卫兹还曾对别人说过："平定天下之人，必定是曹操。"

来到陈留郡之后，曹操与卫兹时有往来，两人惺惺相惜，都为对方的气节和才能感到折服。在得知曹操打算招兵买马在乱世中发展势力后，卫兹便对曹操说道："这天下的动乱已经持续很长时间了，唯有使用武力才能够平定，如今群雄并起，正是你举兵的大好时机！"随即，卫兹拿出了一大笔家财给曹操，支持他组建武装部队。

在中国封建时代，地方财团通过出资来资助其所欣赏的英雄人物进行政治活动是非常常见的事情，甚至可以说是中国封建社会的一种政治传统。东汉末年的许多英雄人物，例如曹操，刘备等，之所以能够组建武装部队逐鹿中原，很大一部分原因正是得力于地方财团的经济支持。

在卫兹的资助下，曹操组建了一支千余人的武装部队，在部队中担任将领的主要都是曹操的宗族兄弟，如曹仁、曹洪、夏侯渊、夏侯惇等人。

武装部队组建之后，曹操正式打出反对董卓的旗号，在当地引起极大反响，许多英雄豪杰都慕名前来投奔曹操。东郡卫国（今山东范县西）人乐进便是其中最为著名的豪杰。乐进投奔曹操后负责帮助曹操继续招募军队，很快就又招募到了兵士一千多人，曹操大喜，提拔他为军加司马、陷阵都尉。

经过一个多月的努力，曹操的军队迅速发展到了五千多人，这支队伍成为他日后打天下的资本。

几乎就在曹操举发义兵的同一时间，东郡太守桥瑁一纸讨董檄文激愤出世，促使全天下反对董卓暴行的郡守联合起来。关东地区（函谷关以东）十八路诸侯率领十几万大军浩浩荡荡地踏上了讨董之路。

讨董联军的作秀

董卓的种种暴行引起了官僚士大夫的愤恨，甚至他所任命的关东诸郡牧守也纷纷反对他的暴行，各地讨伐董卓的呼声日益高涨。而讨伐董卓，袁绍则是最有号召力的人物，这不仅因为他的家世地位，还因为他有诛灭宦官之功和敢于冒犯董卓的行动。

袁绍在和董卓闹翻之后，率领直属军团直奔冀东地区的渤海郡。董卓本想追杀袁绍，后在众名士说情下决定赦免袁绍，并封他为渤海太守，以此来拉拢袁氏家族。袁绍逃到冀州之后，引起了冀州牧韩馥的恐慌，冀州在当时是非常富庶的，有记载称冀州当时所储存的粮食足够供应十年之久，所以韩馥非常害怕别人觊觎冀州这块"肥肉"。袁绍家族势力庞大，他本人也不是省油的灯，如今还被任命为渤海太守，韩馥对他自然不能放心。于是，在袁绍抵达冀州之后，韩馥立刻派人将袁绍监视起来，并派遣了几个部郡从事驻渤海郡监视、限制袁绍的行动。

其时，东郡太守桥瑁因对董卓的暴行十分痛恨，于是便假借"三公"的名义写信给各个州郡的长官，历数董卓罪状，称董卓逼迫皇帝，无以自救，希望各州郡起兵勤王，拯救国家于危难之中。

袁绍接到桥瑁的讨董檄文后，认为这正是自己起兵的最好时机，于是便派人前往各地积极联络，争取得到其他州郡长官的支持。

冀州牧韩馥收到讨董檄文并得知袁绍的积极活动后感到左右为难，迟疑不定，他本就是个优柔寡断的人，向来拿不定主意，便召集部属商议。韩馥问众人道："目前情势危急，眼看着董卓和袁绍就要打起来了，我们到底是帮助董卓好还是帮助袁绍好呢？"

治中从事刘子惠义正词严地说："我们兴兵是为了国家，接受勤王的号召。何谈是帮助董卓还是袁绍呢？"

一句话说得韩馥满脸通红，憋了半天才憋出一句："那……到底应该怎么办呢？"

刘子惠说道："兵者凶器也，不能随便就出手。我们先观望一下，看看别人都是怎么做的，别人出兵，我们也出兵，别人若不出兵，那我们就不出兵。"

韩馥听完，认为刘子惠说得很有道理，便决定听从刘子惠的建议，暂时按兵不动。如此前怕狼后怕虎，只考虑自身利益，又缺乏长远眼光，实在令人汗颜。

身在陈留的曹操从张邈处拿到了讨董檄文，曹操非常高兴，此前虽然他已经兴举义兵，但始终势单力薄，难以与董卓抗衡，如今檄文一出，天下英雄必定积极响应，除贼之事指日可待！

初平元年（190 年）正月，关东（函谷关以东）一些州郡相互呼应，相继起兵讨伐董卓。除了袁绍、袁术兄弟和韩馥之外，还包括兖州刺史刘岱、豫州刺史孔伷（音"宙"）、河内太守王匡、东郡太守桥瑁、陈留太守张邈、广陵太守张超（张邈的弟弟）、山阳太守袁遗（袁绍堂兄）、济北相鲍信等。此次起兵的军队，其驻地都在函谷关以东，故而这支联军被称为"关东联军"或"关东义兵"，简称"关东军"。

曹操虽然此前便在陈留起兵，打出了反董旗号，但由于他既没有官职，又没有地盘，其军队人数也远不及各州郡长官所领导的军队，因此联军统领中并没有他的名字。此时的曹操势力还非常小，只能依附在张邈帐下参与讨董联军。

　　各路大军首领聚集到了酸枣（今河南延津县西南）召开联盟大会，在大会上众人义愤填膺，同仇敌忾，痛陈董卓的暴行，并推举家世雄厚、名声显赫的袁绍为联军盟主，袁绍自称车骑将军，兼领司隶校尉。曹操也跟随张邈参加了酸枣大会，在袁绍当选盟主之后，随即便任命曹操为"奋武将军"，曹操欣然接受了这一称号。

　　接受"奋武将军"这个称号，便意味着接受袁绍任命，甘愿屈居人下为人"臣子"，但曹操并不在乎，他欣然接受了。可见，直至此时，曹操的心中依然向往着成为一个"能臣"，一个能够为国家、为民族做出贡献的治世之臣。如果说此前的遭遇浇灭了曹操理想的火焰，让曹操对东汉政权失望透顶，那么此次讨董联军的兴起无疑又给了曹操一丝希望，让曹操的政治理想死灰复燃！但这把再次燃烧的熊熊火焰却并未持续太长时间。

　　酸枣大会后，袁绍下令王匡屯兵河内，韩馥留守邺地，以确保军粮的供给；孔伷屯兵颍川，刘岱、张邈、张超、桥瑁、袁遗、鲍信等人屯兵酸枣地区，袁术则驻军在鲁阳（今河南鲁山县）。各路大军均有数万余人，将洛阳团团围住。

　　董卓见关东联军声势浩大，恐怕留下弘农王刘辩是个祸患，便下令郎中令李儒将其毒死。随后，为了摆脱关东联军对洛阳的夹击，董卓决定挟持献帝刘协，驱赶洛阳百姓，迁都长安。尚书郑泰、太尉黄琬、司徒杨彪、河南尹朱儁等人极力反对，杨彪、黄琬等人一怒之下，罢官而去。但董卓仍然一意孤行，任命赵谦为太尉、王允为司徒，全力准备西迁长安事宜。

　　为了断绝百姓返乡的念头，同时断绝联军的给养，董卓残暴地施行了"坚壁清野"的政策。临行前，董卓指使吕布焚烧洗劫洛阳的皇宫和官府，并挖掘皇帝以及公卿的陵墓，盗取墓中珍宝。此后，董卓又下令焚烧洛阳城周围两百里内的民房，强迫几百万人西迁长安。一路上，百姓被军队驱赶践踏，死伤者不计其数，更多人因为缺粮而饿死，百姓的尸体铺陈在西行的路上，无人问津。

迁都长安之后，董卓因愤恨袁绍，立即下令将袁绍的叔叔太尉袁隗、袁术的哥哥太仆袁基等袁氏家族五十多人全部处死。然后将朝廷政事委托给王允，自己则带兵留守洛阳，并派部将徐荣前往洛阳以东的荥阳驻军，以抵御关东联军的进攻。

关东联军虽然打着讨伐董卓、勤王救国的旗号，但是各诸侯将领却借此拥兵自重，趁机发展个人势力。众人名义上是联合讨贼，暗地里却心怀鬼胎，个个按兵不动，保存自己的实力，谁也不肯首先与董卓的军队对阵交锋。

而作为联军盟主的袁绍，表面上是众望所归，实际上却深负众望。他既不愿意首当其冲率先杀敌，也没有能力指挥这支十余万的大军。其实，早在袁绍被推举为盟主之时，鲍信就对袁绍颇有微词。他发现袁绍有虚荣之心，却无统军之才。在联军中，鲍信心中的最佳统帅实际上是此时微不足道的小人物曹操。鲍信认为曹操拥有才能和抱负，私下与他交好。鲍信曾对曹操说："乱世英雄并不是人人能当，以才略而论，能够拨乱反正的人，就是曹将军。依我看来，不是真正有才干之人，即使一时强盛，最终也要失败。"曹操见鲍信所言出于肺腑，深为感动，自此与他结下了志同道合的情谊。

当时，董卓的军队已经放弃了洛阳以及大部分司隶地区，加上在撤退行军中军纪败坏，阵容混乱，士气几乎已经完全崩溃。这本是最佳的出击时机，但各路诸侯却依然熟视无睹，按兵不动，谁也不肯率先出头攻击董卓。

曹操一看，急了，骑马冲进了袁绍大营，对众人质问道："举义兵以诛暴乱，大众已合，诸君何疑？向使董卓闻山东兵起，倚王室之重，据二周之险，东向以临天下；虽以无道行之，犹足为患。今焚烧宫室，劫迁天子，海内震动，不知所归，此天亡之时也。一战而天下定矣，不可失也。"我们举义兵，就是为了要驱除暴政。如今大军已经集结完成，大家还在犹豫什么？以往董卓占领京城洛阳，手上挟持着天子，东面又有坚固的防御部署，即便他倒行逆施，我们也难以击破。但如今，他主动撤退，挟持天子以及朝臣西迁长安，海内为之震动，军队士气溃散，这就是铲除他的最好时机。一战便足以安定天下，为什么不把握此良机呢！

曹操此时是非常愤怒的，但他的一番慷慨陈词却并没有引起任何人的重视，大家该干什么干什么，没人肯听他的。作为老朋友且又是联军盟主的袁绍慢悠悠地发话了，袁绍说："如今各军团准备尚且不足，在协调行动方面困难重重，贸然向洛阳进攻，中了埋伏怎么办？"

曹操不再言语，此时的他感到非常失望，他知道，无论再怎么说，这些人也不会有任何行动。于是，曹操决定带领自己的五千人马孤军西进，自己去打董卓。一直非常欣赏曹操的鲍信知道曹操的打算后，赶紧带领人马响应曹操，打算和他一起进攻董卓。张邈在得知这个情况之后，也是左右为难，一方面曹操和袁绍都是他的好朋友，另一方面他也必须要考虑到自己的地盘问题，不能贸然折损兵力，让别人有机可乘。最后，张邈派出了一小队由卫兹带领的兵马跟随曹操去了，以表对朋友的支持。

董卓派大将徐荣领兵迎战曹操，双方在荥阳汴水（河南荥阳市西南索河）岸边相遇。曹操的军队主要由新兵和宗族宾客组成，缺乏战斗经验，人数也不多；而徐荣军队则都是久经沙场的骑兵，况且凉州军团一向凶猛，相较之下，两军实力高下立见。

徐荣见曹操兵力薄弱，立刻发动进攻，曹操也不甘示弱，率领本部部队扑向徐荣的大营，双方进行了一阵混战。

在这场激烈的战斗中，卫兹被流箭射中，不幸身亡；配合曹操作战的鲍信也身受重伤，其弟鲍韬更是战死沙场。曹操自己也被流箭射中，坐骑则受了重伤，不能继续前行，在万分紧急的时刻，曹洪将自己的坐骑让给了曹操。曹操坚决拒绝，而曹洪却说："天下可以没有我曹洪，但是却不能没有你曹操。"说完，曹洪脱去盔甲，强迫曹操披甲上马，并掩护曹操撤向防守线。

天色慢慢变暗，曹操带领军队趁着夜色的掩护，且战且退。右军夏侯惇以及后军夏侯渊继续坚守阵地，曹仁、乐进等人率领军队与之会合，曹操这才勉强守住了最后的防线。随后，曹操来到了汴水岸边，由于水深不得过河，曹操只得招来小船回到了大本营。曹操的军队在这次战斗中损失严重，不得已之下只能立即派曹洪回家乡一带招募士兵。

此次战斗中，最让曹操感到痛心的是卫兹的死。回想当初自己能够在陈留起兵，卫兹功不可没，如今，卫兹又因协助自己进攻董卓而死，曹操心中万分痛苦。

当曹操满身血污，九死一生回到酸枣大本营的时候，看到的却是各路诸侯将领摆酒设宴，寻欢作乐的场景，讨伐董卓的大事恐怕早已被他们抛诸脑后！

曹操顿时悲愤交加，对众人高声喝道："请袁将军率领河内之众兵临孟津，酸枣驻军进驻成皋，控制敖仓，遏制轘辕、太谷之险，再请后将军袁术率领南阳之兵进军丹水、析县，进入武关（今陕西商南西北）以震慑三辅地区，三路大军可以先挖深沟壑、筑高壁垒，布置疑兵，不必真正与董卓硬拼，也可以制造声势，展示天下大势之所趋，董卓的政权必将受到严重的打击。顺潮流者昌，逆潮流者亡，天下很快就会被平定！今天我们是勤王的正义之师，却犹豫不决，不敢前进，真令天下有心之士失望。我为你们的态度和行为感到羞耻！"

此时的曹操虽然痛心、失望、悲愤，但依然不忘投身报国，他依然抱持着最后的希望向众人提出对抗董卓军团的策略。该策略是十分高明的，董卓军自西迁之后，士气已经趋向溃散，而皇甫嵩以及河南尹朱儁、京兆尹盖勋等人则随时可能倒戈，若此时，东、西、南三个方向共同施压，董卓很可能放弃长安，退入并州或是凉州地带，情势对关东联军十分有利。

但可惜，关东联军的将领们一心只想扩张势力，掠夺地盘，对曹操的建议依然置若罔闻。

联军的反应令曹操十分失望。在陈留郡兴举义兵之前，东汉朝廷的腐败和黑暗让他认识到唯有实力才是救国救民的本钱；而此时此刻，关东联军的行径则彻底打破他心中的政治幻想，让他清清楚楚地明白，在这群雄并起的乱世之中，根本不需要什么"治世能臣"，唯有扩充实力，雄霸一方，才能真正缔造自己所期望的太平盛世！

随后，曹操带领着自己余下的部队，果断退出了关东军团，南下向扬州而行，招兵买马，扩充实力，等待着更好的时机。

诸君北面，我自西向

曹操离开酸枣后不久，驻扎在酸枣的关东联军也因为粮草用尽，相继解散撤退。不久，联军之间发生了摩擦，相互火并起来，关东一带开始大乱。

为争夺势力范围，兖州刺史刘岱和东郡太守桥瑁发生了冲突，刘岱一怒之下出兵杀死了桥瑁，任命王肱继任为东郡太守。

不久，以袁绍为首的反董集团也因为利益关系分裂成南北两派。北派由袁绍领导，以冀州为根据地，驻守河内的王匡军部为攻击前哨，与董卓集团大致上呈现相持状态。南派则以袁绍的弟弟袁术为代表，以扬州为根据地，由驻守南阳的长沙太守孙坚军部为先锋部队。由于孙坚作风强悍，使得董卓军在南方倍感吃力。

孙坚字文台，是吴郡富春（今浙江富阳）人。中平元年（184年），黄巾起义爆发时，孙坚曾追随右中郎将朱儁至河南镇压起义军队伍。汝、颖黄巾军退守宛城（今河南南阳）后，东汉军队对其进行合围，孙坚率众作战勇猛，率先攻破城池。后因战功升至议郎、长沙太守，功封乌程侯。之后，孙坚北上与袁术联合，袁术举荐他为破虏将军，任豫州刺史。

初平元年（190年）十二月，孙坚和属下各部队在鲁阳城东的军营中会饮，突然接到报告，说董卓数万兵马即将攻打鲁阳。当时情势十分危急，众将士都慌张不已，孙坚却不为所动，泰然自若地继续坐在原位上指挥部队布防。直到所有部队都已经进入备战状态，孙坚才离开座位，率领重要幕僚进入城中讨论作战事宜。部属见孙坚在如此危急时刻仍然谈笑自如、指挥得当，无不钦佩。

事后，孙坚对下属说："我哪里不紧张，只是如果我离开座位，势必引发军心不稳，军队急于撤退，造成士兵相互践踏，可能因此而全盘崩溃，哪里还有机会撤回城中。"从此，孙坚善谋善战之名传遍全国，袁术南派反董卓集团也声势大振。

由于孙坚的强硬，董卓军团在南方战场上接连失利，却在北线战场上大破王匡的军队。南北反董集团势力的消长，使得原本声望较高的袁绍逐渐处于劣势。

此前，荥阳一役让曹操损失惨重，只得令曹洪回乡招募士兵。其时，扬州刺史陈温与曹家交情匪浅，得知曹操处境艰难后，便指令丹阳太守周昕为曹操招募了四千兵马，曹操大喜过望，带领着招募到的人马再次雄心勃勃地踏上了征讨董卓的道路。

此次招募到的兵马虽然数目庞大，但其中很大一部分的佣兵之所以响应招募并非是真心投靠曹操，杀敌报国，而是为了从中得到钱粮。曹操军本就不算十分富裕，能够解决吃饭问题已经不错了，又怎么拿得出什么好处来犒劳这些佣兵。行军一段时间后，新招募的佣兵开始生出怨言，加之曹操满嘴忠君报国，一副势必要与董卓军死战到底的样子，更加令这些佣兵感到不安。

军队行至龙亢，曹操下令军队扎营休整，此时，营中一些佣兵聚集在一起商量说："这曹操怕是要将我们送上北方战场了，那不是让我们去送死吗？我们倒不如抢些东西逃跑回家吧！"

在这些佣兵的鼓噪下，大部分从扬州招募得到的新兵们都开始暴动。这些佣兵烧毁了营帐，手执武器冲向了曹操的大本营，试图进行一番劫掠。此时，曹操正和谋臣在营帐中商讨军中要事，突然听到喊声震天，不由大惊，赶紧出去一看，这才知道，原来竟是自己的士兵叛乱了！曹操提起武器，召集亲信兵士与叛军对抗，在夏侯惇等人的护卫下，曹操一连斩杀了数十名叛军，这才将攻入大本营的叛军吓退。

此次叛乱后，曹操可靠的将士剩下不到五百人。曹操顿时悲从中来，看着与自己拼死奋战的这五百余名兵将，却又突然大笑道："诸位都是我曹操最为忠心的兵将，这等危急时刻都不会背叛我，往后我还怕大事难成吗！"一席豪情壮语将低落的士气再次鼓舞起来。

此次兵变让曹操认识到，为金钱而作战的军人是不可靠的，想要发展壮大自己，就必须建立一支属于自己的子弟兵。于是，曹操率领着剩余的兵马，来到离家乡谯县不远的符离（今安徽宿县）、建平（河南和安徽的交界）等地招募军士，很快就又招到了一千多人。与此同时，曹洪也在庐江、丹阳一带招募了数千名士兵，准备北上与曹操会合。

虽然豪情万丈，但实际问题却不得不考虑。龙亢兵变之后，曹操军队情势雪上加霜，粮草损失殆尽。无奈之下，曹操只得带领军队北渡黄河到了河内附近，投靠老朋友袁绍。在这里，曹操开始有计划地招兵买马，结交各地的山头力量，争取更多金钱和人力支持，等待天下大势的变化。

曹操本想对袁绍施加影响，使其能够积极与董卓的军队斗争，但曹操每次提到讨伐董卓事宜，袁绍便以力量薄弱为由，百般推托。此时的讨董联盟实际上已经名存实亡，关东军之间矛盾不断，曹操即使想要扭转局面也无能为力。

袁绍虽然一直没有接受曹操的建议对董卓兴兵，但对曹操的才能还是十分肯定的，他一直非常看重曹操，希望能够将他争取为自己强而有力的支持者，以此来与袁术对抗。

一次，曹操再次向袁绍提及对董卓用兵事宜，袁绍便针对天下大势与曹操展开了一番探讨，袁绍问曹操说："如果我们讨伐董卓不能成功，那么将要向什么地方发展势力呢？"

曹操没有直接回答他的问题，而是反问道："将军有什么样的打算呢？"

袁绍说："我想南面据守黄河、北面凭借燕、代（今河北北部以及山西东北部一带），以及戎狄（指乌桓）的军队，向南夺取天下。"

曹操则说："我却想依靠天下的智力，用正道统御他们，这样就可以无往不胜了。"从袁绍和曹操的谈话不难看出，袁绍仅凭勇武之力夺取地盘，而曹操则凭借智谋的力量统御人们。二人不同的认知和见解决定了其日后不同的造化。

袁绍本是"反董集团"的领袖，但在与袁术分裂之后，随着北线战场的逐步失利，其声望也每况愈下。为了重建自己的领导地位，袁绍绞尽脑汁后，决定正式表明立场，向天下宣告不承认董卓执政下的汉献帝傀儡政权，以此来获取声望。同时袁绍还准备另立新君，企图成为新政权的"开国元勋"，借助新君之名扩充自己的势力。他选中了汉宗室、幽州牧刘虞。刘虞字伯安，是光武帝刘秀嫡长子刘强的后裔。

袁绍将这个想法告诉了曹操，曹操说道："我们举义兵反对董卓集团，之所以很快就得到了各州郡的响应，是因为我们站在正义的立场上。目前皇帝年纪幼小，受制于奸臣，并非像昌邑王那样为非作歹，已经到了非要罢黜不可的地步。在这种情况下，将军倡议改立新帝，岂不是造成天下大乱吗？如果诸君要北面拥立刘虞，我必定西向支持长安的皇帝。"

袁绍听罢非常不高兴，但也没说什么就走了。随后，袁绍又找来韩馥等人商议此事，并派人前往袁术阵营，希望能够获得袁术的支持。袁术与袁绍怎么说也是亲兄弟，是一家人，若是另立新君之事能够成功，怎么也是为袁家增光，因此袁绍认为，弟弟很可能成为自己的支持者。但没想到的是，袁术知道袁绍的打算后，竟义正词严地斥退来使，以维护忠义为名，反对袁绍另立刘虞为帝。

袁术的反对并没有打消袁绍的念头，初平二年（191年），袁绍再次写信给袁术，希望能够得到他的支持，信中说："先前我与韩文节（韩馥）共谋长久之计，商量如何才能让汉室天下实现中兴。如今长安名义上有幼君，但实际上朝政却由董卓把持，况且，君主在董卓手中也生死未卜，而公卿以下官吏在董卓的淫威下都谄媚事之，朝廷已经乌烟瘴气，风雨飘摇了！现在我们应该派兵驻守关津要塞，让董卓政权衰竭而亡。并且另立新君，这样一来，太平之日便指日可待，这难道还有什么疑问吗！况且我袁氏家族遭到残忍屠戮，决不能再继续姑息董卓了。"

信中所说言辞恳切，但袁术却不屑一顾。袁绍虽然是袁术的哥哥，但袁术向来看不起袁绍。袁术乃是袁氏嫡出子孙，而袁绍年纪虽长，却不过是庶出，在古代，嫡庶之间地位是截然不同的。况且，不论才干还是名声，袁绍向来比袁术优胜，这更使得袁术对这个庶出的哥哥忌恨非常。于是，袁术再次断然拒绝了袁绍。

袁绍得不到众人的响应，便私自以关东诸将的名义，派遣原乐浪太守张岐拜见刘虞，准备强行尊奉刘虞为皇帝，另立政权。刘虞见到关东军团的联合上书，十分吃惊，当场指责张岐等人叛逆，并通过张岐向袁绍传言，如果袁绍强迫他做此叛逆的举动，他将放弃幽州刺史的职责，即使投靠匈奴也绝不被利用。

但是袁绍并不死心，又试图邀请刘虞为尚书事，承制封拜，同样被刘虞严词拒绝。袁绍见刘虞立场坚定，只好放弃了拥立计划。虽然袁绍未能成功拥立新帝，但这次行动，却让以袁绍为首的关东军团与汉室王朝之间彻底走向决裂。

兄弟之争

袁绍企图另立新帝扩张自己势力时，野心勃勃的袁术也不甘落后。初平二年（191年），袁术为了提高自己的威望，命孙坚率军进攻董卓。

孙坚在进攻洛阳的途中被徐荣所阻截，转而进攻阳城。董卓见孙坚大军来袭，便派东郡太守胡轸、骑督吕布、成督华雄联合抵御孙坚的进攻。期间，吕布和胡轸发生内讧，使得孙坚有机可乘，董卓军队遭遇惨败，华雄在乱战中被杀。

《三国演义》中有一个著名的故事，便是关羽温酒斩华雄。书义中是这样描述的：董卓大将华雄作战十分勇猛，连续斩杀了各路诸侯的多员大将，正在众人愁眉不展之时，籍籍无名的关羽挺身而出，主动请缨与华雄对战，并且立下军令状。众将领都不相信关羽有此本领，只有曹操慧眼识英雄，并且为其斟酒助阵，关羽没有喝下曹操斟的酒，而是立即催马冲入阵中。等关羽提着华雄的头颅回到大营时，其酒尚温。从此，关羽一举扬名天下。罗贯中张冠李戴地描述关羽温酒斩华雄的情节，无非是想彰显关羽的武勇与曹操的慧眼识英雄。但可惜，这个人尽皆知的精彩故事并非史实，华雄实际上是死于孙坚军之手。

正当孙坚打算乘胜追击进兵洛阳时，有人向袁术挑拨说："孙坚倘若占据洛阳，发展势力，将难以制约。如果任其发展，岂不是除却一狼，又增一虎吗？"袁术听罢，心下一沉，怕孙坚进入洛阳后，威胁到自己的威望和地位，便故意延缓军粮的输送。所谓三军未动，粮草先行，粮草可以说是保证作战胜利的基础。粮草迟迟不到，使得孙坚军队顿时陷入了内忧外困的局面，在此危机时刻，孙坚将军队指挥大权交付部属，私下偷偷潜回后方，连夜晋见袁术。

孙坚十分激动地对袁术说："我军将士不顾生命在前线冲锋陷阵，以公来说，是为了国家讨伐逆贼；以私来说，是为了替将军报家仇，我孙坚和董卓根本没有私人恩怨，却能够如此卖命，将军怎可相信他人之言，延误军机大事呢？"袁术自知理亏，便立即恢复了孙坚军队的粮草供应，孙坚军队这才军势大振。

董卓见孙坚势不可当，便派大将李催前往游说，想与孙坚结为秦晋之好，并让孙坚开列子弟中能任刺史、郡守的名单，答应保举任用他们。孙坚丝毫不为所动，反而更加加紧了攻打洛阳的行动。董卓亲自率领吕布迎战，仍未能抵挡住孙坚的进攻，无奈只得退兵到渑池，于陕水附近布防。随后，孙坚率领军队攻入洛阳。

此时的洛阳俨然已经成为一座空城，数百里内没有烟火，孙坚下令清扫汉室宗庙，并用太牢之礼举行了祭祀。在一个偶然的机会下，孙坚在城南的甄宫水井中得到了传国玉玺，上书有"受命于天，既寿永昌"。据说，这是当年张让等宦官作乱时，掌玺人暗中投到井中的。袁术得知这个消息后，非常高兴，随即又担心孙坚会私吞玉玺，于是立即下令，将孙坚的妻子扣留起来，以此强迫孙坚把玉玺交到自己手中。袁术迫不及待地想要得到传国玉玺，足以证明他早有自立为帝的野心。

之后，孙坚整饬部队，分兵出新安、渑池间进击董卓。董卓则分兵驻守各处险要，自己退回到长安。孙坚沿途修复了被董卓挖掘的汉室陵墓，随后引兵回到鲁阳。

孙坚在对董卓作战过程中异常奋勇，帮助南方反董集团取得了非凡的成就，而此时的北方反董集团则采取了作壁上观的态度，使得司隶地区的西半部沦入董卓军的控制。

当时关东州郡长官为了扩张势力地盘，纷纷兼并割据。袁绍、袁术虽为兄弟，相互间也尔虞我诈，钩心斗角。袁绍得知孙坚占领洛阳之后，积极将自己的势力向北方发展。这时，袁绍手下的谋士逢纪对他说："将军举大事而依靠别人供给军需不是好办法，必须占领一州之地，才能得以保全。"当时，袁绍虽然拥有庞大的直属军团，并且在全国具有极高的声望，但渤海太守的官名只是一个空衔，根本没有一个州郡作为后盾，因此，军粮供应成了最严重的问题。袁绍曾经私下窥伺粮食丰富的冀州，但身为联盟盟主，袁绍也不好强取豪夺，只能以讨伐董卓为借口，将大军驻扎在冀州的河内郡，让冀州刺史韩馥负责军粮的供给。

但随着情势的变化，袁绍和韩馥都开始各怀鬼胎。韩馥见各方豪杰归心于袁绍，心中深感不安，害怕袁绍把他冀州的地盘抢走，于是暗中减少对袁绍军粮的供应，希望袁绍因军粮匮乏而退军河内。而袁绍则觊觎冀州之地，早已暗自将韩馥定为其展开兼并的首要对象。

　　袁绍一方面暗中鼓动韩馥部将麴义叛变，并协助麴义击败韩馥的征讨军；一方面暗中联合河北太守公孙瓒夹攻韩馥。韩馥与公孙瓒一向有矛盾，在逢纪的建议下，袁绍私下写信劝说公孙瓒领兵攻打韩馥。与此同时，袁绍也引兵向东，摆出了要攻取冀州的架势。之后，韩馥在与公孙瓒的交战中失利，丧失了大部分北方领地。袁绍趁机派人收买了韩馥的谋臣荀谌、郭图等人，令其游说韩馥将冀州牧之位主动让出。

　　荀谌等对韩馥进言说："公孙瓒率领军队乘胜攻入冀州北方，不少郡县倒戈依附于他。袁绍又联合叛军麴义向东进军，其力量无法估量，将军对此危局有何打算呢？"

　　韩馥虽然占据广阔土地，粮食充足，但是怯懦无谋，面对被袁绍、公孙瓒两面夹击的情况，早已经不知所措，战战兢兢地问荀谌等人："你们认为有什么办法呢？"

　　荀谌问道："在宽厚仁爱、天下归心这方面，您和袁绍相比如何？"

　　韩馥面有愧色，摇头说道："我自然不如袁绍。"

　　荀谌又问："那智谋和勇气方面，您比起袁绍又如何呢？"

　　韩馥依然摇头："这……我也不如袁绍。"

　　荀谌再问："那世代普施恩惠，让天下有识之士皆感念于心这方面，您比如袁绍又如何呢？"

　　韩馥还是摇头："我自然比不上袁氏家族。"

　　三问之后，荀谌进一步说道："将军您自己也认为在此三方面均比不上袁绍，但您的地位却在袁绍之上。袁绍乃是当世豪杰，自然不会甘心长期居于您之下。冀州是当今天下最为富庶的重镇之一，公孙瓒早已有窥伺之心。

如今，公孙瓒军队势不可当，若袁绍再发难，两军合力，必定会兵临城下，到时冀州就危险了！依我看，将军您倒不如主动向袁绍示好，表示愿意将冀州让给袁绍。袁绍与您是同盟，并且还是您曾经的部属，必定会对您的举动感恩戴德。如此一来，袁绍坐镇，公孙瓒便不敢再来争夺冀州，而将军您也势必博得退位让贤的美名。虽然名义上您将冀州让给了袁绍，但实际上这却会让您的地位更加巩固啊！"

韩馥听了荀谌的话后，认为非常有道理，竟真的准备将冀州让给袁绍。此时，韩馥手下的长史耿武、骑都尉沮授等人听说后都非常反对，纷纷向韩馥进言说："这冀州虽然不是什么广阔之地，但能够披甲上阵的士兵少说也有百万，粮食也足够支撑十余年。袁绍不过带领一支外来的军队，只要断了他的粮草，顷刻间便能将他逼退，为什么要把冀州拱手相让呢？"

韩馥的从事赵浮等人原本在孟津驻守，得知此事后也急忙奔回，试图阻止韩馥让出冀州的愚蠢行为。但韩馥却害怕真如荀谌所说，公孙瓒与袁绍两军合力攻打冀州，一意孤行地令人将冀州牧印绶送给了袁绍，主动让出官位，冀州大片土地就这样白白送到了袁绍手中。

得到冀州牧之位后，袁绍非常高兴，随即任命韩馥为奋勇将军，但是却不给他一兵一卒，更没有统治州县的职权。韩馥这才惊觉受骗上当，但也为时晚矣。之后，袁绍立即罢黜韩馥班底，改为启用一向不受韩馥重用的田丰、审配等人，并授骑都尉沮授为奋武将军，逢纪、许攸、荀谌等人都成了袁绍的心腹谋士。

韩馥发现被袁绍欺骗之后，逃到兖州投靠张邈。袁绍担心留下韩馥会滋生祸端，便写信给张邈，要求处死韩馥。韩馥自知逃脱不了，走投无路之下用书刀（在竹木简上刻字或削改的刀）自杀了。

袁绍占领冀州之后，想要给袁术一点颜色，便命会稽人周昂为豫州刺史，顶替被袁术任命为豫州刺史的孙坚。孙坚得此消息，十分愤慨："我们共同举义兵，目的是为了挽救江山社稷。如今逆贼尚未扫灭，内部却如此争斗起来，我跟谁戮力同心，回天转日呢?"之后，孙坚一怒之下，率领军队攻打占据阳城的周昂，周昂溃败遁逃。

在孙坚和周昂作战的同时，袁术派公孙瓒的弟弟公孙越带兵支援，不幸的是公孙越被流箭射中身亡。袁术将此事告知公孙瓒，趁机挑唆公孙瓒与袁绍为敌。公孙瓒得知情况后，对袁绍十分痛恨，立即出兵攻打袁绍。袁绍得知一切均是袁术从中作梗，对弟弟更加不满，兄弟二人之间的矛盾更加激化。

公孙瓒攻势凌厉，威震河北。一时间，冀州郡县纷纷望风归降。袁绍大惊，为了取悦公孙瓒，缓和局势，他拔擢公孙瓒的从弟公孙范为渤海太守，但公孙范一到渤海，便立即倒戈，致使争斗再次白热化。

袁绍和公孙瓒之间的争斗持续了一年左右，双方各有胜败和伤亡，但是谁也没有取得决定性的胜利。直到太仆赵岐奉命劝和，袁、公孙双方才宣告休战。

此后，袁绍成为拥兵冀州的军阀豪强，而所谓的讨董联盟也彻底瓦解。

董卓之死

当关东地区各路诸侯为争夺地盘而互相争斗之时，董卓集团也发生了内讧。

在关中，董卓将天子西迁到长安之后，自封为太师，号曰"尚父"，自比周武王时期的吕尚（姜太公）。他将洛阳等地搜刮来的大量金银财宝和粮食藏在城墙高厚达七丈的郿坞之中，并且对手下人说："将来大事成功，我可以雄霸天下；即使不成功，也可以享用一生。"

董卓在长安肆意妄为、把持朝政，大封族人和亲戚为高官，并且排除异己，诛杀忠臣义士。董卓十分残暴，对违逆自己的人施行残酷的刑罚，或是挖去双眼，或是砍去双脚。董卓原本的上司卫尉张温就因为反对董卓而被他残忍杀害。在董卓的残暴统治下，官员和百姓都敢怒而不敢言。

越骑校尉伍孚对董卓的倒行逆施十分痛恨，发誓要亲手杀死董卓。一天，伍孚身藏佩刀，前来拜见董卓。交谈完毕后，伍孚便告辞离去。董卓起身出门相送，用手轻轻拍着伍孚的后背，表现出极其亲切的样子。伍孚瞅准机会，猛地抽出佩刀向董卓刺去。由于杀人心切，用力过猛，伍孚失手没刺中要害。董卓大惊，慌忙奋力反击，并急呼警卫出手相救，这才脱离危险。伍孚在与警卫斗争过程中，由于寡不敌众，被乱剑刺死。

除伍孚外，朝廷之中想要诛杀董卓的还大有人在，司徒王允就是其中一人。王允字子师，乃太原祁（今山西祁县）人，出身于官宦世家，曾任豫州刺史，后因得罪中常侍张让而辞官隐居。何进掌权之后，王允得以再次出仕，待董卓进入洛阳后，王允被拜为太仆，此后又升任司徒，兼任尚书令。董卓控制政权期间，王允一直隐忍不发，表面上迎合董卓，暗地里却秘密谋划将其铲除。

王允曾经先后与司隶校尉黄琬、尚书郑公业、执金吾士孙瑞等人多次商议诛杀董卓的事情。初平三年（192年）春，王允与士孙瑞、杨瓒借登台拜神为名，又一次秘密商量铲除董卓的事宜。士孙瑞说："自从去年年底以来，太阳不照、淫雨不断已达六十多天，我们应该尽早结束这混乱的时代。现在，正是大好时机，我们可趁天下沸腾之际，主动采取措施，消灭罪魁祸首！"王允同意士孙瑞的意见，但考虑到董卓平时戒备森严，而且他本人武力过人，如果不筹划周密措施，恐怕不易得手。就在众人一筹莫展之际，王允突然想到了一个人——董卓的义子吕布。

吕布自投入董卓帐下之后，一直深受董卓宠信，与董卓父子相称，且先后被提拔为骑都尉、中郎将，并被封为都亭侯。无论董卓走到哪里，吕布总是形影不离，负责董卓安全。

表面上来看，董卓与吕布"父子情深"，但实际上，吕布却对董卓心有嫌隙。有一次，吕布不小心得罪了董卓，董卓大怒，竟然随手抽出佩刀向吕布掷去，幸亏吕布武艺高强，才幸免于难。吕布惊出一身冷汗，立即向董卓谢罪道歉，虽然董卓不再追究，以后也根本没把这件事放在心上。但吕布却从此心怀二意，对董卓更是心生怨恨。王允向来待吕布不错，因此这件事情发生后，吕布原原本本地告知了王允。登台拜神后不久，王允秘密约见了吕布，再次提起当日吕布险些被董卓诛杀之事，并趁机将铲除董卓的计划告诉吕布，要求他充当内应。

开始吕布并不同意，为难地说道："董卓和我是父子呀！若我做出这样的事情，岂不是大逆不道？"

王允挑拨道："你姓吕，他姓董，又不是骨肉亲情。况且董卓现在是人人得而诛之的国贼，你难道还认他作父亲吗？当初他向你掷刀戟时，可念及父子之情？"

提及此事，吕布心中的愤恨顿时涌起，加之平日目睹董卓的残忍暴戾，喜怒无常，难保哪天再惹怒董卓，必定死于他的屠刀之下。思索片刻之后，吕布终于答应帮助王允诛杀董卓。

此时，正逢献帝大病初愈，朝中文武大臣聚集未央殿，恭贺天子龙体康复。吕布借此机会，事先安排同郡骑都尉李肃等人带领十多名亲兵，换上卫士的装束隐蔽在宫殿侧门的两边。董卓刚到侧门，便遭到李肃等人的突袭。

董卓大骇，慌忙向吕布呼救。吕布正襟危坐，大声说道："我们是奉诏讨杀乱臣贼子，你死有余辜！"

董卓奋力反抗，但仍不敌勇猛的卫士，当场被杀。董卓死后，满朝文武和所有士兵都高呼万岁，长安城中的百姓奔走相告，纷纷载歌载舞，共同庆祝奸贼被诛。而董卓被暴尸于市，百姓甚至焚烧他的尸体来泄愤。

董卓死后，王允掌握了政权，但王允刚愎自用、缺少谋略，许多过去曾经被迫依附董卓的公卿大臣都被他处死。著名士人蔡邕听到董卓被杀的消息后，发出了一声叹息，王允竟认为蔡邕同情董卓，将其下狱杀害。对于董卓的西凉军，王允态度反复无常，既不赦免，也不遣散，致使军中人心惶惶。

李傕、郭汜等西凉军的将领，由于迟迟得不到王允的处理而恐惧不已，二人原本打算将军队解散后各自逃命回乡，却在此时遇到了武威人贾诩。贾诩向二人建议说："与其现在急着逃亡，倒不如召集军队进攻长安，胜利则可把持朝政，即使战败，再跑也不迟啊！"

二人随即采纳了贾诩的建议，鼓动西凉军众将士说："如今朝廷不赦免我们，我们应当拼死作战。只要攻克长安，我们就可以得到天下；即使攻不下，也能抢夺三辅的妇女财物，西归故乡。"随即，李傕、郭汜便联合张济、樊稠等原董卓部属，率领西凉军向长安城发起了猛攻。

王允获知消息后，立即调遣董卓旧部将领胡轸、徐荣在新丰阻击李傕、郭汜。结果徐荣战死，胡轸率部倒戈。李傕等沿途收集部队，到达长安时已有十余万人。

初平三年（192年）五月，长安遭到西凉军围攻。吕布全力镇守长安城，但是因为城内士兵叛变，仅仅坚守八日就战败。吕布只得率领百余骑兵，杀出武关。王允则拒绝同吕布一起逃亡，挟持献帝前往宣平城楼。此时，李傕、郭汜等人已经追到宣平门下，最后，王允被李傕、郭汜斩首。而汉献帝则落入了李傕等人手中，汉室政权也随之被李傕、郭汜等人把持。

长安陷落后，献帝被迫册封李傕为扬武将军，郭汜为扬烈将军，樊稠等人为中郎将。不久，李傕又逼迫献帝将他晋封为车骑将军、开府、领司隶校尉、假节、池阳侯；郭汜为后将军、美阳侯，樊稠为右将军、万年侯；张济为镇东将军、平阳侯，外出屯驻在弘农；贾诩为左冯翊。李傕、郭汜、樊稠三人得以共同执掌朝政，由于三人皆是武将出身，故而常常纵兵抢夺百姓，长安周围方圆百余里损失殆尽，百姓怨声载道。

此后不久，这些将领为了争夺最高统治权，又展开了持续两年的混战，整个国家被这些军阀豪强闹得乌烟瘴气。

同时，中原局势也发生了翻天覆地的变化。在关东，公孙瓒击败了幽州牧刘虞，占领幽州，并私自任命严纲为冀州刺史、田楷为青州刺史。袁术则打败了扬州刺史，占据扬州。袁绍为了对付袁术，与荆州牧刘表结交，通过刘表来牵制袁术的军事力量。袁术继而派孙坚领兵南下攻打荆州，双方展开了激战，孙坚在围攻襄阳时，被刘表大将黄祖射死。其子孙策继续率领孙坚的部队，后来将势力发展到江东一带。

同时，在兖州、徐州，曹操、袁术、陶谦、吕布以及刘备之间为了争夺地盘，也相继展开了激烈的战斗。

第五章 ／ 曹操、吕布、兖州

占领兖州

各地军阀豪强之间的争斗和兼并，曹操都看在眼中，但曹操当时并没有自己的地盘，且属于实力较弱的一方，因此，他决定先占据一块根据地，待站稳脚跟后，再谋求发展。

正当曹操急于抢占地盘之时，鲍信向曹操建议道："现在袁绍以盟主的身份专权夺利，发展个人势力，必将酿成祸端，这将是下一个董卓。如果想要遏制他、铲除他，我们还没有足够的力量，恐怕还将使自己陷入危难的境地。将军不如向黄河以南发展势力，以等待形势的变化。"

曹操非常赞同鲍信所言，决定率领直属部队在黄河南岸建立自己的根据地。

就在这个时候，青州黄巾军和河北黑山军又以燎原之势发展起来。初平二年（191 年）秋天，十多万黑山军在于毒、白绕、眭固等人的率领下，进攻魏郡邺城（今河北磁县）和东郡，并有南下进攻兖州腹地的趋势。而青州几十万黄巾军也正兵分两路向冀州境内进军，准备与黑山军会合。

兖州刺史刘岱所任命的太守王肱抵挡不住黑山军的进攻，弃城而逃，兖州顿时陷入了困境之中。这时，袁绍刚刚接任冀州牧不久，尚未站稳脚跟。他担心青州、黑山两支军队的会师将给冀州带来严重的威胁，于是，便派遣曹操率领军队进入东郡，阻截黑山军的进攻，为曹操向河南一带发展势力提供了机会。

得到袁绍的指令后，曹操带着曹仁、曹洪、夏侯惇、夏侯渊等人进入兖州东郡，在郡治濮阳和白绕军展开了激烈的战斗。曹操利用地势打败白绕军队，成功地占领了濮阳。当捷报传到袁绍那里时，袁绍十分高兴，没有经过刘岱的同意，便直接任命曹操为东郡太守。曹操随即将郡治设在东武阳（今山东莘县）。因为东郡与鲍信的济北郡相连，可以相互支援，从此，曹操便有了属于自己的根据地。

曹操打败白绕部的黑山军之后，另外两支黑山军于毒和眭固还在东郡、魏郡一带活动，此外还有一支于夫罗率领的匈奴兵，也向东郡、魏郡一带进军。

初平三年（192年）春天，曹操率军迎击于毒和眭固大军。当他行军到顿丘时，于毒等人已经领兵围困住了东武阳。曹操的下属建议立即回师救援，曹操见情势紧迫，断然采取了"围魏救赵"的战略，下令军队攻打于毒的大本营。于毒见大本营遭到攻打，立即从东武阳撤兵，回师营救。曹操率军于中途埋伏，大败于毒军队。随后，曹操立即向内黄县进军，大破黑山军眭固部众，并一举打败了于夫罗的匈奴兵，确保了东郡的安全。从此曹操得以在东郡成功立足，成了名副其实的东郡太守。与此同时，袁绍在冀州也大破黑山军各部，自此，黑山军一蹶不振。

此次胜利使曹操声威大震，不少有才能的谋士武将相继投奔到他的帐下。

其中最为著名的便是荀彧、李典和典韦。

荀彧字文若，乃颍川颍阴（今河南许昌）人，荀彧的祖父是朗陵令荀淑，父亲荀绲曾任济南相，叔父荀爽曾任司空，都是东汉时期的名士。荀淑有八子，号称八龙。荀彧年轻时曾受到名士何颙的赏识，赞其有"王佐之才"。董卓之乱后，荀彧辞官回家，他告诉乡亲父老："颍川是四战之地，天下将大乱，颍川当受其兵害，大家应该早日离开，以避祸乱。"但大部分乡亲父老都不愿意离开家乡，后来，很多人都死于兵乱。

荀彧曾接受韩馥邀请，将自家宗亲迁往冀州。但当荀彧到达冀州时，这里已成为袁绍的囊中之物。袁绍仰慕荀彧的才华，将他待为上宾。其时，荀彧的弟弟荀谌、同郡人辛评、郭图等人都在袁绍的帐下效力，因此荀彧便也依附了袁绍。

荀彧拥有远大的政治眼光，他通过一段时间的观察之后，发现袁绍虽然暂时强盛，但终究成就不了大事。正当荀彧谋划另投他处时，他听闻曹操雄才大略、又重视人才，便离开袁绍，投奔了刚刚在东郡立足的曹操。

曹操见荀彧来投，十分高兴，将其比作是西汉名相张良。曹操任命荀彧为司马，参与军机大事，这时荀彧才二十九岁。此后，荀彧成了曹操最得力的谋士，官至侍中、尚书令，谥曰敬侯。

李典字曼成，乃山阳郡钜野县（今山东巨野）人，深明大义，不与人争功，崇尚高贵儒雅，尊重博学之士。他投奔曹操后，成为其帐下得力的大将。

典韦也是曹操帐下著名的大将，他形貌魁梧，臂力过人，兵器为一双各八十斤的铁戟，是不可多得的虎将。张邈起义时，典韦投奔其帐下，后来又投奔到夏侯惇帐下，屡立战功，被封为司马。其后，曹操赏识其英勇，拜典韦为都尉，让其跟随左右。

曹操镇压黑山军后不久，青州号称百万之师的黄巾军由于受到青州刺史臧洪的大力镇压，纷纷越界涌向兖州。青州黄巾军势不可当，先是攻下了任城（今山东济宁），又向东平境内挺近，对兖州造成了巨大威胁。

兖州刺史刘岱大怒，准备亲自率兵迎击敌人，鲍信听说后急忙劝阻刘岱说："黄巾军号称百万，来势汹汹，兵士百姓无不震恐，若是与他们硬拼，胜算微乎其微。但黄巾军行军向来不带粮草，而是依靠一路烧杀抢掠来支持军中所需。所以只要我们固守城池，养精蓄锐，等他们粮草匮乏，军心涣散的时候再派出精锐部队，占据险要进行攻击，必然能够将他们一举击溃！"

然而，刘岱自恃兵多将广，认为黄巾军是乌合之众，根本不堪一击，完全不理会鲍信的建议，一意孤行率军前往迎击青州黄巾军。不想，刚一交锋，刘岱的军队就被黄巾军冲垮，刘岱惊恐，率军而逃，途中陷入了黄巾军的包围，失手被擒，随后，刘岱被黄巾军枭首示众，身死沙场。

黄巾军虽然节节胜利，攻下很多城池，但毕竟是由贫苦农民组成，军中缺乏有远见的出色将领，故而根本不懂得管理城池，只会一味攻城略地。在击败刘岱后，这支青州黄巾军继续向寿张（东平县西南）一带挺近，曹操所管辖的东郡首当其冲成了下一个攻击对象。

曹操见势头正盛的黄巾军向自己挺近，心中很是担忧。这时，曹操的部属陈宫给他出了一条计策。陈宫字文台，原本是东郡的官员，在曹操成为东郡太守之后，因仰慕曹操的才干，而投奔曹操帐下为其效力。

陈宫对曹操说："现在刘岱已经死了，兖州无主，和朝廷也失去了联系，更无法贯彻王命。不如让我去说服兖州的名士豪强，共同拥护将军您为兖州之主。若是能够成功夺取兖州为资本，到时我们平定黄巾军，再进一步图取天下，成就霸业就指日可待了！"兖州地处中原腹地，连接青州、豫州、冀州等地，南下江淮，具有绝佳的地理优势，是建立根据地的绝佳选择。曹操大喜，立即同意了陈宫的建议。

刘岱死后，兖州官员对黄巾军的进攻惶恐不安，陈宫来到兖州后，对众官员说道："如今全国都处在动乱分裂之中，而兖州现在又处于无主的状态，实在是非常危险啊。曹操有治世之才，如果由他出任本州州牧，必定能担当击败黄巾军的重任。不仅可以保护本州百姓的安全，更可以使得地方安宁稳定。"

同时，鲍信也极力说服众官员支持曹操，而曹操的老朋友袁绍和张邈也都给予了曹操大力支持。见曹操如此众望所归，兖州的官员们很快也就赞同了这个提议。如此一来，曹操顺理成章地出任了兖州牧，将兖州军队收归旗下，同时还得到了兖州著名的谋士程昱。

程昱是东郡人，以智谋著称。当初，袁绍和公孙瓒相互争斗时，双方都想拉拢刘岱。刘岱虽然对袁绍心怀不满，想帮助公孙瓒一起对付袁绍，但同时又忌惮袁绍的势力，左右为难。刘岱手下的谋士便向刘岱推荐了程昱，于是刘岱赶紧派人请程昱前来，向他请教，程昱说："公孙瓒军队不是袁绍的对手，虽然现在他小胜袁绍，但终究会被打败。"刘岱采纳了程昱的建议与袁绍联合，后来，公孙瓒果然被袁绍打败。程昱因此得到了刘岱的器重，被推荐为骑都尉。但程昱看出刘岱并非能人，故而推辞了刘岱的官职。曹操做了兖州牧之后，马上召见程昱，程昱很钦佩曹操的才能，表示愿意为其效力。曹操任命其为寿张县令。

曹操占据兖州，是其发展势力最为重要的一步。从此，他以兖州为根据地，不断向外发展。

青州之兵，攻之收之

出任兖州牧之后，曹操立即整军准备迎战青州黄巾军，此战的胜败关系到曹操是否能够在兖州真正站稳脚跟。

青州黄巾军虽然人数众多，号称百万，但实际上真正能够参与作战的将士不超过十万。军中老弱妇孺占了大部分，且军中并没有真正擅长领军的将领，全军上下组织极为松散，缺乏军粮马匹的稳定供给，军队机动性并不强。而曹操军队人数虽然不过万余，但都是经过严格军事训练的精兵猛将，队伍作战能力非常强。因此，曹操认为，此次战斗虽说是以少敌多，但未必没有胜算。

初平三年（192 年），四月，曹操和鲍信率领军队迎击青州黄巾军，双方在寿张附近交兵。双方刚一交兵，曹操就发现，黄巾军的战斗力远远超出了自己的预想，他们不仅作战勇猛，而且战斗力强，自己所率部众根本难以抵挡。见硬拼不过，曹操马上下令撤兵，固守以待。

硬拼不过只能智取，经过深思熟虑之后，曹操决定以奇袭的方式取胜。寿张在济水和汶水之间，中间有一片开阔的平原。而黄巾军此时正是集结在无盐（今山东东平）与寿张之间的平原上。

为了解敌情，曹操与鲍信一同率领部分亲信深入敌军阵地勘察。当他们来到汶水岸边时，却不幸被敌人发现，青州黄巾军大队人马将曹操等人团团围住。曹操和鲍信仓皇迎战，由于双方力量悬殊，曹操等人几乎陷入绝境。鲍信率领一众骑兵浴血奋战，同时部署部分勇猛骑兵护送曹操撤退突围。经过艰苦奋战，曹操终于突出重围，而鲍信却为救曹操而战死沙场。

随后曹操大军赶到，才勉强击退了黄巾军。鲍信和曹操是至交好友，如今，曹操却因自己轻敌和大意而使得鲍信命丧疆场，自是悲痛不已。为寻到鲍信的尸首，曹操发出通告，重金悬赏，但始终一无所获。悲痛之余，曹操只得令人用木头雕刻出鲍信的模样，将其与鲍信的衣物一同下葬，设立衣冠冢，举行隆重的安葬仪式。在鲍信葬礼上，曹操痛哭流涕、慷慨激昂，誓言要为鲍信报仇。

此时，青州黄巾军正沉浸在战斗胜利的喜悦中，防备也有所松懈。曹操趁机率兵出击，与敌军展开决战。

曹操军队群情激昂、誓死为鲍信报仇，作战均十分勇猛，而青州黄巾军完全没想到曹军会在此时突袭，仓皇应战，渐渐抵挡不住曹操的进攻。曹操乘势带领骑兵发动突袭，终于大破青州黄巾军。

攻破黄巾军后，曹操并未乘胜追击。在曹操看来，黄巾军之所以走上反叛道路，皆是因为不堪忍受朝廷暴政和贫苦生活，若是对这些人赶尽杀绝，曹操心有不忍。况且，青州黄巾军战斗力惊人，若是能够将他们收归己用，必定如虎添翼。于是，思索良久之后，曹操决定对青州黄巾军采取镇压和安抚相结合的政策。随后，曹操向青州黄巾军发出了招降书，不想却遭到了拒绝。曹操大为失望，果断采取军事行动继续对黄巾军施压，以使其妥协。

不久之后，青州黄巾军非但没有妥协，反而给曹操写了一封信，信中说："你在做济南国相时曾经毁坏神坛，这种做法和中黄太一的做法相通。看来你似乎知晓中黄太一之道，为什么现在还如此执迷不悟呢？如今汉室将尽，黄天当立。新的天子将要降临，这不是你的能力所能够阻止的。弃暗投明才是顺应天道的行为。"

黄巾军信奉的是太平道，是黄老道学的支派。中黄太一就是黄巾军信奉的天神，黄巾军对其他鬼神之寺一概毁掉，曹操也曾经在济南相任上摧毁鬼神寺庙。因此，黄巾军认为曹操的做法在某些方面与黄巾军是相通的，希望曹操不要再为汉家朝廷效命，而是向黄巾军投降。

曹操接到信后勃然大怒，他堂堂汉室臣子，岂能投靠黄巾军？虽然愤怒，但曹操依然希望能够收编这支黄巾军来扩充自己的实力。于是，曹操再次向青州黄巾军发动了猛烈进攻。黄巾军抵挡不住曹操的进攻，节节败退。当黄巾军退到济北（今山东济南长清以南）时，已经是寒冷的冬天，衣食难以供应，战士和老幼妇孺饥寒交迫。

打探到青州黄巾军状况堪忧，曹操趁机再次向其招降。最终，黄巾军数十万人终于向曹操投降，愿意投奔到他的帐下。

招降黄巾军之后，曹操既往不咎，不加害任何一人，并将老弱妇孺以及缺乏战斗能力的人全部安排到后方从事生产，挑选精壮者五六万人编成了"青州军"。

这样，曹操的军事力量得到了充分的扩张，他终于拥有了一支足以与众割据力量相抗衡的武装力量。

和其他地主武装单纯以武力大量残杀农民起义军不同，曹操采用软硬兼施的政策，镇压结合诱降将其收为己用，达到自己的目的，这就是曹操的高明之处。

在此期间，鲍信的部下于禁，以及声名远播的名士豪杰吕虔、满宠以及毛玠等人相继投靠在曹操帐下，成了曹操重要的将领和谋臣。

谋士毛玠在投靠曹操后，便向他提出建议说："天下分崩离析，皇帝西迁到长安，百姓不能生产，饥饿流亡，一刻也得不到安宁，必然难以长久。而现在袁绍、刘表虽然士民众多，看起来势力强大，但却不是能够长远打算，树立牢靠基础的人。自古以来，用兵首先讲求师出有名，其次则依靠雄厚的经济实力作为支持，只有满足这两个条件，才可能建立稳固根基，谋求长远发展。因此，我军首先应当奉迎天子以令不守臣节的诸侯，其次要注重勤修耕织以储备军队需要的军粮，这样霸业才可能成功。"

　　曹操非常同意毛玠的建议，立即派遣使者向长安的汉献帝表示忠诚，这也是曹操以后"挟天子以令诸侯"思想的最初来源。然而，曹操的示好并没有得到朝廷的重视和信任，汉献帝对曹操兖州牧的地位并不予以正式承认，曹操只好等待时机再行谋断。

　　但让曹操没想到的是，他才刚刚在兖州稳定下来，朝廷就派了一个名叫金尚的人来出任兖州刺史。此前说过，州牧与刺史的区别在于，刺史只负责郡县监察工作，而没有军权和治民权，州牧则具有领兵治民的职权，也就是说，实际上刺史与州牧是同一官职，只是朝廷所下放的权力大小有所区别。朝廷任命金尚为兖州刺史，显然是要金尚从曹操手中将兖州"抢"过来。

　　曹操知道这个消息后非常气愤，他绝不可能将自己千方百计得到的地盘拱手让给别人。于是，曹操一怒之下率兵到兖州边境迎击金尚，致使这个朝廷委派的官员还未进入兖州就遭到了驱逐，逃亡南阳。无奈之下，金尚只得投奔到袁术帐下。

复仇

曹操在兖州发展自己势力的同时，关东军团南北两派的形势也发生了重大变化。荆州牧刘表断绝了袁术的粮草供应，以此向荆州东北境内的袁术军队施压。袁术不得不重新谋划向北发展。而兖州位于袁术占据的南阳和袁绍占据的冀州之间，袁术想要向北发展，必然要占据兖州。

初平三年（192年）冬天，金尚逃入南阳之后不久，袁术便和公孙瓒南北联合，同时向袁绍和曹操发动进攻。公孙瓒派刘备为平原相，联合青州刺史田楷、徐州牧陶谦，从东面威胁兖州。

袁绍在龙凑（今山东平原县附近）击溃了公孙瓒的主力，促使其退回幽州。次年年初，曹操屯兵于鄄城，并将州治所迁到此地。

袁术在进攻陈留之后，收编了被曹操击败的黑山军余部和于夫罗的匈奴残兵来对付曹操。袁术屯兵封丘（今河南封丘西南），派遣将领刘祥带领军队进攻曹操。刘祥到达濮水南岸的匡亭后（今河南长垣西南）却安营扎寨，不敢再向前进军。

曹操亲自带领军队前来迎战，两军交战于匡亭，刘祥大败。曹操随即向封丘进军，又打败了袁术的军队。这时，荆州牧刘表趁机截断袁术的粮道，迫使袁术不得不放弃南阳，率领残兵败将逃到了九江（今安徽寿县）。

曹操大败袁术，解除南面的威胁后，准备向东面的徐州发展。当时的徐州牧是陶谦。陶谦曾随左将军皇甫嵩出征三辅，被任命为扬武校尉。黄巾军起义之后，又被任命为徐州牧，镇压黄巾军。董卓被杀后，各路军阀陷入混战，陶谦加入了袁术和公孙瓒的阵营，对抗袁绍和曹操，被拜为安东将军、徐州牧，封溧阳侯。

陶谦曾为了争夺地盘，攻打过曹操的兖州之地，并占领了华县和费县。当时，曹操在兖州尚未站稳脚跟，为安抚民心而不愿大动干戈，故而在与陶谦的对战中主要采取了防御战术。后来，在曹操协助袁绍攻打袁术之际，陶谦又趁机攻打兖州东部的泰山郡，并间接害死了曹操的父亲曹嵩以及弟弟曹德等家眷。曹操由此与陶谦结下了血海深仇。

其实，曹嵩等人的死并不是陶谦所致。当初曹操因拒绝与董卓交好而举家逃出京城，其父曹嵩等人在曹操安排下逃去了徐州。在关东军联盟破裂之后，徐州牧陶谦与曹操站在了对立的阵营，发生冲突之后，陶谦便将曹操的父亲以及家人逐出徐州。但当时，陶谦还不想完全与曹操撕破脸，故而特地派遣部下张闿护送曹嵩等人离去。但没想到，张闿在护送途中看中了曹嵩的家产，心生歹意，在徐州和青州交界的华城，将曹嵩以及其幼子曹德杀害，携带财物逃得不知去向。曹操得知此消息后，悲愤交加，当即立誓必报杀父之仇。

当时，曹操对徐州觊觎已久，当初为了养精蓄锐、站稳脚跟，才极力忍耐陶谦的不断挑衅。待如今后方稳固之后，曹操早有打算要图谋徐州，而曹嵩等人的死则彻底激怒了曹操，同时也给了他一个攻击陶谦的完美借口。

同年秋天，曹操留陈宫驻守东郡，夏侯惇驻守濮阳，安排荀彧、程昱坐镇鄄城，自己则亲率大军东征陶谦。曹操大军所向披靡，一路接连攻下徐州十多个城池，很快就攻到了彭城（今江苏徐州市）。陶谦部队难敌曹军，不得不退守到郯城。

曹操紧追不舍，没多久便兵临城下，奈何城池却久攻不破，时日耗得越久，曹操心中的怒火就燃烧得越盛。在仇恨的驱使下，曹操开始迁怒于周边的百姓，在泗水残忍戮杀了数万百姓，众多尸体漂浮在泗水之中，惨不忍睹。徐州原本是个很少战乱的地方，关中地区遭受战乱的百姓都来这里避难，但如今，经过曹操军队的洗劫，徐州遭到了很严重破坏，不少百姓只得再次收拾行囊逃亡别处。

曹操始终未攻下郯城，愤怒之余便转而进攻其他三个县，并持续在各县疯狂地屠杀百姓，致使各县街道空无一人。

兴平元年（194 年）初，陶谦感到情势危急，已无力与曹操抗衡，便急忙向青州刺史田楷求救。田楷派平原相刘备率领数千人前去支援。陶谦如同抓住了救命稻草，感激涕零，随即举荐刘备为豫州刺史，给予他四千人，让他在小沛（今江苏沛县东）屯兵。小沛在徐州西部，和兖州邻近，陶谦将刘备安排在这里，目的就是为了让他抵御曹操的进攻。

不久，曹操军队因为军粮匮乏，暂时停止进攻，退回了兖州。这次东征，曹操得到了大将朱灵。朱灵字文博，乃清河（今河北清河东）人，本是袁绍帐下一名猛将。曹操东征陶谦的时候，袁绍派朱灵领兵支援，朱灵对曹操早有倾慕之情，于是便直接投入了曹操帐下。

同年四月，曹操整兵后再次东征陶谦，大军进入徐州后，接连攻下五座城池，一直扫荡至琅琊、东海两郡。曹操大军所到之处，又屠杀了不少无辜百姓，其惨况令人触目惊心。曹军再次攻到郯城，陶谦的部下曹豹与刘备联合迎敌，却都不敌曹军，襄贲（郯城县西北）由此陷落。

两次东征中，失去理智的曹操共屠杀百姓数十万，致使生灵涂炭，流血千里。徐州的百姓纷纷外逃，居住在琅琊的诸葛亮也因此跟随叔父离开了家乡。

曹操为报私仇而残杀百姓的做法，实在残忍非常，这也一直受到后人的诟病和质疑。曹操明知家人并非陶谦所杀，为何却要将这笔账全部算在陶谦的头上，并对无辜百姓大开杀戒呢？一方面，所谓"我不杀伯仁，伯仁却因我而死"，或许在曹操看来正是如此，陶谦没有杀死曹操的父亲，但曹操的父亲却是因陶谦的驱逐和所托非人而死的，因此，对曹操来说，杀死陶谦是为父报仇的一个必然举措。另一方面，曹操屠杀百姓，很可能是出于树立威信、扩充势力方面的考量。陶谦此人虽无大勇大谋，但却宽厚爱民，他所统治之地政治清明，因而深得民心，这也是关东各地百姓纷纷到此避难的原因。曹操残忍屠戮，无疑是想以此震慑世人，让百姓恐惧臣服。后来，在曹操扩张势力的过程中，但凡遇到坚守城池者，必会施行屠城政策，该政策一直延续到北方基本平定。这充分暴露了曹操凶残好杀的一面。

在曹操的猛烈进攻下，陶谦不得不逃亡丹阳，徐州最终落入曹操手中。就在曹操大军欢欣鼓舞，打算享受胜利果实的时候，一个让曹操瞠目结舌的消息传来了——兖州内乱！曹操大惊，不得不暂时停止对陶谦的进攻，转而奔回自己的大本营。而这场内乱，最让曹操感到不解和痛心的，是叛乱的领导者竟是他肝胆相照的挚友与极为信任的谋臣！

后院失火

曹操接到兖州内乱的消息后，心中又惊又愤，惊的是这场叛乱之来势汹汹，随时可能使他失去立足之地；愤的是叛乱的领头人竟是昔日一直支持他的挚友张邈，以及他给予了极度信任的谋臣陈宫。

张邈和曹操的关系原本十分亲密，两人既是故交，又是挚友。当初曹操在陈留起兵，张邈给予了大力支持。而在讨伐董卓时，也只有张邈愿意派出一支队伍与曹操同行，虽然队伍人数不多，但也足以表明其对曹操的支持与友谊。在关东联军结盟之初，曹操是张邈的部属，盟主袁绍曾为了拉拢曹操，而表示支持曹操将张邈取而代之，结果遭到曹操的严词拒绝，张邈得知此事后，对曹操十分感激。

然而，在曹操担任兖州牧之后，张邈对曹操却生出了一些嫌隙。曹操原本是自己的部下，如今地位却突然超过了自己，面对昔日朋友地位的变化，张邈心中逐渐生出不满。同时，张邈也担心终究有一天会被曹操所灭，这种担忧和不安随着曹操的攻城略地愈演愈烈。

陈宫曾因仰慕曹操的名声而归附，在为曹操谋取兖州之地的过程中更是功不可没。但可惜，原本惺惺相惜的两人却因名士边让的死而心生嫌隙。边让是陈留人，曾任九江太守，和袁术颇有交情。曹操击败袁术时，边让在陈留隐居，得知袁术败北的消息后，边让心有不平，便多次出言讥讽曹操。此事辗转相传，被好事之人上告了曹操，曹操得知后勃然大怒，立即下令以扰乱军心的罪名将边让捕杀，此事还牵连了一干兖州名士。

陈宫与边让是旧识，同时又是士族统治的忠实拥护者，曹操此举不仅对兖州士族造成了极大伤害，同时也伤害了陈宫对他的仰慕之情，陈宫因此而对曹操有了不满。此外，陈宫与陶谦也素有交情，当初曹操第一次东征时，陈宫就曾极力劝阻，可惜未能成功。

种种事情加在一起，使得陈宫对曹操的怨愤与日俱增，于是，趁着曹操再次攻打徐州，后方空虚之际，陈宫便联合兖州从事中郎许汜、王楷以及张邈的弟弟张超等人，准备反叛曹操。曹操东征时，为了防范北方的冀州、青州两州军队伺机来袭，曾经交给陈宫一支部队，驻守在东郡地区。不想，这支军队却成了陈宫日后反叛曹操的资本。

怀抱着不同的心思和对曹操共同的不满，张邈与陈宫一拍即合，共同兴兵叛乱。为与曹操对抗，张邈还秘密派人前往河内邀请猛将吕布入主兖州。

那么，张邈等人又是如何与吕布交好的呢？

当初，吕布和王允杀死董卓之后，董卓的部将李傕、郭汜起兵打败吕布，杀死王允，控制了朝政。吕布出逃后便前往扬州投靠袁术，袁术因吕布为人善变而拒绝接纳他。之后，吕布又到北方投靠袁绍，袁绍想利用吕布的勇猛对付张燕的黑山军，便收留了他。谁知吕布在打败张燕之后，越来越目中无人，不仅纵容将士烧杀抢掠，并且还要求袁绍增加他的兵力，引起袁绍强烈不满，遂对吕布起了杀心。一天，袁绍召见吕布，说接到了朝廷的诏令，要封吕布为旧都洛阳的司隶校尉，以表彰他攻灭黑山军的功绩。此后，袁绍更是派遣一队精兵护送吕布前往洛阳"赴任"。当时，汉献帝落在李傕等人手中自顾不暇，又怎么可能颁布什么诏书来封赏吕布呢？袁绍编出这样的谎话不过是为了除掉吕布，而所谓的"护送精兵"自然就是为了将吕布"护送"到鬼门关。

还没出冀州，吕布就察觉出了情况不对，于是在一天夜里趁着夜色赶紧和亲信部下偷偷逃跑了。吕布打算前往河内投靠太守张杨，途经陈留的时候，张邈因忌惮吕布的勇猛，对他盛情款待，让处于苦况之中的吕布非常感动。于是，吕布便与张邈相约，日后只要有事，必定相互协助。因此，在准备与曹操对抗的时候，张邈第一时间便想到了吕布。

张邈和陈宫在兖州都拥有非常高的声望，尤其是在陈留和东郡两地，更是拥有深厚势力。曹操当初之所以能够轻易取得兖州，主要也是依靠陈宫等人的支持和拥护。因此，曹操失去张邈和陈宫等人，无异于失去了兖州的大半民心。加之边让事件以及曹操在徐州大开杀戒等事，使得兖州各郡县都深感不安。因此，张邈等人一起事就得到了一些郡县的响应，很快，他们便占领了兖州绝大部分郡县。只剩下荀彧和寿张令程昱等所驻守的鄄城、东阿、范城，以及夏侯惇驻守的濮阳仍在曹操的控制之下。

为彻底夺取兖州，陈宫亲自领兵攻打东阿，派遣氾嶷攻打范城。与此同时，豫州刺史郭贡也率领数万精兵进入兖州，向鄄城逼近。目前的形势对曹操来说，十分严峻和危急。

张邈等人暗中迎吕布入兖州之后，随即派人前往鄄城对荀彧说："吕将军来是为了帮助曹使君（曹操）共同攻打陶谦的，我们应立即为吕将军提供军粮。"众人都非常疑惑，不知是真是假，唯独荀彧顿生疑心，看穿了张邈等人的奸计，立刻下令军队加强防范，并将夏侯惇紧急调回鄄城。其时，曹操的家眷均在鄄城，夏侯惇得知情况后，自然不敢怠慢，即刻奔往鄄城，不料途中却遭到了吕布截击。夏侯惇奋力搏杀，无奈之下只得丢弃所有辎重往鄄城奔去。吕布迅速占领了濮阳，并缴获夏侯惇所有辎重。

为了彻底击垮夏侯惇，吕布派遣手下将领伪装成逃兵前往夏侯惇军营诈降。这些人去到营中后将夏侯惇劫持为人质，全军震动，顿时乱作一团，不知如何是好。关键时刻，夏侯惇副将韩浩率部将大营团团围住，并下令不许放走任何一名劫匪。韩浩对着营内的匪徒们大喝道："你们不想活命了吧！竟敢如此为非作歹！不要以为劫持了将军便能逃过一劫，我等奉命讨贼，绝对不会为了一个将军而姑息你们！"被劫持的夏侯惇听到韩浩如此说，气得眼睛瞪得如铜铃一般。韩浩只是副将，如此得罪夏侯惇，心里也虚的慌，只得流泪对夏侯惇说道："将军啊，如今在国法面前我也是无能为力，还请您见谅啊！"眼见韩浩没有丝毫妥协的态度，而吕布又迟迟不来接应，营中匪徒只得缴械投降，夏侯惇也捡回了一条命。后来曹操得知此事，对韩浩大加赞赏，并下令左右，以后再遭遇这样的事情，无须顾及人质，定要将贼人尽数诛杀。

夏侯惇逃过一劫后即刻奔向鄄城，抵达鄄城后，夏侯惇立刻下令整饬部队，揪出了许多与张邈暗中通谋的将士官员，将其一并处死，这才将鄄城军心迅速稳定下来。然而这时，郭贡的军队已经兵临鄄城城下，军中无不恐惧。此时，郭贡突然遣人来传话，要求与荀彧相见。夏侯惇等人极力反对，恐荀彧遭遇不测。但荀彧却认为，郭贡与张邈等人素无往来，此次领兵前来，无非是受到煽动，如今他既然要求与自己相见，必然是还未拿定主意，若趁机游说，即使未必能让他成为盟友，也可使他保持中立，就此退兵。打定主意后，荀彧独自前往郭贡军营赴会，郭贡见荀彧孤身前来，且毫无惧色，心中不免对鄄城兵力有了几分忌惮，认为鄄城必定难以攻破，于是引兵而去。之后，荀彧、程昱等人积极安抚范县和东阿的军心，才使得三城得以保住。曹操回到兖州之后，激动地对众人说："没有你们的帮助，我将无安身之处啊!"后封程昱为东平相,镇守范县,同时也封赏了荀彧、夏侯惇等人。

随后,曹操亲率主力军队奔赴濮阳,与吕布决一死战。

兴平元年(194年)六月,曹操大军进攻濮阳。大将于禁领命率兵攻打吕布驻扎在城外南面的大营,于禁作战勇猛,连续破吕布两座大营;但青州军领命攻打西面大营时,却被吕布率兵打败,损失惨重。

其后,曹操亲自领兵夜袭城西大营,成功将其攻破。正当曹操准备撤退时,吕布突然赶来增援,两军进行了激烈的战斗。双方的激战从黎明到正午,曹操军队渐渐无力招架,边战边退。最后,在典韦的全力护卫下,曹操才得以脱险。之后,曹操拜封典韦为都尉,统领亲兵数百人。

不久之后,濮阳城中一个田姓地主突然与曹军联系,自愿做曹操的内应来帮助曹军攻破濮阳城。曹操大喜,立即下令左右布置攻城事宜,但没想到,此人是吕布派来诈降引曹操入局的诱饵。曹操在此人的"接应"下带兵涌入了濮阳城,中了吕布的埋伏,在巷战之中险些被擒。经过激烈的厮杀后,曹操在众将士护卫下逃出濮阳,曹操身受重伤,但总算是捡回了一条命。

之后,曹操又与吕布僵持了一百多天,双方各有胜负。在此期间,全国范围内发生了严重的旱灾,曹军与吕军都面临着缺粮的困境,无奈之下,曹操只得暂且率兵退回了鄄城。

就在曹操最为困顿的时候,袁绍突然遣人送来消息,希望曹操将其家眷迁到邺城居住,以加强二人的同盟关系。袁绍此举表面上是要"保护"曹操家眷,但实际上,却是想以曹操的家眷作为人质,由此来控制曹操。

曹操哪会不知袁绍的不良用心,但如今,自己战场失利,又逢严重灾荒,军队已经出现了士兵叛逃的现象,处境十分困难,若不依附袁绍,恐怕难图发展。

就在曹操心生动摇，试图归附袁绍之时，众部属纷纷表示反对，尤其是程昱坚决不同意曹操的做法。程昱对曹操说道："袁绍占据燕赵广阔土地，有吞并天下的野心，但是以他的才智不足以成功。将军难道甘愿居于他之下吗？将军智勇兼备，岂能如韩信、彭越之辈，屈居人下！现在兖州虽然残破，但尚有三座城池，精锐将士也不下万人，以将军之勇，加上荀彧和我等都愿意为将军拼死效力，只要再广泛收罗人才，成就霸业又岂是难事！"程昱此言给曹操打了一针强心剂，权衡利弊之后，曹操终于打消了依附袁绍的念头。

三败吕布 收复兖州

经过一段时间的休整后，曹操重整旗鼓，准备与吕布再次展开角逐，收复兖州失地。

濮阳前为鄄城，后靠袁绍，为免腹背受敌，吕布于兴平元年（194 年）将军队移到定陶附近的山阳驻扎，试图向兖州东南方向发展。兴平二年（195年）春天，曹操决定先攻打济阴郡治定陶（今山东定陶县西北），以扰乱吕布的判断，然后再伺机攻击吕布部属的机动部队。

面对气势汹汹的曹军，驻守定陶南城的济阴太守吴资退守南城，布下严密防线，曹军未能攻下。吕布得知消息后急忙率兵增援，曹操趁吕布立营未稳，立刻发动骑兵突袭，吕布战败后退回山阳。

在攻打定陶的同时，曹操派遣曹仁率领部队攻打山阳附近的另一座城池——句阳城。当时吕布的注意力都集中在定陶，因此句阳城很快就被攻陷。连失两城的吕布见形势不利，开始向东北方向撤退。

同年夏天，吕布决定反击，他命令属下薛兰、李封屯兵巨野（今山东巨野县），向曹操挑战。吕布和陈宫认为，曹操喜欢打和敌军主力互为犄角的机动部队，因此，便用薛兰等人作诱饵吸引曹操，准备等双方展开激战之时，再由吕布率领部队乘机包抄。

然而，曹操这次却改变了战术。他留下部分军队继续攻打定陶，又命令曹仁率领军队攻打巨野，自己则亲率主力部队埋伏在途中。当吕布率领军队向巨野逼近时，曹操出其不意地发动袭击，很快，吕布军队开始溃散逃走。

曹操率领军队与曹仁会合后，集中全部力量攻打巨野，最后，巨野被攻陷，薛兰等人全军覆没。为了预防吕布反扑，曹操命令一部分军队筹集粮食，自己则带领其余士兵积极修建工事，做好防御措施。

这时，探子传来了陶谦病死，并把徐州让给刘备的消息。曹操便想借此机会进攻徐州，以解决军粮的问题。最后在荀彧等人的劝阻下，曹操放弃了征讨徐州的打算，全力应付兖州的局势。

不久后，吕布和陈宫果然率领万余精兵反扑攻城。当时，曹操的军队大部分都在外边抢割麦子，留守的将士不足一千。情势危急之下，曹操命令城中妇女登上城楼参与防守，以便集中兵力对付敌军。

吕布行军至城外大堤处，见地形奇特，密林丛生，恐怕曹操在林中布下埋伏，一时之间不敢贸然前进。于是，吕布便和陈宫商议，暂时在大堤十里处安营扎寨。

当天夜里，外出抢割麦子的一部分将士赶了回来，曹操立即进行军事部署。他将一部分士兵暴露在大堤之外，大部分兵力则隐藏在大堤之内，借此诱敌来攻。第二天，吕布探听到树林中并无埋伏之后，便立刻下令士兵进攻。曹军暴露在大堤外的部队且战且退，将吕布引诱到埋伏圈内，堤内众军一拥而上，将吕布杀得措手不及。仓皇应战的吕布大惊失色，很快就败下阵来，士兵伤亡惨重，曹操乘胜追击，一直杀到吕布大本营。

吕布见大势已去，便连夜与陈宫带着残兵败将逃往徐州，准备投靠刘备。张邈见吕布大败，很是惊恐，立即派弟弟张超带领家属退守雍丘（今河南杞县，属陈留郡），自己则逃亡徐州。

此后，曹操亲率大军攻陷定陶城。同年八月，曹军攻打雍丘，张超率领残部顽强抵抗。张邈得知消息后，急忙向吕布求援，但却遭到了吕布的拒绝，张邈只好前往扬州向袁术求援。但还未行至扬州，就在途中被叛乱的军士所杀。

十月，朝廷见曹操已经基本控制了兖州的局势，便正式任命曹操为兖州牧。曹操忙向朝廷上书，再次表示了自己的忠诚。

十二月，在曹操数月围攻之下，雍丘粮草殆尽、军心涣散，张超见盼不来救兵，灰心自杀。曹操攻下雍丘后，将张邈和张超的家属全部杀死。其后，曹操势如破竹，兖州叛乱的郡县相继投降。

曹操终于收复了全部兖州失地，并获得朝廷认可，名正言顺地得到了兖州的控制权。至此，曹操才算正式获得了与群雄逐鹿中原的"入场资格"，开始了其波澜壮阔的宏图大业。

第六章 ／ 颠沛流离的天子

长安乱象 天子流离

正当曹操在大本营兖州与吕布等人争斗之时，新都长安也因一系列的争权夺利而陷入混乱之中。

在击杀王允、赶走吕布之后，李傕、郭汜与樊稠三人挟持天子，共掌朝政。兴平元年（194年），征西将军马腾找到李傕，有一些私事想求李傕帮忙，但李傕不同意，马腾一怒之下于三月率兵前往长安攻打李傕。献帝大惊，急忙派遣使臣前去劝阻，试图免去一场干戈，但可惜没有调停成功。随后，屯兵金城的镇西将军韩遂也急忙前往劝和，结果，劝和没劝成，反而与马腾结成了联盟，一起率兵进攻李傕。

马腾字寿成，乃扶风茂陵人，在灵帝末年曾被州郡署为军从事，后因战功而拜军司马，不久迁为偏将军。董卓当政时期，曾拉拢马腾为自己所用。

韩遂本名韩约，曾于灵帝时期，与边章一同在凉州起事，在董卓当政后，与马腾共同投靠董卓。初平三年（192 年），董卓死后，韩遂与马腾一同前往长安对朝廷表示归降。随后，韩遂被拜为镇西将军，遣还凉州金城，而马腾则被拜为征西将军，屯驻于郿。

马腾究竟求李傕帮他做什么事情，史籍上并没有记载，如今也难以考证。但马腾攻打李傕，确是因私怨而起。韩遂与马腾关系非常好，据记载，二人还曾结为异姓兄弟，因此劝和不成，反为盟友也就不奇怪了。

三月，韩遂与马腾联合共同进军长安，李傕派樊稠、郭汜以及自己的侄子李利带兵迎战，两军交战于长平关下。樊稠等人作战勇猛，马腾、韩遂不敌，最终溃败而逃。樊稠领兵一路追击到了陈仓，走投无路之下，韩遂派出使者去见樊稠，并对他说道："这天底下的事情总是反复无常，难以预料的。你和我是同乡，今天虽然有些摩擦，但难保日后不会走到一起，故而希望今日能够与你谈一谈。"

樊稠也是凉州金城人士，与韩遂是老乡，曾经也有点小交情，于是就同意了韩遂的要求，与他约定时间相见。见面后，二人相谈甚欢，说笑了很久，并立下约定，友好罢兵。

在长平关之战的时候，李傕的侄子李利曾因作战不力而遭到樊稠的斥责，李利由此怀恨在心，于是在班师回朝后，李利便添油加醋地将樊稠与韩遂相谈之事告知了李傕。李傕早前便因樊稠战功赫赫而对他有猜忌之心，如今李利这么一说，李傕对樊稠更加生疑。

就在这一年，全国突然遭遇严重旱灾，粮食几乎颗粒无收。为救助百姓，献帝下令将太仓中囤积的米豆做成粥，以作赈济之用，帮助百姓渡过难关。此时，因粮食歉收，军中粮草也难免匮乏，李傕等人竟不顾百姓死活，强占了献帝用来赈灾的钱粮，甚至纵容军队抢掠百姓，致使关中饿殍遍野，百姓纷纷逃难，南迁至刘表、刘焉、张鲁等人的领地。

兴平二年（195年），樊稠欲带兵出函谷关屯驻，向李傕索要更多兵力，李傕忌惮樊稠的势力，唯恐他反扑长安，于是生出了诛杀之心。随后，李傕以送行为由设宴招待樊稠。樊稠并未生疑，酒宴之上，趁樊稠喝得酩酊大醉，李傕令外甥骑都尉胡封将其击杀。

郭汜和李傕关系原本甚为亲密，李傕常常邀请郭汜到自己家中喝酒，甚至有时会留郭汜在家中过夜。当时，郭汜的妻子见郭汜与李傕关系非常好，担心李傕会送美女给郭汜，导致自己失宠，便常常在背后说李傕的坏话，以挑拨二人关系。久而久之，郭汜开始对李傕起了提防之心，尤其在樊稠被李傕杀害之后，郭汜对李傕更加不信任。后来有一次，李傕再次宴请郭汜喝酒，郭汜喝得酩酊大醉，突然想起了樊稠的死，郭汜不由得打了个冷战，怀疑李傕打算故伎重施将自己杀害，独自掌控长安大权。郭汜赶紧到茅房，喝粪水来进行催吐，好让自己清醒过来。不久后，郭汜起兵攻打李傕，二人展开激烈厮杀，持续交战数月，死伤万余人。

李傕为了占据优势与郭汜抗衡，下令焚毁宫殿，并将献帝从宫中劫持到了自己手里。郭汜见献帝已经被劫，只得将朝廷公卿大臣尽数扣留作为人质，以此来对抗李傕，双方闹得不可开交，致使长安城中乌烟瘴气，不得安宁。

六月，李傕部将杨奉叛变，致使不少军队叛离，李傕兵力更加削弱。这时，张济见局势越来越混乱，便急忙率兵从弘农赶至长安进行调停，并打算将献帝迎接到弘农。在张济劝说下，李傕与郭汜方才决定议和，并答应交换各自的女儿作为人质。

经过数月混战，长安城几乎已经变成了一片废墟。由于皇宫被烧毁，献帝的住所成了大问题。大多数将领主张东归，先住在弘农（今河南灵宝北），然后回到洛阳。但是，李傕、郭汜却不愿意离开老巢，坚决反对，最后，只能让献帝暂时居住附近的县城。不久，献帝来到新丰（今陕西临潼东北），郭汜却想胁迫献帝西迁到郿（今陕西眉县）。最后，献帝和公卿大臣在董承（汉灵帝母亲董太后之侄，献帝的岳父）的保护下，躲到了杨奉营中。杨奉击败郭汜，与董承一起护驾东行，其后来到了华阴境内，在路边露宿，幸而得到当地驻军宁辑将军段煨的供应，才避免忍饥挨饿。

此刻，李傕等人开始后悔放汉献帝东归，于是便联合起来一起追赶献帝。十二月期间，献帝来到弘农，李傕等人也追赶到此，双方展开激战，杨奉、董承大败，献帝军队死伤众多。献帝被迫逃往曹阳（今河南灵宝东）方向，狼狈不堪。杨奉、董承假装与李傕等人讲和，暗中却派人到河东召集原白波军首领李乐、韩暹、胡才以及南匈奴右贤王去卑等前来助战，最后终于大破李傕等人，斩首数千级。

获胜后，杨奉等人继续护卫献帝东行，李傕等人却依然穷追不舍。杨奉等人抵挡不住，只得护卫献帝又逃往安邑，途中得到河内太守张杨、河东太守王邑奉献衣物钱粮，献帝的生活才稍微安定下来。走投无路之下，献帝只得和李傕等人讲和，李傕这才放还百官，归还了一系列御用器物。

建安元年（196 年）七月，献帝在杨奉等人的护卫下，经过一年多辛苦跋涉，终于回到了洛阳。但此时，洛阳城已经只剩下一片废墟，破败不堪，献帝只能住在原来大宦官赵忠的宅子里，献帝和百官的饮食起居都成了问题，日子过得形同乞丐。

在长达一年颠沛流离的时间里，献帝可谓是吃尽了苦头，不仅毫无皇帝的威严，甚至连基本食宿都无法保障。与献帝一起流亡的朝中大臣常常数日不得进食，尚书郎以下的官员甚至要亲自到城外采野果、野菜充饥，有的甚至因为长期找不到粮食而饿死。献帝很长一段时间内都住在以荆棘为篱笆的房子中，连门窗都无法关上，处境凄惨无比。

此外，献帝还常常受到李催等人的胁迫和欺辱。一次，献帝向李催要五斗米、五具牛骨，竟遭到李催拒绝。最后，李催竟只送来五具发臭的牛骨。

献帝回到洛阳之后，封张杨为大司马、杨奉为车骑将军，韩暹为大将军，领司隶校尉。

汉献帝虽然长期受制于人，全无帝王威严和权力，但毕竟是东汉最高权力的象征，谁将皇帝抢到手，便有了在政治上发号施令的主动权。因此，众诸侯、豪强开始打起了抢夺献帝的如意算盘。

夺天子

年轻的献帝在虎狼之臣的追逐下，犹如丧家之犬，全然没有了帝王的威严和霸气。正当献帝在洛阳艰难度日时，远在兖州和冀州的曹操及袁绍却正在筹划一场抢夺天子的战斗。

早在献帝逃到河东之时，袁绍手下的谋士沮授便向袁绍献计说："现在天子流离失所，宗庙毁坏，诸州郡表面上举义兵，实际上是为了扩张势力，相互吞并，没有一个尊崇天子、体恤百姓。现在将军应当趁冀州稳定之际，西面迎接献帝，将其迁到邺城。这样将军便可以挟天子以令诸侯，召集兵士而讨伐逆贼，那时，谁能抵挡？"

袁绍听完，觉得沮授的建议有理，便想迎接献帝。但是却遭到了另一个谋士郭图的反对，他对袁绍说："当今英雄并起，各据州郡，都想争夺天下。正所谓'秦失其鹿，得者先王。'如果我们将献帝迎到身边，凡事都要向其请示，反而受到制约。听从皇命，则我们权轻；违背皇命，则大逆不道。这不是最好的办法。"

沮授再次劝谏说："现在迎接朝廷，既合道义，又合时宜，如果不及早行动，必然有人抢先。"袁绍一时拿不定主意，只好将此事耽搁下来。

而正如沮授所预料的那样，在袁绍犹豫不决时，曹操却抢先动手了。

之前，曹操就曾多次向献帝表示过忠诚，并且取得了朝廷对兖州牧地位的正式承认。

其实，曹操早就有了"拥戴天子"的念头，当初收编青州军使曹操从一个小小的私人军团，一跃成为有资格争霸天下的诸侯，其帐下谋士毛玠便向他提出了"奉天子以令不臣"的建议。但当时，曹操力量尚且不足，因此还不能实施毛玠的建议。

其实，和沮授、毛玠有同样看法的大有人在。早在关东军团和董卓长安政权相对抗之时，陶谦对是否参与关东军团举棋不定。其幕僚王朗、赵昱便联合建议他说："春秋大义与结合诸侯，都不如效忠君王。现在天子远在长安，应该立刻派使者向皇帝表示忠诚。"

陶谦虽然对董卓十分痛恨，但还是向朝廷表示了忠诚。当献帝因为李傕、郭汜的内乱而生活窘迫时，陶谦便在北海相孔融的游说下，准备出兵迎接献帝还都洛阳。后来因为曹操二次攻打徐州而作罢。

由此可见，献帝虽然落魄，但毕竟是东汉政权的正统，其利用价值还是极高的。

曹操成功收复兖州之时，正是献帝东迁之日，于是，曹操当机立断，立即于建安元年（196 年）正月派遣曹洪迎接献帝。

然而，曹洪领兵前往时，遭到了董承和袁术部将苌奴的阻击。因此，曹操西迎献帝的计划也就落空了。

当曹操想要进一步采取行动时，汝南、颍川两郡的黄巾军再次发难，威胁曹操。两郡黄巾军余部何仪、刘辟、黄邵等人各拥兵数万，追随袁术、孙坚，与曹操作对。曹操与何仪等人展开了异常激烈的战斗，杀死黄邵，收服何仪，并且占据了许县（今河南许昌东），将势力扩展到豫州一带。

献帝回到洛阳之后，曹操得知洛阳破败，献帝和百官生活堪虞，便有意将其迎到许县来。于是，曹操召集众谋士、将领商议。

曹仁说："奉迎天子并不一定有利，否则董卓便不会成为众矢之的。现在以我们的实力，即使奉迎天子也不一定能使诸侯服从。万一掌握不好，未蒙其利反受其害。"

大部分将领都赞同曹仁的意见，认为关东地区尚未平定，韩暹、杨奉等人的势力不容忽视，迎接献帝之事应当暂缓。

唯独谋士荀彧不同意众人的意见，他对曹操说："当初晋文公尊奉周襄王，诸侯响应，终成就霸业；汉高祖为义帝戴孝发丧，天下归心。现在献帝颠沛流离，但是人们仍心存王室，如果现在我们迎奉天子，正符合人们的愿望，这是大顺；用大公无私来镇服各据一方的豪杰，这是大略；弘扬正义招引更多的英才，这是大德。这样，即使有人倒行逆施，也成不了气候。韩暹等人不足以忌惮，将军如果不尽早行动，被别人抢先则后悔晚矣！"

荀彧的建议与之前沮授劝谏袁绍的主张不谋而合。可见，奉迎献帝可谓是当时的最佳战略。

曹操听了荀彧的话后，独排众议，立即决定西迎献帝。

当时，在朝当权的人物中，当属车骑将军杨奉的兵力最强，杨奉率军负责镇守梁县（今河南汝州西），大司马张杨则率军驻守野王（今河南沁阳），董承和韩暹则在洛阳宿卫。众人表面上结成同盟，但实际上却因为权力争斗，钩心斗角、矛盾重重。

曹操分析当前的形势，决定利用与许县相连的杨奉军来与其他几路军队抗衡。其时，曹操的好友董昭正在朝廷担任议郎，于是曹操便利用董昭向杨奉传信，表示愿意与他合作，共同辅佐王室。

曹操在信中说："我仰慕将军的义气，愿与将军推心置腹。将军护卫天子，历经千辛万苦，辅佐之功可谓是举世无双。如今群雄战乱，四海不宁，国家安定需要贤臣维护，但这并不是一个人的力量所能支撑的。将军可以朝内为主，我愿为外援。现在我有粮食，将军有士兵，互通有无，生死与共，大事可成。"

曹操之所以选择拉拢杨奉，是因为他了解杨奉此时的困境。杨奉正值势单力薄之时，军内粮食匮乏，又缺乏外援，正急需帮助。曹操的建议可谓是雪中送炭，解了杨奉的燃眉之急。

因此，杨奉接到曹操的信件之后，简直喜出望外。他对手下众将领说："曹操在许县，距离我们很近，有兵有粮，正是我们依靠的对象。"随后，杨奉便同众将领一起上书，请献帝拜曹操为镇东将军，袭父爵位费亭侯。

与此同时，韩暹和董承的矛盾也越来越激化，董承对韩暹专权跋扈、肆意妄为的行为十分不满，也想借助曹操的力量铲除韩暹。当张杨、杨奉的军队在外之时，董承私下召曹操入京，使曹操轻而易举地控制了京城。在袁绍等众诸侯首鼠两端之际，曹操先下手为强，终于抢先一步得到了献帝，也开启了曹操"奉天子以令不臣"的时代。

曹操进入洛阳之后，便立即上表献帝治罪韩暹、张杨。韩暹自知敌不过曹操，连夜逃出京城，曹操又少了一层阻力。

献帝自从登上皇帝宝座之后，便始终被权臣牵制，回迁洛阳之时，一路颠簸，苦不堪言；回到洛阳之后，更是三餐不继，威严扫地。此时，曹操的忠心让献帝感激涕零。于是，献帝授予曹操节钺，任命录尚书事，兼司隶校尉。在东汉，拥有节钺则拥有节制统领内外诸军的权力；录尚书事则拥有总管朝政的权力；而司隶校尉则拥有监察百官、维护京城治安的权力。从此，曹操将东汉朝廷的军政大权集于一身，成了拥有至高权力的人物。

之后，曹操为了树立权威，将横行不法的尚书冯硕、议郎侯祈等人处斩，杀一儆百；并且封赏卫将军董承、辅国将军伏完等人为侯，以争取更多人的支持。同时，曹操还不断向献帝进献食品和器物，以博得献帝和朝中大臣的好感。尽管如此，由于朝中势力盘根错节，各方势力皆心怀鬼胎，曹操想要巩固自己在朝廷中的地位，还要花费很大的力气。

于是，曹操便同手下谋士商议对策，一次，他对董昭说："现在我等到了洛阳，今后应该怎样做？"

董昭建议说："将军兴义兵诛灭暴乱，现在又入朝侍奉天子，辅佐王室，这是五霸（指春秋五霸）之功。但是，洛阳城内将领们各怀异心，未必都能服从。留在洛阳辅佐朝政，必将有许多不便，最好的办法就是将天子迁到许县。然而，朝廷几经迁都，现在刚刚回到旧都，再兴师动众恐怕会产生恐慌。但是，只有敢做不寻常的事情，才能有不寻常的功绩，请将军权衡利弊，采取对策。"

许县位于洛阳东南方，迁都于此，不仅可以使献帝脱离司隶军团和西凉军团的控制和影响，更可以接近曹操的故乡谯县，便于掌控局面。曹操认为迁都许县确是良策，但仍担心受到杨奉的阻挠。董昭再次向曹操献计："当初将军迁为镇东将军，承袭费亭侯，杨奉起到很大作用，将军应该派遣使者携厚礼答谢，将其稳住。将军可以对他说，洛阳已经残破不堪，缺乏粮食，想暂时将献帝接到鲁阳，鲁阳离许县很近，粮食供应的问题便可以解决。杨奉有勇无谋，必定不会多疑。"

于是，曹操便按照董昭的建议行事。果然，杨奉信以为真。

建安元年（196年）九月，曹操将献帝迎到许县，改年号为建安，以许县（后改为许昌）为都城。献帝任命曹操为大将军，加封武平侯。

直到这个时候，愚笨的杨奉才知道自己上了曹操的当，起兵想抢回献帝，却被曹操大军击退。眼看大势已去，杨奉只得投奔袁术，其手下众多将领则都相继投奔到曹操帐下，其中最著名的便是大将徐晃。

自奉迎天子之后，曹操在政治上取得了绝对的主动权。在当时的环境下，曹操成了天下正义的"代表方"，并且同时也成了皇帝的代言人。许昌也因此成了全国的政治中心，无数人才纷纷涌入曹操帐下，关中许多割据势力也纷纷归附，使得曹操势力发展极快。

曹操奉迎天子得到如此多好处，这是袁绍始料未及的。袁绍一方面后悔得捶胸顿足，另一方面则盘算着如何才能从曹操手中将献帝抢夺过来。

经过一番思索之后，袁绍摆出了盟主的身份，写了一封奏折上递许都。奏折中提出：旧都洛阳残败不堪，不适合再让天子居住，而许县由于地势低洼而导致气候不佳，也不适宜让天子居住，那么天子最佳的居住地是哪里呢？当然是鄄城。为了让天子住得舒心，曹操应当将天子移往鄄城，那就再好不过了！

许县和鄄城，这两个地方名义上都是曹操的地盘，但实际上，鄄城离袁绍的大本营冀州很近，已经基本处于袁绍的势力范围内了。袁绍提出将献帝迁往鄄城，无非是想将献帝纳入自己的势力范围，借此控制献帝和曹操。袁绍这点小伎俩又怎么可能骗过曹操呢？曹操断然拒绝了袁绍的提议，并以献帝的名义下了一道诏书给袁绍。曹操在诏书中写道："袁绍你兵多将广，这是大家都知道的，但是在危难时刻，却怎么不见你出师勤王呢？在朝廷最需要你的时候，你却只顾着扩张自己的势力，攻掠别人的地盘。你说，这样的你，忠诚体现在何处啊？"

　　袁绍接到诏书之后大为气恼，他自然知道这道诏书出自曹操之手，但毕竟是以献帝的名义发出的，他也不能公然与朝廷对抗。无奈之下，袁绍只得强压着怒气，写了一封"悔过书"上呈献帝，以表明自己的忠心。

　　曹操见袁绍已经示弱，出了这口恶气，便上书献帝，请求献帝拜封袁绍为太尉，使其位列三公。曹操此举一方面是为了安抚袁绍，另一方面也是顾念曾经的情谊。但袁绍接到任命之后却勃然大怒，断然拒绝了朝廷的册封。在袁绍看来，太尉虽然是三公之职，却在大将军之下，昔日的曹操在自己面前不过是个跳梁小丑，若不是有自己一路相助，他曹操恐怕早已命丧黄泉。但如今呢？曹操任职大将军，自己却是个区区的太尉，他一跃跳到了自己头上，怎么可能欣然接受呢？袁绍越想越不是滋味，怒不可遏地向左右痛斥道："曹操几次失败都是我出手相助，现如今，他竟忘恩负义，难道还想挟天子来命令我吗？！"

　　袁绍的话传到了曹操耳中，曹操只觉哭笑不得，实际上，此时朝廷的任命早已形同虚设，天下大乱，诸侯割据，真正有资格说话的，早已经不是朝廷，而是地方割据势力。朝廷封你再大的官，也不过是个虚名，根本得不到任何实际意义上的好处。于是，为安抚袁绍，曹操主动上表献帝，将大将军的头衔让给袁绍，自己则退任司空、行车骑大将军。袁绍得到大将军头衔后，虚荣心得到了满足，这才飘飘然安心地待在冀州，在以后的几年内都只顾与公孙瓒争夺幽州，将争抢献帝之事抛之脑后。

　　曹操虽然奉迎天子到达许都，名义上掌管了东汉朝廷的军政大权，但实际上，地方割据势力依然非常强大，东有徐州吕布、西有南阳张绣、南有淮南袁术，皆虎视眈眈，而冀州袁绍的实力更是其中最不容忽视的。因此，曹操此刻根本无暇与袁绍争锋，只能采取克制忍让的策略。再者，曹操将大将军头衔让给袁绍，名义上虽然低了袁绍一等，但实际上总揽朝政大权的依旧是自己，而非远在冀州的大将军袁绍。

　　之后，曹操开始封赏、任命一些有才干的官员，并将自己的心腹毛玠、荀彧、曹洪等人安排在重要的地位，以便掌控朝廷和军队。

　　奉迎天子可谓是曹操谋略中的上乘之作，其政治上的远见卓识，比袁绍等高出一筹。此前，董卓、袁绍均有另立新帝之心，都是为了挟天子以令诸侯，结果遭到各诸侯和百姓的反对。曹操却选择奉迎天子，以达到顺应天下民意、名正言顺的目的。

　　从此，曹操大权在握，名正言顺地借着献帝的名义征伐四方，开始逐步实现消灭北方割据势力的雄图霸业。

第三篇 / 挟天子以令诸侯

第七章 ／ 僭越者，虽远必诛

僭越称帝 众叛亲离

曹操将献帝迎到许都，完成了奉天子的大业。他摇身一变，如崛起的黑马一般，顿时占据了东汉朝廷的政治最高点。

然而，就在曹操高举东汉天子的旗帜，向着九合诸侯，统一中国的大业迈进时，南方的袁术却蠢蠢欲动，做出了一件让天下英雄都不齿的荒唐事。建安二年（197 年），袁术据传国玉玺在寿春正式称帝，号仲氏。

袁术向来是个自视甚高、野心勃勃的人。当初，袁绍试图争取其支持另立新帝，不想却遭到袁术义正词严的拒绝。袁术以"维护忠义"之名为由拒绝袁绍，但实际上那个时候，袁术早已经有了自立称帝的野心。此前在孙坚攻破洛阳获得传国玉玺的时候，袁术就罔顾与孙坚的情谊，将其家眷扣押以逼迫孙坚交出传国玉玺，正是为了日后能够"名正言顺"地称帝。

袁术一直标榜袁氏乃是出自于陈地的，而陈则是舜帝的后裔，以土承火，乃是顺应天意之举。况且《春秋谶》中也有文曰："汉家九百二十岁后，以蒙孙亡，授以丞相。代汉者，当涂高也。"袁术字公路，他认为，谶文中所说的"涂"实际上假通于"途"，"途"就是路，取代汉室江山的，不正是他袁公路吗！

兴平二年（195年）冬天的时候，献帝正在东归洛阳的途中颠沛流离，叛将李傕与郭汜对其穷追不舍。袁术认为，这正是他称帝的最好时机，于是便将下属都召集起来，对他们说道："如今这刘氏的天下已经衰颓，汉室江山风雨飘摇，四海之内更是群雄林立，诸侯争霸。放眼当今天下，我们袁家世代都是朝廷高官，更是得到了天下百姓的拥护。现在，我想要顺应民意，秉承天道，你们认为怎么样啊？"

袁术所谓的"顺应民意，秉承天道"不就是要自称皇帝吗！这可完全是图谋反叛的大事情啊！袁术的属下听了，全都面面相觑，不敢说话。就在这个时候，袁术营中主簿阎象站出来了，阎象说："当年周文王可以说占据了天下势力的三分之二，但他依然臣服于殷商王朝。将军您虽然出身高贵，袁氏家族也世代昌盛，但恐怕依然比不上姬氏家族吧！眼下汉室虽然势力衰微，但还远不如殷纣王那般残暴不仁，绝不是取而代之的时候！"

袁术听了阎象的话后，脸色"刷"地就变了，心里非常不高兴，但也没说什么。虽然袁术暂且将称帝的事情作罢，但他却并未打消这个念头。

之后不久，彭城人张承来归顺袁术，袁术便把他拉到一边说道："我现在拥有广阔的土地，拥有众多的百姓，你觉得我能效仿当年的汉高祖吗？"

张承回答说："成就大事关键不在于你的武力有多强大，而是在于你的德行有多高尚。如果你有高尚的德行，那么即便刚开始实力不强，也终究能够成就千秋大业；但如果你只是凭借着武力的强盛就僭越称帝，那么则会失去民心，最终走向失败。"

听到张承这么说，袁术沉默不语，决定再往别处寻求支持者。

此时孙坚已经战死，他的儿子孙策坐镇江东。袁术便想拉拢孙策，获得他的支持，于是，袁术便把孙策找来了，大概地表明了一下自己的意思。孙策一听，"蹭"地站了起来大声说道："想当年董卓入京，骄奢淫逸，贪婪残暴，擅自废立，为天下人痛恨。将军你怎可步他的后尘啊！"

接着孙策又劝谏道："袁家世代都是朝廷重臣，辅佐汉室，其权势荣誉皆无人能及。将军你身为袁氏后人，应当效忠守节，报答汉室，这才是天下人所期望看到的。"

袁术见得不到支持，心中十分郁闷，更是大失所望。但称帝的野心却没有丝毫动摇。

建安元年（196 年），曹操将献帝迎到许都之后，袁术更加急不可耐了。正在这个时候，河内一个名叫张鲅的人给袁术卜了一卦，这个张鲅或许是知道袁术的野心，想要拍拍马屁，从中得到些赏赐，于是就对袁术说："将军您有做皇帝的命啊！"袁术顿时大喜，登时就下定决心，独排众议，于次年正月称帝了。

袁术称帝后，设置了公卿百官，以九江太守为都城淮南尹。为了表示自己顺应天意，袁术还举行了祭天仪式。

袁术称帝的消息传出，全国各地诸侯震惊不已。群雄纷纷声讨，甚至连袁术的故友和手下都不认同他。

其实袁术在匡亭之战败给曹操后，兵力已经开始由盛转衰。逃到淮南一带之后，袁术才得以休养生息。当时，淮南一带因未受到战乱影响，依旧物产丰饶，为袁术提供了最佳的恢复条件。经过休整后，袁术的实力得以快速恢复，但若是与袁绍和曹操的军力相比，依然有很大差距。况且尚有吕布挡在徐州，刘备驻守豫州。袁术想要争霸中原，势必要先取得吕布、刘备等人的支持。然而，这却是不可能的事情，吕布狼子野心、反复无常，根本不足以信任；而此时的刘备已经投靠朝廷，且心中也另有打算。

袁术深知自己逐鹿中原已经不可能，但依然想要过把皇帝瘾，于是便想借助淮南地区的富饶，成立属于自己的独立王国。

袁术称帝之后，也担心自己实力不足，招致祸端，于是就想得到哥哥袁绍的支持，便派使臣前往冀州，也册封袁绍为将军。但袁绍早已经与袁术反目了，如今袁术僭越称帝，无疑成为众矢之的，袁绍是不可能给予袁术任何支持的，便果断地拒绝了袁术。

得不到袁绍的支持，袁术只能把示好的橄榄枝转向了他的老朋友，沛相陈珪。袁术派人去邀请陈珪来辅佐自己"治理国家"，反被陈珪义正词严地斥责了一通。陈珪说："曹将军（曹操）为了振兴国家，拨乱反正，我以为将军你必定会与他同心协力，辅佐王室，但没想到，将军竟然做出这种图谋不轨的事情。我陈珪宁死也不会与你同流合污的！"

随后，袁术又想任命当年被曹操赶跑前来投靠他的兖州刺史金尚为太尉，没想到也遭到金尚的拒绝。金尚担心得罪袁术遭到报复，便打算逃离江淮，但这一次，袁术彻底愤怒了，命人将金尚截住后直接处死。

而曾经极力劝阻袁术称帝的孙策，在得知袁术称帝的消息后，更是写信给袁术加以责备，并表示要与他断绝关系。此事被曹操得知，曹操大喜，袁术罔顾天子，意图分裂国家，其罪必是当诛，如今孙策叛离，与袁术决裂，正是拉拢孙策、打击袁术的大好时机！于是，曹操立即以朝廷的名义发了一封诏书，册封孙策为讨逆将军，并晋封吴侯。孙策从此正式在江东脱离袁术自立，并逐走了袁术任命的丹杨太守袁胤，之后联合广陵太守吴景、将军孙贲等共同反叛袁术。几乎一夜之间，袁术就丧失了广陵、江东等大片土地，势力一蹶不振。

此时的袁术犹如当初的董卓，早已是众叛亲离，成为众矢之的。身为汉室正统政权捍卫者的曹操趁机举起了征讨逆贼的大旗，率领军队浩浩荡荡向江淮而来。

离间之计

曹操征讨袁术的大军还在千里之外，袁术就和吕布先杠上了，结果弄得损兵折将，元气大伤。袁术与吕布之间究竟结了什么仇怨呢？这还要从袁术称帝之前说起。

此前，吕布在兖州被曹操击败之后，便与陈宫一起到徐州投靠刘备。到徐州后，吕布仗着自己的武力夺取了刘备的政权，将徐州占为自己的地盘，军队得到了休养和恢复。吕布虽曾是曹操的手下败将，但其武艺高强，作战勇猛，尤其是占据徐州之后，对袁术造成了一定的威胁。经过权衡之后，袁术决定对吕布采取拉拢政策，便主动派人到徐州向吕布提亲，表示愿意让其子迎娶吕布的女儿，两人做成儿女亲家。

当时，吕布西北方有屯驻小沛的刘备，西方则有强大的曹操，境况也是非常危险的，为免除后顾之忧，便高兴地答应了这门亲事，愿意与袁术共同联手。

得到吕布的允诺，袁术非常高兴，立即派遣大将军纪灵率领三万骑兵前往小沛攻打刘备。袁术此举一方面是想试探吕布同意结盟的诚意，另一方面若是能够趁机诛除刘备，未尝不是件好事。与此同时，袁术又派人给吕布送了一封密信和许多粮草，示意吕布与其里应外合，诛杀刘备。

纪灵大兵压境，刘备非常担忧，随即写信向徐州的吕布求援。一边是与之结盟，并给予了他好处的袁术；另一边是向他求援，曾在他走投无路时收留他的刘备。吕布感到左右为难，一时之间不知该如何是好。

吕布手下的将士们得知后，纷纷劝说吕布应当抓住机会，趁机与袁术联手铲除刘备，如此一来，便能将徐州纳入旗下，成为自己的根据地。但吕布却始终下不了决心，一方面他心中并不想杀刘备，另一方面他对袁术也并不信任。吕布认为，袁术和北方青州的小军阀一向有渊源，如果刘备势力被铲除，袁术必定会联合北方各军阀夹击徐州，到那时，自己将会腹背受敌。经过一番商讨之后，吕布终于想出了一个两全其美、两边都不得罪的策略。

当纪灵的大军进军到沛县东南时，刘备率领大军倾巢出动，以五千兵马在城外布阵，准备拼死抵抗。正当两军即将交锋，刘备心灰意冷之时，吕布突然亲自率领步兵千人、骑兵二百援军赶到，并从中斡旋调解。纪灵碍于与吕布是盟军的关系，只好收兵，不敢轻举妄动。

吕布在距离小沛西南大约一里的地方扎下营寨，命人将纪灵和刘备都请了过来。吕布对纪灵等人说道："刘玄德是我结拜的贤弟，现在他遭到众将的围困，我不能坐视不理。我吕布天生就不喜欢看人争斗，只喜欢帮助别人来解除纷争，所以，希望各位能卖我个面子，就不要再打了！"

纪灵非常为难，自己是受主公之命前来征讨刘备的，怎么能就这样撤军呢？于是不肯。

吕布微微一笑，突然大喊一声："把我的画戟拿来！"

众人都吓了一跳，以为吕布要大开杀戒。结果，吕布却吩咐左右将自己的画戟插到了辕门外一百五十步的地方，并对纪灵等人说道："诸位请看，我的画戟插在那里。如果我一箭射出，能够射中画戟的枝尖，就请各位罢兵回家，不要再继续争斗了。但如果我射不中，那我便不再管诸位的事情，诸位想决一死战就请便吧！"

纪灵一看，一百五十步之外的画戟尖端，连看都看不清楚，更不要说射中了！即便他吕布再怎么神功盖世，恐怕也难以做到这样的事情吧！于是，纪灵点头应允，心中认定吕布必定无法射中。

刘备此刻已经是别无他法，虽然心中甚为绝望但也只能听天由命了，也点头同意了吕布的建议。

得到众人同意后，吕布令人端上酒来，与众人饮毕一杯后，取出弓箭，大喝一声："着！"那箭嗖地射了出去，不偏不倚，正中画戟枝尖！在场的人都惊呆了，许久之后才发出一阵阵喝彩声。纪灵震惊非常，由衷地赞叹道："将军您可真是有天神般的威力呀！"

次日，纪灵只得引兵撤退，刘备有惊无险地逃过一劫。

虽然吕布这一次帮助了刘备，但刘备却对他越发感到后怕了。刘备心里琢磨，这吕布虽然是一员猛将，却谈不上忠诚，当初受董卓收买不惜杀死自己的上司丁原，后又帮助王允诛杀了义父董卓，其反复无常，实在不能信任。今日他虽能助自己一臂之力，但难保他日不会和袁术联合来诛杀自己，如此一来，自己必然没有生还余地！

于是，刘备命令关羽、张飞等人在小沛暗中招兵买马，准备脱离吕布。但是，刘备暗中招兵买马的消息很快就被吕布的属下宋宪等人发现，并告知了吕布。吕布非常愤怒，派人前去质问刘备。刘备十分惊慌，听从谋士孙乾的建议，连夜带领军队逃离沛县，投奔曹操。

曹操和刘备虽然在争夺徐州的问题上处在敌对的立场，但是，曹操对刘备仁政爱民的名声十分敬重，不但以礼相待还向献帝推荐刘备为豫州牧。由此可以看到曹操的胸怀宽广和求贤若渴。

与此同时，为了阻止吕布和袁术结盟，曹操下令暂缓对吕布的攻击，并主动向吕布示好，表示愿与其共同抗击"国贼"。同时，曹操还以献帝的名义发布了一道诏书，表彰他诛杀董卓的功劳。

曹操的示好让吕布犹豫不决，一时之间不知自己该站在哪一方。就在这个时候，袁术称帝了，成了天下群雄起而攻之的"靶子"。

袁术称帝后众叛亲离，无论试图拉拢谁最终都遭到指责和拒绝。袁术于是又想到了曾答应与自己结亲家的吕布，若是能够得到吕布的支持，徐州与扬州便能连成一片，共同抗击曹军。袁术赶紧派使者韩胤前往徐州，把自己称帝的事情告诉吕布，并准备迎娶吕布的女儿和自己的儿子尽快完婚。吕布一想，若女儿嫁给袁术的儿子，那就是太子妃，将来可就是皇后啊，这笔买卖应该是划算的，于是便答应了袁术的要求，并开始准备将女儿送去完婚。

沛相陈珪听说吕布的决定后，赶紧跑去见了吕布，对吕布说道："曹公奉迎天子，辅佐朝廷，乃是天下归心之举，日后必定能成就非凡大业。将军您应当与曹公联合，共同商讨天下大计，唯有这样，地位才能如同泰山那般稳固。袁术僭越称帝，乃乱臣贼子，若将军与他联姻，必将会落得不忠不义的名声啊！这样将军以后可就危险了！"

陈珪在徐州拥有很高的声望，当初刘备能够出任徐州牧，陈珪功不可没。后吕布强夺徐州之后，陈珪不得不臣服吕布，但实际上陈珪心中依然更倾向于刘备。如今刘备投靠了曹操，陈珪自然也更希望吕布能站到曹操的阵营之中。

吕布听了陈珪的话之后，又开始动摇。他想起当初自己逃难时，袁术拒不接纳的情形，心中甚是怨恨。于是，吕布赶紧派人去把女儿追了回来，并将韩胤捆绑押送到许都，交由曹操处置。曹操立即将韩胤斩首示众。

为了进一步拉拢吕布，让他心甘情愿地为自己卖命，曹操又上表献帝册封吕布为左将军，并亲自写信给吕布，对其表示嘉奖。吕布欣喜若狂，赶紧派遣陈珪的儿子陈登前往许都，向献帝和曹操表示忠诚和感谢，并进一步要求朝廷任命自己为徐州牧。

陈登父子早有投靠曹操之心，到达许都之后，陈登一见到曹操便向曹操进言说，吕布有勇无谋，且反复无常，应当尽早除去。曹操见陈登才华出众，且有归顺之心，便将其收入帐下，并对他说："这吕布狼子野心，确实不能为我所用。除了你之外，别人都没有看清楚这一点啊！"

随即，曹操任命陈登为广陵太守，并对其父陈珪也进行了奖赏。陈登离开许都时，曹操拉着陈登的手说："东边的事情就交给你们父子了。"曹操所指的"东边之事"自然就是除掉吕布。

陈登回到徐州之后，向吕布陈述了许都的事情，但是并没有提到朝廷是否答应其担任徐州牧。吕布得知陈登父子都升官加封，自己却半点好处都没捞着，顿时勃然大怒，将手中的画戟砍在桌子上，对陈登呵斥道："你父亲劝我和曹操合作，断绝同袁术的联姻，现在我所求的没有得到，你们父子倒是加官受赏。你们这是将我出卖了！"

陈登见吕布大怒，却并不慌乱，沉着地解释道："我见到曹公之后，说'对待吕将军譬如养虎，应当将其喂饱，不饱就会咬人。'但曹公却说'并非如此，我认为待吕将军要同养鹰一样，饿的时候加以利用，喂饱了便会远走高飞。'"

吕布听完陈登的解释之后，认为曹操重视自己，顿时就怒气全消，并打消了对陈登父子的怀疑。

其实，无论是曹操将吕布比如老虎还是鹰，都是对其不信任的表现，有勇无谋的吕布并未明白其中的深意。像他这样反复无常、刚愎自用的人，即使再勇猛也不会受到曹操的重视和信任。

吕布悔婚并且诛杀使者韩胤的消息传到了寿春，袁术勃然大怒，痛骂吕布是出尔反尔的小人，随即派出大将张勋、桥蕤等人，联合杨奉、韩暹等人出动数万精兵，分七路共同讨伐吕布，大军直趋下邳（今江苏睢宁西北）。

当时吕布在徐州只有三千兵力，面临数万大军压境，感到十分恐慌。他埋怨陈珪说："要不是你的好主意，如今怎么会把袁术的军队给招来了！现在大军压境，你说该怎么办？"

陈珪说道："袁术、韩暹和杨奉等人不过是群乌合之众，仓促结盟，恐怕连确定的策略都还没有，不可能长久的。只要我们想办法离间他们，便能不攻自破。"

随即，陈珪向吕布献出计策。吕布应允，按照陈珪的建议写了一封信给韩暹和杨奉。信中说："二位将军都是救驾有功的大功臣，而我也因曾手刃董卓而为汉室立过大功，以后我们必然都是会名留青史的。现在袁术造反了，我们应该共同联合起来讨伐他，可你们怎么反而帮助国贼来对付我了呢？国贼袁术不忠不义，我们应该为国家除害，将其诛除，这正是大丈夫建功立业的时候啊！"

为策反杨奉等人，吕布还表示，在打败袁术之后，愿意将所有军资让出给他们。

韩暹、杨奉本就是鼠目寸光之人，在吕布的挑拨和利诱之下，当即反戈一击，协同吕布攻打袁术。

韩暹等人的临阵倒戈让张勋、桥蕤措手不及，最后桥蕤被活捉，其余人马溃散逃走，败走的军队士气低落，在吕布等人追击之下，几乎全军覆没。

吕布与韩暹等人乘胜追击，一直渡过淮水，到达钟离（今安徽凤阳东北），直抵袁术的大本营寿春。

吕布率军到达淮南之后，对所到之处都进行大肆掠夺，满载而归回到淮北。猖狂的吕布还特意留下了一封信，对袁术大加羞辱。当吕布渡过淮水之后，袁术率领部队在南岸，吕布甚至在淮水北岸大声嘲笑袁术，而袁术却无可奈何。

袁术军队损失惨重，最后，他只得率领五千残兵败将逃回寿春。

袁术战败之后，并不甘心，打算重整旗鼓，再与吕布较量，以雪前耻。但此时，袁术军中已经没有军粮了。为筹集粮草，袁术派人前往陈国，却遭到陈相骆俊的拒绝。袁术一怒之下，派兵攻打陈地，将骆俊以及陈王刘宠都杀死了。

此时的袁术大势已去，众叛亲离的他已经难以再翻出什么大波浪了。曹操趁机于建安二年（197年）九月，将袁术的罪状昭告天下，并亲自率领大军前往征讨袁术。

袁术刚逃回寿春就听说曹操率大军来攻打自己，吓得魂不守舍，留下桥蕤、李丰、梁刚等部将在蕲县（今安徽宿州南）抵御曹操后，便仓皇向南逃去了。

桥蕤等对曹操大军心生畏惧，不敢坚守城池，见袁术渡过淮水之后，便即刻放弃蕲县，全军向南撤退。曹操率领军队迅速追击，桥蕤部队很快战败溃散，桥蕤在混战中被斩首。

曹操打败袁术军队后，袁术在淮北无法立足，只能退守淮水以南。从此，袁术一蹶不振。

皇帝梦碎

建安三年（198年）九月，曹操趁袁术势力正弱之时，便率领大军征讨吕布。吕布竟然厚着脸皮向袁术求援，袁术岂会再次帮助反复无常的吕布，最后，吕布被曹操擒杀，曹操占领徐州。

吕布在徐州的势力被曹操消灭之后，袁术在淮南的处境也越来越艰难。

袁术在淮南期间，不仅没有谋求发展，反而穷奢极欲，挥霍无度。袁术为自己建立了"后宫"，收纳妻妾数百人，极尽所能地剥削百姓，以此来满足自己荒淫骄奢的欲望。淮南原本十分富庶，但在袁术统治下，仅仅几年的时间就变得破败不堪，百姓生活困苦不已，甚至连军中的士兵都常常处于饥寒交迫的状态中，致使江淮一带民不聊生，许多地方甚至断绝人烟，荒芜破落。当时，江淮地区遭遇了罕见的旱灾，粮食颗粒无收，甚至出现了人吃人的惨况。

袁术军队部将开始出现叛离之心，士兵也不愿再为其卖命，纷纷出逃。到了次年夏天，袁术实在是混不下去了，便命人烧毁皇宫，带领残兵败将逃到了灊县（今安徽霍县西北）投靠他的部将陈简、雷薄。结果遭到陈简、雷薄的拒绝。袁术也曾经想要寻求孙策江东集团的支持，但是被孙策拒绝。袁术犹如丧家之犬一般，四处逃窜。

在逃跑的时候，袁术本来预备了十万斛大米作为军粮，但跑到一半却突然发现，这军粮怎么都没有了！一调查才知道，原来是他的丞相舒邵一路上把军粮都分给那些饥荒中的老百姓了。袁术大怒，立即令人将舒邵找来，质问他道："这究竟是怎么回事？"

舒邵叹道："我们反正是难逃一死了，何不做点好事呢。若是能以我一人之命，救助百姓于涂炭，我觉得很值得啊！"

袁术听完舒邵所说，顿时悲从中来，对舒邵说道："仲应（舒邵字仲应），足下欲独享天下重名，不与吾共之邪？"仲应啊仲应，难道你打算独自被天下人称赞，不与我一起分享吗？

此时袁术心中或许已经开始后悔了，因此没有给舒邵治罪，反而对他的行为表示了赞许。但此时，一切都已经来不及了，无论袁术再做什么，也无法挽回颓势，东山再起了。

最后，袁术实在无处安身，便想起了哥哥袁绍。建安四年（199年），走投无路的袁术决定将传国玉玺让给冀州袁绍，同时将帝号也归于袁绍，希望袁绍能够顾念亲情，为自己安排一个安身立命之地。

袁术派使者前往冀州，并给袁绍带去了亲笔信，信中说："汉室江山其实早已经不复存在了，献帝一直被人控制，没有实权，天下豪强四起，国家分裂，与东周末年七雄争霸的形势相差无几，谁实力强便可争霸天下。我们袁家接受天命，理应取代刘氏治理天下，这是符瑞的预言。现在哥哥你拥有四州之地，民户百万，论强大，普天之下无人能及，论功德天下也无人能比。曹操妄图凭借一己之力与天命对抗，挽救已经断绝的汉室江山，这是绝对不可能的！"

袁绍见信后，被袁术的一番恭维迷惑得晕头转向，加上野心作祟，也做起了皇帝梦。于是，袁绍便决定将走投无路的袁术接到冀州，并令其长子袁谭在青州迎接袁术。

袁术得知袁绍愿意接纳自己的消息后，十分高兴，立即准备从徐州下邳出发赶往青州。

但这时，曹操已经得到了消息，早已派遣刘备和袁术旧部朱灵在下邳埋伏，阻击袁术。袁术此时已经没有能够战斗的军队，几次试图北上都无法突破刘备等人的防线，无奈之余只能继续向淮南方向撤退。

袁术撤退之后，刘备便让朱灵回许都向曹操报告，自己则率领军队镇守徐州，将徐州占为己有。此后，曹操与刘备的关系正式宣告破裂，并在不久之后展开了一场激烈的徐州争夺战，当然，这都是后话了。

当袁术逃到离寿春八十里的江亭时，已经忧郁成疾。粮食也已食用殆尽，只能依靠麦屑充饥，甚至连麦屑都所剩无几。时值盛夏，天气炎热，袁术身患重病，却连最基本的饮食都保证不了，处境十分凄惨。袁术躺在床上，饥渴难耐，虚弱地对左右说："给我端一碗蜜水来解解渴吧。"

左右的人面面相觑，应声道："这哪里还有什么蜜水啊……"

袁术胸口一痛，不禁感慨万千，挣扎着支起身子高呼道："我袁术怎么竟会落到这种地步啊！"喊声刚落，袁术身子一软，滚下床来，吐出一口鲜血，气绝当场。

袁术死后，其从弟袁胤因为惧怕曹操，不敢再在寿春待下去，便带领家兵和袁术妻儿护卫袁术的灵柩前去投靠庐江太守刘勋。而袁术一直当作宝贝般的传国玉玺也在其死后被广陵名士徐璆盗走，带到许都后上交。徐璆在广陵一带身负盛名，曾任汝南太守、东海相。曹操奉迎献帝之后便升任他为廷尉，但没想到，徐璆在前往许都就职的途中却被袁术扣留了。袁术威逼徐璆出任他的三公之职，但徐璆坚决不同意，此后便一直被袁术软禁扣押。直至袁术死去，徐璆才盗得传国玉玺，抵达许都。后曹操为表彰徐璆功绩，将其任命为卫尉，此后又升任为太常，掌宗庙礼仪，位列九卿。

袁术出身于世族大家，少年得意，仕途顺畅。东汉末年，群雄割据，袁术尚为一方豪杰。但他目中无人，野心勃勃，在众人皆反对的情况下，依然一意孤行，企图登上皇帝宝座。在淮南地区更是施行暴政、为所欲为，给人民带来了深重的苦难。袁术急于称帝，却无深谋远虑，只一心享受荒淫无道的生活，最终，穷途末路，众叛亲离。

第八章 ／ 宛城风雨

轻敌

曹操奉天子以令不臣，以东汉皇室正统的身份展开了逐鹿中原、扫平群雄的计划。此时，天下诸侯割据，曹操主要的对手有冀州的袁绍、徐州的吕布、荆州南阳的张绣、荆州的刘表，以及凉州的马腾和韩遂。

其中，袁绍是势力最为强盛的，曹操不可能首先与他闹翻。而马腾和韩遂正卷入关中的混乱之中，一时之间对曹操构不成威胁。最让曹操感到头疼的，是东边的吕布，以及南边的张绣。吕布骁勇善战，坐拥徐州，实力不弱。而张绣在刘表的支持下向来对自己虎视眈眈。

权衡利弊之后，曹操决定采取先弱后强、远交近攻的方式，将这些割据势力逐个击破。张绣占据的南阳与许县距离最近，随时可能威胁到曹操的安全，且相比之下，张绣的势力是各割据势力中最为弱小的，因此，张绣成了曹操打击的第一个目标。

张绣是骠骑将军张济的侄子，为人十分仗义。在董卓被杀后，张绣曾跟随叔叔张济以及李傕与吕布等人作战。在李傕掌权后，张绣便被封为建忠将军，并晋封宣威侯。

建安元年（196年），献帝被曹操迎往许都后，张济带领军队离开关中，进入荆州，冀图寻找新的地盘，结果与荆州牧刘表发生冲突，两军在穰城（今河南邓州）交战，张济身中流矢而亡。张济死后，其侄子张绣便接管了他的部队，并下令停止与刘表交战，主动收兵退出穰城，游荡于南阳一带。

得知张济死讯后，刘表非常难过，对那些祝贺他打了胜仗的官员们说："张济在走投无路的情况下来到荆州，我是主人，本不该这样与他发生冲突，今日的结果并不是我所期望看到的，所以你们都不要再祝贺我了，我现在只愿接受吊唁。"

这时，西凉著名谋士贾诩也离开了关中，南下寻找机会。张绣素闻贾诩善于谋略，便将其邀请到自己帐下，成为自己的心腹谋士。

贾诩字温和，武威姑臧（今甘肃武威）人。当初，李傕、郭汜等人率兵攻打长安，便是贾诩的计谋。后李傕、郭汜等人争权夺利，相互攻伐，致使关中一片混乱，贾诩曾经千方百计从中调停，但是收效甚微。最后，对众人失望的贾诩毅然离开长安，投靠了屯驻华阴的段煨。

段煨表面上对贾诩非常好，暗地里却时时提防着贾诩，生怕他夺了自己的兵权。后来，张绣派人前来邀请贾诩，贾诩便欣然应允。临行前，有人问贾诩说："段煨对你礼遇有加，你怎么还要离开他去投奔别人呢？"

贾诩回答道："段煨这个人生性多疑，现在虽然待我很好，但日后恐怕会容不得我。我主动离开，他才会感到放心，况且我投奔别人，相当于帮助他联结外援，他必然非常高兴，自然也会善待我的家人。张绣如今缺乏谋士，我投奔他，必然得到他的信任和重用，如此一来，我和我的家人就都安全啦！"

果然，贾诩到了张绣处后，张绣将其视为父辈，可谓是言听计从。而段煨也善待他的家人。由此可见，贾诩最大的智慧便在于探察人心。

贾诩在投奔张绣之后，随即便献上了第一条策略：依附刘表，以取得立足之地。

刘表与当时其他的割据力量不同。当东汉各州郡纷纷陷入战争，豪强领袖极力扩充自己的武力和疆域时，刘表却力行保守安定的"锁国政策"。除了和据守江东的孙策集团发生过几次小的摩擦外，刘表从未与其他地方割据势力争战。为了维护荆州境内的和平安定，刘表有效地控制各郡县长官，禁止他们参与诸侯之间的争斗。因此，当全国各地战乱不已，灾荒严重之时，荆州地区却仓廪丰足，经济实力颇为强盛。

同时，刘表也极力提倡文风，使得荆州地区充满着安定和平的氛围。因此，关中地区以及兖州、冀州的不少名士都移居到荆州境内，各地郡县也纷纷投诚。尤其是长期处于兵荒马乱的豫州，几乎一半以上的郡县都表示愿意归附刘表。刘表对于逃难的百姓和投诚的郡县也都表示热烈欢迎，并慷慨地给予财政支援，但是刘表为了维护地方安定，却坚决抵制荆州以外的军团擅自入境。因此，在张济率领军队进入荆州地域时，才遭到刘表的强烈打击。

贾诩认为，张绣现如今最重要的，是要寻到一处立足之地，荆州富庶，人才众多，绝对是发展势力的最佳环境，而想要在此有立足之地，就必须得到荆州牧刘表的首肯。那么，张绣又有什么优势来获得刘表的支持呢？张绣本人颇具将才，而他所率领的凉州军团战斗力也不容小觑。荆州虽不与众诸侯争锋，但在乱世，难保众诸侯不图谋荆州。贾诩利用这一点从中牵线搭桥，促进了刘表与张绣的联合，刘表将张绣安排在宛城驻扎，镇守荆州的"西大门"。如此一来，张绣便有了立足之地，刘表也有了拒敌之屏障。

但贾诩在亲自面见完刘表之后便感到了失望，贾诩认为，刘表在天下太平时，具有做三公的才能。但在天下大乱时，却看不清大势的变化，加之刘表生性多疑，缺乏主见，并非成就大事之人。因此，贾诩建议张绣表面与刘表联合，借以保存自己，暗中则招兵买马，发展势力。

但没想到，张绣在南阳招兵买马的行为却引起了曹操的注意，加速了曹操对他的征讨。

建安二年（197 年）正月，曹操以献帝的名义，亲率大军直逼宛城讨伐张绣。

曹操军队到达宛城东北的淯水之后，张绣率领大军出城迎战。曹军来势汹汹，双方力量悬殊，面对打着天子名号的曹操大军，张绣显然在气势上、道义上都处在劣势，胜算全无。于是，贾诩便建议张绣，还是投降吧。

张绣听从了贾诩的建议，大开城门，迎接曹军入宛城。

曹操轻而易举就收服了张绣，心中不免有些骄傲自满，随即就在宛城与众将领摆酒设宴、庆祝胜利。曹操这个人和普天之下的大部分男人一样，是非常好色的，庆祝胜利，除了有美酒佳肴之外，怎么能没有美人呢？于是曹操便令人在宛城给他寻找美女去了。就在这个时候，曹操突然看到了一个美女，但他看上的这个美女身份却不一般，她是张绣的婶婶，张济的妻子。但这个时候，曹操却没有顾及太多，果断地将其据为己有。这件事情被张绣知道了，张绣非常愤怒，认为曹操此举是对自己极大的侮辱！因此，才刚刚归降的张绣便生出了反叛之心。

这件事情究竟是真是假，历史上难以盖棺定论。《三国志》中对此事并没有记载，同时也没有提到张绣反叛的原因。而根据野史中的记载，曹操强占张绣婶婶，则正是张绣反叛事件的导火索。

之后不久，又发生了一件事情，坚定了张绣起兵反叛的决心。

张绣手下有一位名叫胡车儿的将领，骁勇善战，是张绣的贴身部将。曹操向来喜爱人才，对胡车儿非常欣赏，因此常常会令人给他送东西，和他交朋友。张绣知道这件事情以后，便开始琢磨，这曹操结交胡车儿，是不是想私下里谋杀自己啊？想来想去，辗转反侧，张绣忍不住了，赶紧把贾诩找来，将此事告知了贾诩。

贾诩便向张绣提出了一条"明修栈道，暗度陈仓"的计谋。贾诩让张绣去跟曹操说，现在部队里逃兵太多了，为了杜绝这种现象，希望能把这兵营移动一下，移去中军附近，行不行呢？曹操这个时候正处于洋洋得意之中，也没有多加思考，便应允了。

随后，贾诩又让张绣去跟曹操说，移动兵营的过程中，因为运输的车实在是太小了，军中的辎重又多，实在拉不下，能不能允许士兵们把盔甲穿在身上，把武器也带在身上呢？曹操听完，觉得好像也没什么问题，又应允了。

次日，张绣依计行事，率领士兵铠甲整齐、全副武装地开进了曹营，并正大光明地向曹操中军大帐去了，一路上无人阻挡。就在这个时候，张绣突然一声令下，率领将士发起袭击，向曹操中军大帐杀去。

面对突如其来的叛乱，曹操毫无准备，半天才反应过来，急忙仓皇应战。当时典韦率亲兵十余人据守在曹操营帐大门口拼死战斗，张绣的士兵竟无一人能够突破。在激战中，典韦身受十几处重伤，仍然奋勇杀敌，最终寡不敌众，战死沙场。典韦虽死，但却为曹操争取了逃亡的时间，让曹操得以脱险。

随后，曹操率领部分残兵败将退到舞阴（今河南沁阳市西北）。当曹操得知典韦战死的消息后，十分痛心，派属下偷偷取回典韦的尸首，送回陈留厚葬。

经此一役，曹军兵败如山倒，失去了统一指挥，只得各自设法归队。军队已经毫无军纪可言，各部队撤退之时也异常混乱。只有平虏校尉于禁的军队且战且退，虽然损失惨重，但是始终没有被打散。

在撤退过程中，夏侯惇所率领的青州军趁机劫掠百姓，此事被于禁得知后，于禁立即下令部下攻打青州军，同时安抚被劫乡民。青州军溃散之后纷纷逃回大本营，并向曹操告状说于禁谋反，屠杀本军将士。

此时曹营已是一片混乱，曹操根本无暇去分辨真伪，也不知道究竟发生了什么事情，便下令让李典、乐进以及曹洪的部队先进行整编，以备后患。

于禁到达舞阴之后，张绣的追兵已经十分接近。于禁便立即命令左右安营扎寨，布置防御。这个时候，于禁属下的一个人担忧地对他说道："这青州兵都已经向曹公控告你了，你还不赶快去拜见曹公进行申辩啊！"

于禁正色回答道："敌军正在后面追赶，不做好防御，我们如何迎敌。申辩事小，应敌事大。况且，曹公明断，怎么会轻信谗言呢。"等到布置稳妥之后，于禁才去拜见曹操，向其说明情况。曹操非常高兴，对于禁的做法大加赞赏，说道："淯水之战，我方十分被动。将军在混乱之中，依然能够保持队伍的整齐，讨伐暴逆，以坚固的壁垒对付敌人，实在令人钦佩，古代名将也不过如此啊！"

正在此时，张绣追兵赶到，曹操立即派于禁迎敌。于禁一马当先，奋勇杀敌，曹操率领军队趁机杀出舞阴，大败张绣。回到许都之后，为了表彰于禁的功劳，曹操封其为益寿亭侯，后又任命典韦的儿子典满为郎中。

之后，曹军乘胜反击，攻占章陵（今湖北枣阳东南）等地。张绣退守穰城，为了与曹操抗衡，再次派人与刘表联合。

曹操第一次征讨张绣以失败告终，除了痛失大将典韦之外，曹操的侄子曹安民以及长子曹昂也都战死沙场。曹昂是曹操的长子，聪明伶俐，文武双全，二十岁就被举为孝廉，可以说是曹操最理想的继承人。据魏晋时期的史书《世语》记载，曹昂之所以战死，是因为在张绣叛乱之中，曹操的坐骑受伤倒地不能前行，曹昂便将自己的战马让给父亲，最终才被乱兵杀害。可想而知，这场叛乱对于曹操而言是多么难以抚平的伤痛。

但在此次惨败之后，曹操并未追究任何人的责任，而是进行了一番自我检讨，曹操说："我接受张绣的投降，却没有及时留下他的亲人作为人质，才让他能够无后顾之忧地发起叛乱，造成了如今的局面。这是我犯下的错误，从今以后，我绝不会再犯下这样的错误了！"

无功而返

曹操第一次征讨张绣便铩羽而归，自信心受到了严重打击。他没有想到，自己一直视为最弱的对手，竟让自己遭遇到这样的惨败。

为了解除后顾之忧后再专心对抗张绣，曹操派仆射裴茂率领关中诸将征讨李傕，李傕战败被杀，期间郭汜也被部将所杀，至此，董卓、李傕、郭汜集团彻底宣告灭亡。

与此同时，曹操为了稳住马腾和韩遂，在荀彧的建议下任命钟繇以侍中的身份兼领司隶校尉，负责督察关中各路人马。为了让钟繇能够放手去干，曹操特别授予了他不受制度约束的权利，将后方事务全权加以委托。

钟繇是颍川长社（今河南许昌）人，表字元常。在李傕、郭汜等人把持朝政的时候，钟繇在朝廷为官。当时，刚刚取得兖州牧之位的曹操向朝廷上书表示忠诚，李傕、郭汜等人认为，曹操表忠诚并非出自真心，于是打算将曹操派遣来的使者扣留，以此来拒绝曹操。钟繇得知后劝阻李傕等人说："当今天下，群雄并起，人人假借朝廷的命令割据一方，唯独曹兖州是真心想着汉室的，我们不该拒绝他的忠诚。"在钟繇的劝说下，李傕和郭汜等人才接受了曹操的表示，自此，曹操与献帝才终于有了往来联系。因此，在奉迎献帝到许都之后，曹操一直对钟繇心存感激。

建安四年（199 年），钟繇抵达长安后，分别写信给马腾和韩遂，在信中直陈利弊，对二人分析天下大势，并将利害关系一一详述，马腾和韩遂认为钟繇的见解非常正确，于是相继对朝廷表示臣服，并各自将自己的一个儿子送入朝中作为人质。

此时，原来响应曹操的南阳、章陵等县又相继发生了叛乱，纷纷倒向张绣阵营，曹操几乎完全失去了豫州的控制权。诸县的反复无常让曹操非常愤怒，于是决定再次率领大军征讨张绣。就在这个时候，扬州的袁术却突然称帝，成了众矢之的。曹操只得先率兵征讨袁术，改派曹洪领兵镇压南阳等地的叛乱。

九月，曹操将袁术击败后，在巡视淮、汝一带时，猛将许褚率领一批壮士前来投靠。曹操见到许褚十分高兴，激动地说道："你真是我的樊哙（西汉时期刘邦手下猛将）啊！"许褚的勇猛不亚于典韦，对曹操的忠诚也不亚于典韦，尤其是战场谋略和带兵统军更是典韦不能比拟的。因此，曹操对许褚十分赏识，立即任命许褚为都尉，许褚由此"接替"典韦成了曹操的亲随侍卫统领。

曹洪奉命率兵抵达南阳的时候，却见到南阳城城门紧闭，四周都筑起了坚固的堡垒，更可恶的是，连周遭田地里的粮食都被收割殆尽了，无奈之下只能暂且令骑兵后退，亲自率领步兵展开攻城战。结果步兵还没来得及开始攻城，就见张绣带领骑兵冲出城门攻打过来，曹军顿时一片混乱。等曹洪反应过来，带着骑兵冲上前去迎战的时候，张绣已经带领骑兵退回城中，坚守不出了。折腾了几个来回后，曹军步兵伤亡惨重，南阳城却依然坚不可摧。

曹军此时已经疲累不已，曹洪便下令收兵扎营，谁知这个时候，张绣突然又率领骑兵打过来了，曹洪此战败得一塌糊涂，最终只得一直退守到叶县（今河南叶县南），张绣率兵直逼叶县城下。曹洪军队士气低落，毫无抵御能力，只能任凭张绣军队四处掠夺，被动的战局一时很难扭转。

十一月，曹操战胜袁术之后，终于腾出手来对付张绣，便再次亲率大军南征张绣。

到达淯水边时，曹操想起上次阵亡的将士，顿时潸然泪下，随即下令三军将士整队肃立，隆重祭奠南征阵亡的将士。战前祭奠激起了三军将士同仇敌忾之情，复仇的呼声让将士们斗志昂扬。

随后，曹操率大军兵临湖阳（今河南唐河西南），当时驻守湖阳的是荆州军将领邓济。邓济精通兵法，作战勇猛，湖阳城又地处险要，易守难攻，给曹操造成了很大威胁。同时，在湖阳城南有一条比水，是淯水的支流，河面虽然不宽，但是水流十分湍急。如果邓济在此阻截曹军，必然会对曹军造成极大阻碍。

为了防止邓济在比水设防，曹操决定采用声东击西战术，摆出一副即将进军穰城的样子。穰城与湖阳地处完全相反的方向，曹军白天故意放慢速度向穰城方向进军，夜里则暗中派出人马向湖阳急速进发。

此时，邓济实际上已经洞悉了曹操的阴谋，他故意不在比水设防，打算引诱曹军渡水后，在比水与湖阳之间设下埋伏，将曹军一举歼灭，来一招"引君入瓮"。

当曹操大军兵临城下之时，邓济已经严阵以待，出城迎战。信心满满的邓济却没想到，此时曹操军中突然杀出了个作战骁勇的许褚！许褚率领几百壮士冲入邓济军阵中，一番厮杀之后，邓济还没反应过来，就被许褚生擒了。

此前见到邓济严阵以待时，曹操着实惊出了一身冷汗，却没想到许褚如此骁勇，凭借一人之力便扭转战局，实在令人刮目相看。曹操大喜过望，立即将许褚升任为校尉。

随后，曹操又攻下了舞阴，兵锋直指张绣驻守的穰城。但此时已是深冬腊月，粮草匮乏，战马供给成了大问题。若是穰城久攻不破，将士们就不得不接受严冬的考验。经过深思熟虑之后，曹操决定速战速决。

一方面，曹操命令主力部队减慢行军速度，大张旗鼓，步步为营地向穰城进发。另一方面，曹操亲自率领五千精锐，与许褚、曹洪、李典、乐进等大将直奔穰城，准备对其发起突袭。

到达穰城之后，曹操却突然停了下来，此时城中并未严防紧守，甚至连巡城的士兵都没有。曹操心中顿生疑虑，怀疑是贾诩的计谋。于是，曹操便命令李典和乐进率领一千骑兵入城探查虚实。

李典等人刚接近城门，城上便锣鼓齐鸣，箭石齐下，曹军大骇，慌乱撤离，待兵士撤回之时，千余精锐已经损失过半。曹操心痛不已，好在没有贸然进军，否则恐怕已经中了张绣埋伏，后果不堪设想。

面对眼前的不利局势，曹操陷入了沉思。如今自己所率部队均是精锐之兵，但始终难敌张绣的西凉铁骑。况且自己现在是孤军深入，一旦被张绣包围，恐怕生还无望。于是，他当机立断，命令将士人马散开，兵分四路，包围穰城。之后，曹操又命令将士多插旌旗，将兵士分为多股小队，来回驰骋。之后，曹操又分出了一半兵士负责伐木扎营，其余部队则仍然来回运动。

此时，张绣和贾诩正在城上观察曹军动向，随时准备出击曹军。结果曹操这样一安排，顿时让张绣和贾诩丈二和尚摸不着头脑，不知曹操是虚张声势呢，还是暗中布置下了埋伏。

贾诩思索许久之后，实在不明曹操意图，便建议张绣暂时休息，等到晚上再趁着夜色出城火烧曹军军营。但没想到，等张绣率军趁着夜色攻入曹营之时，曹军营中早已空无一人。贾诩这时候才知道自己中了曹操的计谋，曹操这是故意虚张声势来争取时间，好让部队安全撤离啊！贾诩心中暗自佩服，不由得感叹道："曹公活用兵法，计谋非常，今后将无人能阻其称雄之路啊！"

曹操率领骑兵与主力部队会合之后，见已经打草惊蛇，便放弃了继续围攻穰城的计划。建安三年（198 年）正月，曹操率领大军回到许都，无功而返。

割发代首

曹操回到许都之后，并未打消征讨张绣的念头。建安三年（198 年）三月，曹操再次下令，亲自率军攻打张绣，这是曹操第三次南征张绣，郭嘉、曹仁、曹洪、于禁以及军师荀攸等都跟随曹操一同出征。

郭嘉字奉孝，出生于颍川，年少时候就已经非常有见识，曾预言天下即将大乱。郭嘉在二十岁后就过起了隐居生活，因此很多人都不太认识他。在郭嘉二十一岁时，原本想要投入袁绍阵营，但当他见到袁绍后却觉得非常失望，认为袁绍徒有虚名。当时，郭嘉对袁绍的谋臣辛评及郭图等人说道："袁公这个人，一直想效仿周公礼贤下士，但实际上却不懂如何让人才发挥最大作用。他常常思虑得很多，但都缺乏要领和重点，喜欢进行谋划，却缺少决断。想要和他一起建立王霸之业，实在是太艰难了！"

辛评和郭图都不明白郭嘉的意思，对他说道："袁氏家族四世三公，恩德广布天下，早就已经获得北方大小军团的拥戴，称霸一方了。除了他之外，难道还有别人更可能完成王霸之业吗？"

郭嘉见二人实在缺乏政治眼光，不想再与他们作无谓的谈话，于是便独自离开了袁绍阵营，回乡赋闲了整整六年。

建安元年（196年）的时候，曹操非常器重的谋士戏志才去世了，曹操非常伤心，便找来了荀彧，希望他能给自己推荐一个有才干的人来接替戏志才。荀彧想来想去便想到了郭嘉，于是将郭嘉推荐给了曹操。曹操命人把郭嘉找来了，两人面对面坐下，开始畅谈天下大事。这一谈，曹操对郭嘉简直佩服得五体投地，待郭嘉离去后，曹操激动地对左右说道："就是他！他正是能够帮助我成就大业的贤才啊！"

郭嘉对曹操也十分满意，刚退出曹操营帐便感叹道："这便是真正值得我辅佐的主公啊！"

此后，郭嘉被曹操任命为军师祭酒，正式加入了曹操的参谋军团。

荀攸字公达，是谋士荀彧的侄子，从小就非常聪明，大将军何进当政时曾任黄门侍郎。后来董卓进京，荀攸因谋划刺杀董卓而被关入大牢，出狱后便辞官回家。曹操奉迎天子到许都之后，荀攸被召入朝中出任尚书之职。几经接触之后，曹操认为荀攸非常具有谋略，于是将他"挖"到自己营中做了军师。

对于曹操此次出兵征讨张绣，荀攸一直是持反对态度的，直至临行前，荀攸依然坚持劝阻曹操说："张绣与刘表看上去关系似乎很好，但其实不然。张绣是外将，一直依靠刘表来给他提供粮草。时间一长，两个人在军粮供给方面必然会出现摩擦，等他们二人反目了，我们再出击，便能坐收渔翁之利。但现在，时机未到，如果贸然出击，反而可能加强他们二人的联盟，这样一来，我们就很难取胜了。"

但是曹操此时却急于求成，根本听不进荀攸的建议，依然一意孤行地率军向宛城出发了。

此时正是麦子成熟的时候，百姓们在田地里抢收粮食，但曹操大军一来，百姓就吓得四处逃散，连粮食也丢在地里不要了。见此情形，曹操有感于东汉末年战火连连，各军团军纪败坏，百姓无不谈兵色变，于是便决定严肃军纪，并下达命令说：军中无论是将领还是士兵，但凡是骚扰百姓，或是践踏田地的，都要斩首示众。

结果命令颁布后不久，就发生了一件让曹操左右为难的事情。

当时，曹操正骑在战马上欣赏农田丰收的景象。突然之间，一只鸠鸟从麦田中飞出，曹操的坐骑受到了惊吓，一时之间不受控制，直直冲入了麦田之中。军中震恐，全都面面相觑，不知该如何是好。

曹操骑在战马之上，感到十分尴尬，这是自己颁布的命令，总不能头一个就不遵守啊。于是，曹操便令人将主簿找来了，要求领受处罚。

主簿为难地说道："这军纪怎么能用到丞相（此时曹操已经被献帝加封丞相）你的身上呢？"

曹操正色道："天子犯法皆要与庶民同罪，何况是我呢？再说，这道命令是我亲自颁布的，若我自己都不遵守，又怎能让全军将士信服！"说完后，曹操拔出腰间佩剑便要自裁。

郭嘉急忙站了出来，劝阻曹操道："《春秋》中有云，法不加于尊，丞相你统领大军，怎么能够轻易自戕？"

曹操深思之后，说道："既然如此，我便暂且免于死刑吧，但我既然犯下错，还是需要受到惩罚的，就以割去头发来代替我的人头吧！"语毕，曹操拔出佩剑，将自己的发髻割下交给了主簿，并将此事传令各军。全军上下无不震恐，谁也不敢轻易触犯禁令，一时之间，曹军上下纪律肃然。

《三国演义》中也讲述了这个故事，当时给《三国演义》作注解的毛宗岗父子看到这个故事后大骂曹操，认为他与臣下一唱一和，奸诈地免除了自己的死刑。曹操当然不会真的因为违反军纪而自裁，郭嘉站出来也是为了给曹操找个台阶下，但同时，曹操的举动也确确实实地给予了自己非常严厉的惩处。古时候中原地区的人无论男女基本都是长发，只有奴隶才是短发。头发对于古人而言是一种身份的象征，古时还专门有一种割去头发的刑罚，称之为髡刑。髡刑对人的身体看似没有什么伤害，但对于精神而言却是十分严重的打击。曹操身为一方霸主，却能够为维护军纪而对自己施以奴隶的刑罚，实在令人佩服。

曹操大军抵达淯水河畔的时候，张绣大军已经退守到了穰城，如此一来，曹军与张绣军之间便隔了淯水和湍水，若曹军渡水攻打张绣，那么在补给方面势必造成极大不便。

这时，荀攸便建议曹操，在穰城对面隔着湍水修筑城池，采取长期围攻的策略来和张绣耗时间。张绣军队的军粮供给都是依靠刘表来提供的，只要曹军与张绣军长期对峙，必然会引起向来遵循保守战略的刘表不满，如此一来，两人关系必生嫌隙，只要张绣军粮方面一出问题，曹军自然离胜利就不远了。

但曹操实在没有耐性和张绣打持久战，便派出许褚率领精锐部队猛攻穰城。张绣则按照贾诩的计谋，故伎重施，以当初对抗曹洪的方式来应对曹操。张绣下令士兵将四野的粮食尽数收割殆尽，紧闭城门，据守不出。曹操围困穰城两月有余，但始终无法攻破。

五月初，刘表接到张绣的求援信之后，立即派兵前往穰城支援，并切断了曹操的粮道，曹操大军陷入了腹背受敌的困境。

就在这个时候，曹操突然得到了一份紧急情报，让他大惊失色。情报中说，袁绍手下一个名叫田丰的谋士向袁绍建议，让袁绍趁着曹操与张绣开战的时候，赶紧派兵攻打许都，把献帝给抢过来。

这可不得了，在军力方面，曹操远不及袁绍，唯一优胜的就是他的政治资本，而他的政治资本便是献帝以及许都，这两者比起张绣来说，可是重要得多，不容半点闪失。于是，曹操赶紧下令撤军，回守许都。

此时，刘表援军已经占据安众（今河南镇平县东南），切断了曹操大军的退路。而张绣方面见到曹操退兵，顿时士气高涨，战事形势对曹军越来越不利。

在腹背受敌的情况下，曹操顿时想起了荀攸当初的劝告，心中十分懊悔。但此时，曹操却并未慌乱，冷静分析形势之后，心中有了破敌妙计。当时，曹操写信给荀彧说："敌人紧追不舍，但我军到达安众后，必定能克敌制胜。"

曹操到达安众之后，果然遭到了刘表军队的截击，此时，张绣也率军由后方对曹军进行追击。曹操下令故意拖延撤退进度，并让张绣和刘表联军先行占领湛水渡口。他命令军队连夜开凿通道将粮草等物资运走，然后自己亲率精兵伏击敌人，使张绣以为曹军已经向东南方向撤离。

果然，天明之际，张绣、刘表发现曹营已空，以为曹操兵败逃走立即率军追击。这时，贾诩劝阻张绣说："将军不可追赶，否则一定遭遇惨败。"张绣不信贾诩所言，认为此时的曹操不过是败军之将，仓皇溃逃，怎么可能还有能力进行反击呢？于是，张绣继续率军追击曹操，结果刚出发不久，就被曹操率领的断后精锐部队击败。

正在张绣后悔不迭没有听从贾诩劝告的时候，贾诩又急忙对张绣说道："将军赶快再追，这次一定会大获全胜。"

张绣不明所以，迟疑地说道："上次我没有听从先生的建议，导致战败，现在先生怎么又让我追赶呢？"

贾诩说："战场形势瞬息万变，将军赶快追击曹军，否则后悔晚矣。"

张绣一想，贾诩向来神机妙算，何不听从他的建议试一试呢，大不了就是再打一次败仗而已。于是，张绣赶紧重新整军追击曹操，此次追击，张绣果然大胜，给予了曹军沉重打击。

得胜后，张绣向贾诩请教说："一开始我以精兵追击败退的敌人，你说必定失败；后来我又以败兵追击得胜的敌人，你却说必然取胜。这究竟是为什么呢？"

贾诩答道："将军你虽然善于用兵，但比起曹操来说，还是棋差一招。曹操当初攻打将军的时候，并没有用尽全力，也没有出现什么大的失误，因此，突然之间撤兵，并非是溃逃，而是因为后方出现了变故。但曹操这个人是非常多疑的，为了确保部队安全撤退，他必然会亲自率领精锐部队断后，将军这个时候追击，遇到的必然是由曹操亲自率领的强军。当曹操击败将军之后，为了赶回去处理变故之事，必然会全力撤退，不再亲自断后。这个时候将军你再去追击，遇到的敌人必定不如曹操所率领的那般厉害，当然能够获得胜利了。"

贾诩一番透彻的分析，让张绣心悦诚服。

曹操率兵回到许都之后才知道，原来袁绍并没有采纳田丰的建议，许都之危不过是虚惊一场。此次征讨张绣的战斗中，张绣和曹操都损失惨重，两败俱伤。曹操对自己冲动的行为进行了深刻检讨，并第一时间向荀攸认了错，对那些曾劝阻他征讨张绣的人也都一一加以奖赏。

不记前仇

到建安四年（199 年）的时候，北方局势基本已经明朗，袁术、吕布纷纷败北，马腾、韩遂归顺朝廷，只剩下曹操和袁绍两大军事集团相互对峙，一些弱小的军阀开始纷纷考量站在哪个阵营。同时，为了扩张势力，曹操和袁绍也都在积极争取各方势力的支持。

当时，袁绍率先派遣了使臣前往穰城向张绣示好，张绣考虑到自己曾与曹操结下仇怨，并害死了曹操的子侄和爱将，积怨甚深，便有了投靠袁绍的心思。加之当时荆州刘表虽未表明立场，但已经明显表现出了交好袁绍的倾向，更加坚定了张绣加入袁绍阵营的决心。

袁绍使臣抵达穰城后，张绣赶紧设宴款待，表现得非常热情，但还不等张绣表明立场，贾诩就站了出来对袁绍的使臣说道："你回去告诉袁本初（袁绍），他们兄弟之间都不能够相容，又怎么会容得下天下豪杰呢？"

使臣听了贾诩的话，非常愤怒，登时就拂袖而去。

张绣脸都吓绿了，不由得责备贾诩道："先生啊！你怎么能如此无礼地将袁绍的使臣打发走！现在我们该如何是好啊？"

贾诩淡定地回答道："我们只要归附曹公不就行了。"

张绣大惊，瞪大了眼睛不可置信地看着贾诩说道："先生你不是开玩笑吧？之前我们与曹操已经结下了深仇大恨，把他的儿子都给害死了。现在去投靠他？他怎么可能放过我们？再说了，曹操比起袁绍来说，势力要弱得多，无论从哪方面来说，我们都应该投靠袁绍才对啊！"

张绣所言确实如此，当时曹操虽然已经平定徐州，打败袁术，但与袁绍相比，实力悬殊依然非常大。当时的袁绍坐拥四州，兵多将广，在四海之中颇具声望，各方面条件都可说是首屈一指。这些都是曹操望尘莫及的。

贾诩却笑道："这正是我们应该投靠曹操的原因。"

张绣不明所以，贾诩又进一步解释道："第一点，曹操奉天子以令不臣，是名正言顺的，占据了绝对的政治优势，投靠曹操，就如同投靠正义。第二点，袁绍现在非常强盛，我们的兵力对于袁绍来说，是可有可无的，投靠袁绍恐怕很难得到他的重视；但曹操却不同，他现在力量薄弱，我们投靠他，犹如雪中送炭，必然让他感激涕零。第三点，我们虽然与曹操有过节，但曹操这个人是做大事的，但凡做大事的人，必定胸怀宽广，不会将个人恩怨凌驾于大局之上，因此，曹操是不会报复我们的，将军你只管放心地去投靠他吧！"

张绣思前想后，反正如今已经得罪了袁绍，也没有其他出路了，便只能采纳贾诩的意见向曹操投诚。

同年十一月，张绣率领大军归顺曹操。正如贾诩所料，曹操一听说张绣来降，非常高兴，立即就设下酒宴，极其热情地迎接张绣和贾诩，只字不提当初张绣反叛他的事情。酒宴之间，曹操更是主动向张绣提出，希望让自己的儿子曹均迎娶张绣的女儿，两人结为儿女亲家。随后，张绣被曹操任命为扬武将军，并表封列侯。

　　曹操一向欣赏贾诩的谋略和才华，在贾诩跟随张绣归顺后，曹操曾私下对贾诩说："先生您就是助我取信天下的人啊！"曹操此言是什么意思呢？一方面，贾诩劝张绣归顺曹操，增强了曹操的实力，对曹操而言是一大帮助；另一方面，张绣的归降给了曹操一个展示自己宽宏大量、不记前仇的机会，为自己博得了一个好名声，这样一来，必然能够招致更多的能人志士，为其鞍前马后地效力。

　　之后，曹操任命贾诩为执金吾（卿官，巡查京城地区治安的长官），表封度亭侯，后又迁为冀州牧。由于冀州仍在袁绍的势力范围内，因此，贾诩暂时留在了曹操身边，成为其重要的谋士之一。

第九章 ／ 荡平徐州

引狼入室

当初曹操为了得到徐州，不惜三次举兵攻打陶谦，胜利在望之际，却因吕布抄了他的后方，而不得不放弃徐州，回军兖州。后曹操又将全部注意力放在如何对付张绣的问题上，因此忽略了徐州的势态发展，致使徐州落入刘备之手。

当初，刘备在投奔公孙瓒之后，便被派遣领兵支援被袁绍围攻的青州刺史田楷，因屡建功勋而被田楷任命为平原相。这期间，刘备结识了公孙瓒手下的大将赵云，两人一见如故。后赵云因仰慕刘备的谦卑而投入其帐下，成了刘备营中一员猛将。

在担任平原相期间，刘备广施仁政，抵御敌寇，使得平原境内安定富足，深受百姓拥护。其时，黄巾军围困北海国，形势危急，北海相孔融派太史慈向刘备求救。孔融是当时的名士，在全国都具有极高的名望。

刘备收到求援信息后非常惊讶，感叹道："北海相孔融居然知道世上有刘备这个人！"随即派遣了三千精兵跟随太史慈前往北海，黄巾军得知后望风而逃，北海得以解围。

曹操在攻打陶谦的时候，刘备同样领兵前去支援陶谦，并趁机投靠在陶谦帐下，被任命为豫州刺史，屯兵小沛。

兴平二年（195年），陶谦身染重病，弥留之际曾对别驾糜竺说道："如今，除了刘备以外，再没有别人能够维护徐州的安定了。"于是在陶谦死后，糜竺便亲自率领徐州百姓前往迎接刘备来做太守。当时，刘备力量十分薄弱，难以与其他割据势力相抗衡，故而不敢接受糜竺的邀请，并提出迎接袁术进驻徐州的意见。

陈登得知后极力反对，他对刘备说道："袁术为人骄奢，实在不是治世之才。如今徐州的兵马集结起来怎么也有十余万。利用这些兵马，先生您可以选择匡扶汉室，救济万民，也可以选择割据自立，发展势力。您若依然不肯接受这个重任，我等也不会放弃，依然会一如既往地支持您！"

北海相孔融这个时候也极力劝说刘备出任徐州太守之职，孔融说道："袁术根本不是一个忠于国家，体恤百姓的将领。如今他的势力也开始衰亡，早就没有能力成就大业了。徐州是上天赐给先生你的一大良机，如果不好好把握，先生日后必然悔不当初！"

在陈登、孔融等人的再三劝说下，刘备这才领受了徐州太守之职。

当时，吕布在兖州被曹操打得落花流水，走投无路之际只得流亡徐州投靠刘备。当时吕布威名正盛，刘备对他礼让有加，并安排吕布屯兵小沛。但吕布非但不感恩，反而更加趾高气扬起来。

吕布对刘备说："关东诸侯起兵时，我正在董卓阵营中，所以和他们成了敌人；即使我后来杀死董卓，离开京城，关东诸将也不肯容我，每个人都想置我于死地。因此，我才会投靠贤弟你。"

吕布一声"贤弟"，将自己的地位顿时凌驾在了刘备之上，让关羽和张飞甚为愤怒。虽然刘备心中也不高兴，但并没有和吕布计较。

建安元年（196年），曹操迎献帝到许都之后，为了笼络刘备帮助自己对付袁术和吕布，便以献帝的名义任命刘备为振东将军，封宜城亭侯。

这时，袁术正率领大军进攻徐州，刘备便派张飞镇守下邳，自己亲率大军在盱眙与淮阴之间与袁术对抗。刘备与袁术相持一个多月，双方互有输赢，但是战事并未有太大进展。

下邳城的郡宰曹豹本是陶谦的手下，当初，陶谦将徐州让给刘备时，他就很不服气。但碍于当时徐州大部分郡县长官都支持刘备，曹豹也只好选择服从。这一次，袁术攻打徐州，曹豹便趁机鼓动徐州旧臣批评刘备治理无能。

张飞一向行事鲁莽，平时对曹豹的所作所为也十分不满。他见曹豹趁机煽动众人反叛，十分愤怒，便私下率领士兵突袭曹豹府邸，将曹豹斩杀。张飞的鲁莽行为，使下邳城中的官员大为震惊，促使曹豹阵营中的官员公开与张飞展开对抗，下邳城一时陷入混乱之中。

袁术得知下邳城出现分裂的情况后，秘密派人联络吕布，劝他趁机偷袭下邳城，进而占据徐州。袁术还以大量的粮食、武器为利诱，趁机分化刘备与吕布的联盟，果然，见利忘义的吕布立马翻脸，与刘备反目。

吕布率领部队从小沛东南处攻打下邳，曹豹阵营中的中郎将许耽得到消息后竟主动开门迎接。徐州旧臣几乎全部响应吕布，张飞见形势不可挽回，只得趁乱逃离下邳。吕布进入下邳城之后，将刘备妻子以及直属将官全部擒住，加以保护，以礼相待，不敢怠慢。

刘备得知下邳城失陷的消息后，立即回兵救援，但此时，刘备大军后有袁术追兵，前有吕布阻挡，加之军中将士士气低落，根本无心迎战，因此还没抵达下邳，军队就不战自溃了。无奈之下，刘备只得舍弃下邳城，收拾残兵败将东取广陵。谁知在前往广陵的途中，又遭遇袁术的主力军队，刘备不是袁术的对手，战败而归，最后只能退守到海西驻扎。

退守海西之后，刘备才发现，军中粮草已经殆尽，全军上下面临着严重的饥荒。眼见大势已去，为保将士性命以及徐州安定，刘备只得主动向吕布投降。当时，吕布虽然表面上与袁术是合作关系，但实际上却并不信任袁术。在吕布看来，袁术这个人野心勃勃，绝不是真心想和自己展开合作的，若是自己帮助他消灭刘备势力，那么自己必然会成为袁术的下一个目标。于是，在接到刘备投降的消息后，吕布立即与其接洽，展开和谈。

随后，二人达成协议，吕布自称徐州牧，驻军下邳，而刘备则被授予豫州刺史，屯兵小沛，以牵制袁术力量。如此一来，刘备失去了轻而易举得到的徐州，再次开始了寄人篱下的生活。

谋定

吕布与刘备展开和谈的消息激怒了袁术，袁术非常愤怒，扬言要对徐州发动大规模进攻。吕布得知后非常害怕，便转而去向曹操求救，表示愿意归附曹操。

熟悉三国故事的人都知道，吕布尽管武艺高强、骁勇善战，但却是一个反复无常、出尔反尔的小人。他曾先后投靠丁原、董卓、王允等人，但是为了利益又诛杀丁原、董卓，为天下英雄所不齿。当初吕布在兖州被曹操打败之后，逃往徐州投靠了当时的徐州牧刘备。但不久，他却因为袁术的利诱，再次背叛刘备，倒戈相向，迫使刘备逃离徐州。而当刘备向吕布求和时，吕布竟又将刘备迎为豫州刺史，让他屯兵小沛。到袁术派大将攻击刘备时，吕布又挺身上演了一出"辕门射戟"来为刘备解围。之后，吕布见刘备势力有所发展，竟又想对刘备不利，致使刘备无奈之下只得逃离小沛，投奔曹操。吕布的反复无常确实令人痛恨不已。

刘备投靠曹操之后，受到了曹操的热情款待，曹操不仅向献帝推荐刘备为豫州牧，并且答应为刘备军供应军需并补充士兵，让刘备继续屯驻在小沛，以牵制吕布的势力。

建安二年（197年）初，曹操征讨张绣失败，袁绍得知后写了一封信给曹操，在信中以傲慢的态度对曹操极尽羞辱和挑衅，让曹操怒不可遏。曹操开始有了攻打袁绍的想法。但此时，曹军与袁军相比，实力相差甚远，胜算无几，曹操心里也十分没底，便把荀彧和郭嘉找来了，对他们说道："我打算攻打袁绍，但是力量不敌，应该怎么办?"

郭嘉回答道："当初汉高祖刘邦与项羽相比，力量相差悬殊，曹公您是知道的，但高祖最终却凭借谋略战胜了项羽。袁绍如同当年的项羽一样，目前势力非常强大，但我认为，他却有十点败于您，您则有十点优胜于他。袁绍讲求繁文缛节，曹公您崇尚自然得体，这是道胜于他；袁绍反叛，您奉天子来率天下，这是义胜于他；袁绍对豪强宽纵，没有震慑力，而您执法严明，军纪肃然，这是治胜于他；袁绍表面宽厚但内心多疑，用人唯亲，而您用人不疑，不论亲疏，这是度量胜于他；袁绍多谋少断，以致事事错失先机，您则果敢决断，善于应变，这是谋略胜于他；袁绍空有其表，夸夸而谈，您则诚心待人，不为虚荣，这是道德胜于他；袁绍见到有人饥寒时会感到忧虑，但见不到却不会顾及，这是妇人之仁，您对于小事有时会有疏忽，但在大事上却恩泽广布，即便是看不见的东西，也能有周全的思虑与关心，这是仁胜于他；袁绍的臣子都争权夺势，用谗言来迷惑他，而您则用道德来统御下属，这是明智胜于他；袁绍不能分辨对错，您则用律法纠正错误，用礼推行教化，这是文胜于他；袁绍只会虚张声势，不懂用兵的要领，您则用兵如神，让军士敬畏，敌人恐惧，这是武胜于他。您有这十胜，还担心什么呢？"

郭嘉一番话处处点中要害，言之成理，让曹操顿时信心大增。

荀彧也同意郭嘉的意见，同时又对曹操补充道："但如果不先打败吕布，攻击占据河北的袁绍是十分艰难的。"

曹操深有同感，对二人说道："确实如此，但我最担忧的，是袁绍攻击关中，向西联合羌胡，向南联合刘璋，如此一来，我们仅靠兖州、豫州的势力实在难以与天下六分之五的势力相抗衡。"

荀彧答道："关中军团势力非常多，没有人能将他们统一起来，其中韩遂和马腾的力量是最强的，一旦崤山以东地区发生征战，他们必定会拥兵自保。如果我们现在招抚他们，即便不能长治久安，但至少能在平定山东之前将其稳住。而至于这件事情，曹公您大可放心交给钟繇去办。"

曹操应允。此后，钟繇也确实不辱使命，顺利说降了韩遂和马腾，解除了曹操对关中方面的忧虑。

此前，袁绍一直对曹操身任大将军之职感到不满，于是为了稳住袁绍，以便能够专心对付吕布，曹操又上表献帝将大将军的职位让给袁绍，并承认他占据的地盘，命其兼管冀州、青州、幽州、并州北方四州。

建安三年（198年）春天，吕布趁曹操攻打张绣的机会，派中郎将高顺和张辽进攻刘备。曹操得知消息后，派遣夏侯惇领兵前去救援。由于夏侯惇急躁冒进，被高顺、张辽等人打败，并且伤了左眼，狼狈地逃回了许都，刘备也因战败而逃到了梁地。

曹操第二次南征张绣无功而返后，看到袁术已经一蹶不振，张绣的势力也有所减弱，便决定率领大军，先解决东征吕布的问题。当时，大部分将领都不赞同这一举措，他们认为："袁绍此时正与公孙瓒相抗衡，一时之间无暇顾及南方的形势，袁术也已经成不了气候。但张绣和刘表的联合却是个威胁，如果曹公贸然远征吕布，让此二人有机可乘，袭击许都，那后果就不堪设想了。"

唯有荀攸与众人看法不同，荀攸认为，此时刘表与张绣刚刚与曹军结束大战，没得到什么好处，必然不敢再贸然进攻曹军。而吕布这人骁勇善战，如果让他长期在淮、泗一带得势，一旦稳定下来，必会成为曹军又一强敌。倒不如趁着现在他立足未稳，赶紧去打，一定能取得成功。

荀攸看法正是曹操心中所想，曹操当即下令，准备东征。

九月，曹操率领大军开始向东进发，这个时候，吕布已经攻下了小沛，并将刘备家属全部擒获，刘备则只身逃往了梁地。此时，泰山郡一带的很多军阀都纷纷归附了吕布，曹操非常担忧，下令加快行军步伐，前往梁地与刘备会合之后一同东进。

吕布将兵力集中到了彭城，准备在此设防固守。当曹操大军抵达的时候，谋士陈宫便向吕布建议说："曹军长途跋涉而来，将军可以趁其立足未稳之时发动突袭，以逸待劳，势必会取得胜利！"

但吕布却不同意陈宫的意见，说道："倒不如等他们送上门来，我们再将他们驱赶到泗水一带，淹死他们。"

结果，吕布错失了攻打曹军的最佳时机，曹军攻势凌厉，转眼间便攻克众多城池，让吕布大为惊骇。吕布军节节败退，只能仓皇而逃，退守下邳。

就在这个时候，早已经秘密归顺曹操的广陵太守陈登也立即起兵响应曹操，联合徐州所有郡县倒戈相向。曹军一路通行无阻，很快就兵临下邳城下，将下邳团团围住，准备对吕布发起最后的战斗。

擒杀吕布

曹操围困下邳后，吕布为争取主动，多次主动出城与曹军交锋，但都战败而归，只好固守城池，再也不敢出城迎战。

下邳为徐州治所，城防坚固，一时不易攻下。这时，程昱向曹操建议道："现在集中在下邳的军士都对吕布十分忠诚，如果逼得太急，吕布等人必然会拼死突围，若吕布逃脱后与袁术再度联合，那事情就不好办了。因此，将军不如对吕布进行招降，同时派一队人马驻守在淮泗地区，切断吕布和袁术之间的联系，打消吕布投奔袁术的意图。"

曹操当即采纳了程昱的意见，下令暂缓攻势，劝令吕布弃城投降，同时派刘备带领军队驻守淮泗。

吕布见大势已去，便有了投降的念头，陈宫知道后却极力反对，陈宫说："曹操远途来征，兵多粮少，军粮供应势必有困难，攻势不可能长久。将军不如率领一部分兵马驻扎城外，我则带兵镇守城池。曹操攻打将军时，我从背后策应，敌军来攻打城池时，将军在外支援，我们双方相互策应，不出十天，曹操便会粮食殆尽。那时我们再乘势出击，必然获得全胜。"

陈宫的计策非常高明，吕布听后也深表赞同，于是便应允下来，决定照其建议行事，并下令让中郎将高顺与陈宫一同镇守城池，自己则率骑兵准备出城。

就在这个时候，吕布的妻子却站出来阻止吕布，并对他说："高顺和陈宫一向不和，将军出城之后，他们势必不能同心协力，要是出现了差错，将军以后又如何立足呢？况且，曹操曾经待陈宫如亲兄弟，他却反叛了曹操，现在将军待陈宫不如曹操当初那般厚待，贸然将整个城池都交付于他，自己孤军出城迎敌，一旦发生变故，后果不堪设想。"

吕布听了妻子的话后，犹豫了一阵，便改变了主意。

之后，吕布继续死守城池，同时派许汜、王楷到寿春向袁术求援。袁术见到许汜之后，十分气愤地对他说："当初吕布背信弃义，撕毁婚约，现在还有什么脸前来求我？"许汜说道："将军如果现在不去救援，等于自取失败。吕布一旦破败，将军也将朝不保夕。"

袁术也知道，许汜所说确实是事实，只要除掉吕布，曹操的矛头必然指向自己，虽然心中对吕布愤恨不已，还是答应了出兵进行支援。但后来，袁术看到曹军军力比自己预想中更为强大，淮泗地区又有刘备镇守，顿时开始退缩了，只在长江以北虚张声势，以作声援。大司马张杨和吕布交情深厚，有心相助，可惜实力不足，只能在东市布军，根本无法靠近下邳。

吕布久久等不到袁术的救兵，以为袁术是记恨自己没有将女儿送出去。于是，在一天深夜，他用布帛将自己绑在马上，趁着天黑想亲自把女儿送到袁术处。结果一出城，吕布就遭到了曹军的阻截，根本无法前行，只得又退回了城内。

双方对峙一个多月，曹操见下邳久攻不下，时值隆冬，天气寒冷，将士们疲惫不堪，于是有了撤军的打算。

这时，郭嘉和荀攸阻止道："吕布有勇无谋，现在屡战屡败，锐气早已经丧失。三军以将帅为主，主将锐气大减，全军也就没有了斗志。陈宫虽然有智谋，但是他设谋迟慢，不足以成大事。现在我们应当趁吕布锐气还未恢复，陈宫的计谋还未设定之际，加紧进攻，吕布被破之期就不远了。"

曹操接受郭嘉和荀攸的建议，激励将士，紧锣密鼓地进行攻城。同时，为了切断下邳与外界的联系，曹操还下令军队引泗水和沂水来灌注下邳城。不久，下邳城粮食殆尽，吕布见曹操攻势依旧猛烈，开始六神无主。

十二月初，吕布已经完全没有了战斗的士气，只得登上城楼向曹操投降，吕布高声道："明公，你不要再攻城啦，我向明公你俯首投降罢了！"

陈宫得知吕布竟想投降，非常气愤，斥责道："曹操乃是逆贼，算什么明公！现在将军前去投降，简直是自取灭亡，怎么可能保全性命！"

由于陈宫、高顺等人坚决拒绝投降，因此，吕布只好作罢。但吕布的举动却引起了全军上下的不安与恐惧，军中将领全都彼此猜忌，上下离心，全然没有了对抗曹军的斗志。

随后，吕布属下将领侯成、宋宪、魏续等见吕布败局已定，便抓了陈宫和高顺向曹操投降，并助曹军攻破了下邳城西门以及北门。张辽率领部队趁机攻城，吕布深知大势已去，无力回天，便让左右割下自己的头颅向曹操领功。但左右均不忍心对吕布下手，无奈之下，吕布只好开城投降。

吕布见到曹操之后，对曹操说："今天战事结束之后，天下大事便已定了。"

曹操不解，便问道："这是什么意思？"

吕布说："明公所忌惮的就是吕布。现在我已经降服，天下就不足以忧虑了。如果让吕布担当先锋，为您率领军队，何愁天下不会平定呢？"

曹操听了吕布的话，顿时有些心动，这时，刘备正位于曹操帐中上座，吕布见到刘备，非常高兴，赶紧对刘备说道："玄德啊，你现在为座上客，而我是阶下囚。曹公的绳子把我捆绑得太紧啦，你怎么还不为我求求情呢？"

刘备没有开口，曹操便笑道："捆绑猛虎，不能不紧啊！"然后又问吕布，"你为什么不直接向我求情，反而请求刘玄德呢？"语毕便命令属下给吕布松绑。

主簿王必急忙站了出来，劝阻道："吕布是强虏，况且其部将就在附近，千万不能给他松绑啊！"

不等曹操表态，刘备突然开口了，慢悠悠地说道："明公你难道已经不记得当年丁原和董卓的事情了吗？"

刘备的话顿时让曹操清醒过来，当即下令将吕布缢杀。吕布怎么也没想到，最后补自己一刀的人居然是刘备，愤怒地吼道："大耳儿刘备真是不可相信啊！难道你忘了当初我如何在辕门为你解围了吗？"

大耳儿是刘备的绰号，据《三国志·先主传》记载，刘备"身长七尺五寸，垂手下膝，顾自见其耳"，能看见自己的耳朵，说明耳朵是非常大的，因此有了这个绰号。

随后，陈宫被押了上来。曹操见到陈宫，感慨非常，对他叹息道："公台（陈宫字公台）啊，你平常自称智谋有余，如今怎么落到了如此田地？"

陈宫不屑地看了吕布一眼，说道："只因吕布不听我的劝告，才会落得如此地步。如果他能够按照我的计谋行事，未必会被你们活捉。"

此时，曹操是不想杀陈宫的，他深知当年陈宫背叛自己，是因为当初自己做的事情确实不对，以致让陈宫寒心。所以，曹操希望陈宫能够回到自己帐下，从此既往不咎。但陈宫却不为所动，主动请求一死。

曹操非常心痛，依然舍不得诛杀陈宫，无奈地叹道："公台啊公台，你要是死了，那你的母亲可怎么办啊？"

陈宫说道："我听闻以孝治天下的人，是不会加害别人的父母的。我的母亲如何，那就要看曹公你了。"

曹操又叹道："公台啊公台，那你死了以后，你的妻儿又该怎么办呢?"

陈宫又说道："我听闻以仁治天下的人，是不会加害别人的妻儿的。我的妻儿该怎么办，也只能看曹公你了。"

见陈宫已经不可能回心转意，曹操只得下令将他送上刑场。陈宫大步走向刑场，慨然赴死。曹操见此情形，悲从中来，想起当初陈宫辅佐自己时候的情形，不禁潸然泪下。陈宫死了以后，曹操令人将他的家人都接来，始终如一地善待他们。

之后，张辽也率领部众前来投降，曹操欣赏其勇猛，拜为中郎将。臧霸不久也被曹操擒住，曹操令其招降吕布溃散的部众，并让他们分守青州。

自此，曹操东征吕布之役大获全胜，彻底掌控了兖州、徐州和豫州，在统一北方的大业中向前跨进了一大步。

煮酒论英雄

在剿灭吕布的过程中，具有崇高声望的刘备是功不可没的。

当初刘备从小沛逃出来投奔曹操的时候，曹操的谋士程昱就对曹操说："刘备这个人具有雄才大略，并且深得人心，不会久居人下，还是尽早把他除掉的好。"

但当时曹操非常欣赏刘备，不想杀他，于是就对程昱说道："如今正是我们收揽天下英雄的时候，杀了刘备，无疑会让天下有归顺之意的人寒心，这种事情我们是不能做的。"

曹操又去问了郭嘉的意见，郭嘉说道："程昱的担心是对的，但曹公你的思虑也有道理。曹公你兴义兵，除暴乱，以诚信招揽天下豪杰，希望他们能够归顺。刘备素有英雄之名，如今穷途末路来投靠曹公，若曹公将其杀害，岂不是落下了谋害贤良的坏名声！这样一来，天下豪杰必然会对曹公心生怀疑，四海能人必然会对曹公感到失望，这是得不偿失啊！"

但同时，郭嘉也认为刘备这个人非常不简单，继而又对曹操进言说："古语有云，放纵敌人一日，便会酿成数世的祸患，所以曹公你要早点对刘备作安排啊。"郭嘉的意思是，刘备不能杀，但是呢，也不能放。所谓早作安排，指的就是要将他软禁起来，让他没办法去捣乱。

可曹操不知是不明白郭嘉的意思呢，还是不同意郭嘉的看法，他不仅没有软禁刘备，反而为了让刘备臣服自己而对他非常好，不仅表奏他做了豫州牧，还主动给他粮草和兵力，让他屯驻小沛。

虽然曹操希望获得刘备的真心归顺，但并不代表他会完全地信任刘备。因此在大破吕布之后，曹操便把刘备、关羽和张飞都带回许都了，名义上是要给他们加官晋爵，但实际上也不乏监视控制的意图。就在这期间，刘备和曹操之间发生了两件事情。一是历史上未有定论的"衣带诏"事件，二是《三国演义》中描写得相当精彩的"青梅煮酒论英雄"事件，这两件事情都发生在建安四年（199 年）。

"衣带诏"事件的主角是献帝的岳父董承，董承对外宣称献帝偷偷在衣带上写了一道诏书给他，密授他联合信得过的人把曹操暗中杀掉。为什么要谋杀曹操呢？因为这个时候，曹操已经相当嚣张了，从"奉天子以令不臣"变成了"挟天子以令诸侯"，汉献帝忍无可忍，于是才下了这道诏书。然后董承就找到了长水校尉种辑、将军吴硕、王服以及刘备来进行合谋。到后来阴谋败露，刘备跑了，董承等人都被曹操诛杀了。

在《三国志》和《资治通鉴》中都记载了这件事情，但均认为"衣带诏"很可能是假的，是董承为了联合同谋而信口胡诌的。《后汉书》和《三国演义》对"衣带诏"则持肯定态度，但两书皆有抹黑曹操的倾向，因此真实性值得怀疑。

"煮酒论英雄"事件在《三国演义》中演绎得惊心动魄，十分精彩，内容大概是这样的：

刘备在与董承歃血为盟，应允共同响应"衣带诏"谋杀曹操之后，为了避免被人怀疑，便整天躲在自己府里种菜，基本不外出。

有一天，刘备正在种菜的时候，曹操突然派人请他去喝酒。刘备一到，曹操就看着刘备说道："使君，你在家干的是大好事啊！"刘备心中一惊，这曹操说的"大好事"是什么意思呢？阴谋败露了吗？结果曹操又接着说道："你怎么整天在家种菜呢？"刘备这才放下心来，原来说的是种菜的事情。

然后曹操便把刘备带到了花园中，对他说道："刚才我看到枝头上的梅子都成熟了，就想起当年行军打仗时候的一件事情。"然后曹操把当初"望梅止渴"的事情给刘备讲了一遍，又接着说道："今天看到这些梅子，我顿时觉得，用来煮酒不正好吗？所以就把你请来和我一起喝酒啦！"

这时，花园的亭子里已经设好了酒宴，曹操便邀刘备坐下，两人开怀对饮。突然之间，天空中风云变幻，狂风骤起，眼看暴雨将至，曹操顿时豪气大发，对刘备说道："都说'龙从云，虎从风'，有云的地方就会有龙，使君你知道龙都有什么特点吗？"

刘备应道："愿闻其详。"

曹操说："这龙啊，变化无常，能大能小，能升能降，就好比这人间的英雄，怀揣雄心壮志，能为非常之事。玄德啊，不如今天我们就来说说，当今天下都有哪些人称得上英雄吧！"

刘备心中又是一惊，赔笑道："刘备乃一介凡夫俗子，又怎么有识别英雄的慧眼呢。"

曹操大笑："玄德你这是谦虚了。"

刘备继续推托道："刘备这才刚刚出任朝廷命官，确实不认识多少英雄豪杰啊。"

曹操说道："即便不认识，也总该听说过吧。"

见实在回避不了，刘备只得说道："比方说淮南的袁术，兵粮足备，可谓英雄。"

曹操不屑地说："冢中枯木罢了，我早晚会抓住他。"

刘备又说："那河北袁绍，四世三公，身份高贵，门吏众多。如今雄踞冀州，帐下能人众多，可称得上当今英雄。"

曹操笑道："袁绍就喜欢虚张声势，其实并无胆识，好谋又不能断，缺乏成就大事的勇气，见小利忘大义，称不上英雄。"

刘备："荆州刘表，威震九州，人称八骏，可谓英雄。"

曹操："刘表虚有其名而无实力，非英雄。"

刘备："江东孙策，血气方刚，领袖一方，可谓英雄。"

曹操："孙策凭父出名，非英雄。"

刘备："益州刘璋可为英雄？"

曹操："刘璋虽为宗室，却是守尸之犬而已，称不上英雄。"

随后，刘备又列举了张绣、张鲁、韩遂等豪强，曹操不屑一顾地说："这些都是碌碌小人，何足挂齿。"

刘备只得说道："除了这些人之外，我实在不知还有何人啦？"

曹操笑言："所谓英雄，必须胸怀大志，腹有良策，具有包藏宇宙之机、吞吐大地之志。"

刘备问道："那么当今之世，有谁能够此条件呢？"

曹操看了刘备一眼，抬起手指了指刘备，又指了指自己，沉声说道："今天下英雄，唯使君与操耳！"当今天下称得上英雄的人物，只有你刘备和我曹操二人！

此话一出，刘备大惊，手中的筷子"啪"就掉到了地上。正逢此时，天空中突然响起一声惊雷，刘备急忙自嘲道："哎呀，这雷声，把我吓得不轻啊……"

《三国演义》作为小说，其中的描述自然少不了文学加工，但其中大部分的描写都是有迹可循的。可见当时，曹操对刘备确实有了疑心，并且一再对其进行试探。

此事过后，刘备非常害怕，担心曹操一不做二不休把自己杀了，便赶紧和关羽、张飞等人商量，打算找机会离开许都。

机会很快就来临了。当时曹操大败袁术，逼得他走投无路，袁术便想经由下邳，北上投靠袁绍。刘备知道这个消息后，赶紧去向曹操请命，希望亲自带兵前去阻截袁术。曹操一想，刘备对下邳很熟悉，让他去是非常适合的，就同意了。

这个时候，程昱和郭嘉都不在曹操身边，他们奉命去豫州征粮，还在回来的路上。结果刚到许都，二人就听说了曹操准许刘备出征的消息，大惊失色，赶紧跑来阻止曹操道："曹公你上次不杀刘备，确实考虑深远。但如今怎么能给他军队让他离开许都呢？这无异于是放虎归山啊！"

董昭也前来劝阻："刘备英勇且胸怀大志，又有关羽、张飞作为羽翼，绝对不能放他走啊！"

曹操听完之后，顿时也后悔了，赶紧令许褚率骑兵去追刘备，但此时，刘备大军已经走远，曹操无奈，只得作罢。

事情果然如郭嘉等人所料，等刘备成功阻截袁术之后，曹操只等到了与他同行的大将朱灵回来报信，刘备乘机带领军队占领徐州。曹操这才悔不当初，暗中派人指使徐州刺史车胄谋杀刘备。但车胄的阴谋被陈珪父子得知，陈珪父子立即通知刘备，刘备立即派关羽攻打徐州城，杀死了车胄。随后，关羽在下邳城镇守，刘备和张飞则驻扎在徐州、豫州边境的小沛，做好准备抵御曹操进攻。

至此，刘备和曹操的关系彻底决裂。

徐州本就是刘备的老巢，刘备一回归，便受到了各郡县的支持和拥戴，东海郡昌豨及一些郡县也都相继叛离曹操，纷纷归附刘备。一时间，刘备势力得到增强。但此时，刘备在徐州境内控制的地盘还不算大，为了抵御曹操，刘备随即派使者孙乾前往河北，意图联合袁绍共同抗曹。

曹操得知此事后更加愤怒，当即就下令司空长史刘岱、中郎将王忠等领兵讨伐刘备，不想却遭遇惨败。刘备对刘岱放话道："就你们这样的小角色，即便来一百个，又能把我刘备怎么样呢？就算今天是曹操亲自来了，恐怕也未必能得到什么好处！"

这个时候，袁绍与曹操两大阵营已经剑拔弩张了，大战一触即发。为避免两线作战，曹操决定亲自率兵东征，先消除刘备的威胁之后，再专力与袁绍对抗。军中将领知道曹操的想法后，纷纷劝阻他说："现在和曹公你争夺天下的人是袁绍。袁绍都要准备南下了，曹公你怎么还能在这个时候去打刘备呢？如果袁绍趁机将我军截断，那我们还怎么去迎战袁绍呢？"

曹操说道："刘备乃人中豪杰，现在留着他，将来必定成为祸患。袁绍这人反应迟钝，肯定不会立即采取大规模行动的。"

军中将士依然疑虑重重，唯独郭嘉对曹操表示支持，郭嘉说："袁绍迟钝多疑，即使他出兵前来，也需要一段时间。刘备刚刚得势，众心还未归附。如果急速进兵攻打，一定能够取胜。这是成败的关键时刻，不能错失良机。"

随即，曹操以迅雷不及掩耳之势，扑向徐州，直取小沛。刘备本以为曹操在北方忙于对付袁绍，从未想过他会亲自领兵而来。在毫无防备之下，刘备仓促应战，遭遇大败。刘备见抵挡不住曹操的进攻，便仓皇弃城而逃，经由青州袁谭处投靠袁绍。

刘备逃跑后，曹操擒住了刘备的部将夏侯博，俘虏了刘备的妻子，转而攻打驻守下邳城的关羽，最终将关羽擒获，归降刘备的昌豨等县也相继战败归降。

曹操仅用了一个月时间便夺回徐州，随后他以董昭为徐州牧，自己则快速回军官渡，抵御袁绍。

在曹操攻打刘备的时候，袁绍的谋士田丰曾劝袁绍说："现在同你争夺天下的是曹操。如今曹操亲率大军攻打刘备，必定不会很快结束战斗。我们应该立刻出兵攻击他的背后，如此一战便可定天下。用兵讲究伺机而动，此时正是最好时机。"

然而正如曹操、郭嘉所料，袁绍始终犹豫不决，下不了决心，便以自己的孩子生病为由拒绝出兵。田丰气愤地说："大势已去。如此难得的机会，竟然因为一个婴儿而错失，太可惜了。"袁绍听了田丰的话后，不仅没有醒悟，反而对田丰大为不满，开始逐渐疏远田丰。

曹操采用远交近攻、先弱后强、各个击破的方针，仅仅历经三年的时间，便擒杀吕布、破败袁术、收服张绣、击败刘备、荡平徐州，控制了黄河以南的大片地区，在平定北方的道路上取得巨大成功。但现在，他将要面对的是袁绍倾巢而出的百万雄师。逐鹿中原的大决战一触即发，在敌众我寡的情况之下，曹操是否能够继续笑傲群雄呢？

第十章 ／ 悬崖边上的胜利

大军压境

曹操和袁绍之间十分微妙，在很长一段时间内，都保持着若即若离的关系。当初联盟讨伐董卓时，曹操因袁绍不肯发兵而心生不满，后来，为了剪灭四周强敌又不得不与袁绍联合，甚至不断向其妥协、退让。两人曾是故友，后为盟友，如今则势同水火，矛盾不断。

曹操在奉迎天子之后，为了专心对付其他割据势力，将大将军之位拱手让出，以安抚袁绍。而当时，袁绍也一心扑在与公孙瓒的争斗中，无暇关注曹操的情况。因此，在连续几年的时间里，曹操和袁绍都相安无事。

袁绍与公孙瓒的争斗在连续几年的时间里都处于胶着状态，难分胜负。初平四年（193年），公孙瓒杀死幽州刺史刘虞后，将幽州大片区域揽入旗下。后袁绍联合刘虞旧部以及乌桓、鲜卑等北方少数民族，共同攻打公孙瓒。建安三年（198年），袁绍亲率大军兵临易京，公孙瓒感觉形势危急，派儿子公孙续向黑山军求助，相约以举火为信号，共同夹击袁绍。结果公孙续被袁军截获，袁绍将计就计，如期举火，公孙瓒以为救兵来到，出城夹击，遭到袁军伏击，退守城中。袁绍随即下令深挖地道用火攻城，公孙瓒自知大势已去，缢死儿子后，自己也引火自焚。

至此，袁绍占据冀州、青州、幽州、并州，将黄河以北地区全部控制在自己手中，成了全国势力最强大的武装集团。袁绍占据河北之后，更加横行霸道、目中无人，甚至有了自己当皇帝的想法。此时正值袁术兵败。袁术为求得袁绍庇佑，主动表示要将皇帝的称号以及传国玉玺送给袁绍。袁绍大喜，当即表示愿意接纳袁术，只可惜，袁术还未能行到冀州就被刘备阻截了。

虽然没有得到传国玉玺，但袁绍并未打消做皇帝的念头。他暗中让主簿耿苞四处散布流言，四处对人说："赤德衰尽，袁为黄胤，宜顺天意，以从民心。"中国古代认为朝代更替有"五德始终"之说，即按照五行金木水火土相生相克的顺序来排序。每一个皇帝都会确定自己为某德，以显示自己顺应天意，东汉乃是以火为德。于是袁绍便宣称自己是土德，以此来表示自己即将顺应天意取代东汉。

袁绍令耿苞散布这些谣言，原本是想赢得众人的拥戴，引导众人主动"推举"他做皇帝，但没想到，袁绍的幕僚们却一致认为耿苞妖言惑众，并向袁绍上告了耿苞。袁绍一看，大家都反对这件事情，又想起弟弟袁术众叛亲离的情形，赶紧把耿苞给杀了，以掩盖自己的野心和意图。

称帝不成，袁绍只好又打起了汉献帝的主意。建安四年（199年）初，袁绍决定率十余万精锐进军许都，攻打曹操，抢夺献帝。袁绍以审配、逢纪统军事，田丰、荀谌、许攸为谋士，颜良、文丑为将帅，点选精兵十万，战马万匹，挥军南下进攻许都。

袁绍此举引起了帐下众谋士的争议，田丰和沮授都对此表示反对，尤其是田丰，反对得非常坚决。田丰对袁绍说："将军，您近年来一直兴兵和公孙瓒争斗，百姓和军士都已经非常疲惫了，粮库也十分空虚。这个时候，恢复生产，休养生息才是最重要的。而在我们休养生息，壮大实力的同时，还可以派出几股部队打游击，从不同的方向去骚扰曹军。曹军一旦救援东边，我们就打西边，曹军转过头来救援西边，我们再打东边。这样一来，我们在休养中会越来越强大，而曹军在疲于奔命中便越来越削弱，不出三年，曹军就不攻自破了！现在将军您贸然地就集结十万大军倾巢而出，这要是打败了，那可怎么办啊？"

袁绍一听，脸顿时就沉下来了。我们知道，袁绍这个人向来好大喜功，自视甚高，况且现在他的军力胜于曹操数倍，怎么听得别人说他会失败呢？

这个时候，袁绍的另外两个谋士审配和郭图站出来了，反驳田丰道："兵书上说，兵力十倍于敌人，便能围攻他们；兵力五倍于敌人，则可以攻打他们；若是兵力相当，那也可以与他们力战一场。现在，我军兵力就相当于曹军的十倍之多，要打他还不是易如反掌吗？何必浪费时间去搞那些小动作？袁公英明神武，在袁公的指挥下，我军必定是无往不利、攻无不克的，因此，现在攻打曹操就是最好的时机！"

这话说到袁绍心坎里了，袁绍爱听，同时他也确实是这么认为的。曹操算是个什么东西？怎么与英明神武、出身贵胄的他相比呢！

见袁绍沾沾自喜，沮授急了，赶紧站出来说道："平乱除暴的是义兵，恃强凌弱的那是骄兵。自古以来，义兵所向无敌，但骄兵却注定失败灭亡。现在，天子在曹操手上，在许都，我们举兵去攻打他就是违背道义，师出无名，在政治立场上站不住脚。况且打仗的胜败最终不是取决于强弱，而是取决于策略的。曹操和公孙瓒不一样，对付他，必须要采取稳妥的方法才行。"

郭图和审配这两个人又跳出来了，针锋相对地说道："想当年武王伐纣，那是正义，如今我们讨伐曹操，同样也是正义！况且我军现在兵多将广，人人勇猛善战，正是谋定大业的时候。监军你只求稳妥，但是却没有审时度势，不懂得随机应变、抓住时机啊！"

在郭图和审配等人的吹捧下，袁绍越发自鸣得意，根本听不进田丰和沮授等人的建议，一意孤行要打曹操。田丰这个人非常刚直，见袁绍听不进劝谏，拼了命地阻止袁绍，坚持不肯让袁绍出兵。袁绍勃然大怒，当即就以扰乱军心，败坏军纪的罪名把田丰下了大牢，并愤怒地斥责田丰道："待我大胜归来之时，看你还有何脸面来见我！"

田丰下狱之后，郭图等人又趁机在背后对袁绍说："沮授势力太大了，三军将士都畏惧他，这样下去，袁公你将来还怎么控制他啊！黄石公曾在《三略》中告诫说，主上如果不能驯服臣下，让他服从，那么就会自取灭亡啊。"袁绍一听，加之此前沮授在"大会"上还反对自己，顿时气不打一处来，立即就下令把原本沮授所统领的军队给分成了三支，沮授留下一支，剩下两支分别给了郭图和淳于琼进行统领。

建安五年（200年）正月，袁绍正式发布讨伐曹操的檄文，指控曹操"狼子野心"，"孤弱汉室"，并在文中大骂曹操是"赘阉遗丑"，即阉人的后代，同时还痛斥曹操之父曹嵩乃是"乞丐携养"的。此篇檄文出自著名文人陈琳之手，整篇文章虽不乏恶语谩骂，但着实写得气势逼人，文采斐然。檄文发出后，袁绍率军倾巢而出，直指许都。

面对强大的袁绍军团，曹军上下一度陷入恐慌之中，后在郭嘉"十胜十败论"的激励下，曹操方才重拾信心，军中士气也得以振奋。

当时，被献帝征召为少府的孔融却不看好曹操，他说道："袁绍地广兵多，有田丰、许攸等智士为其出谋划策，审配、逢纪这样的忠诚之士为他处理军政事务，颜良、文丑这样的勇将为他带兵打仗。我们同他较量，恐怕是很难取胜的。"

荀彧对孔融的看法很不认同，反驳他说："袁绍虽然兵多，但法纪不严明。田丰虽然有智谋，但个性刚强，和袁绍常有摩擦；许攸贪得无厌，不识大体；审配专断独行，没有谋略；逢纪心胸狭窄，骄傲自大。这几个人凑在一起，必然不能相容。至于颜良、文丑则毫无智谋，不过是匹夫之勇，一战便可擒获。"

荀彧一言便点破了袁绍手下人的弱点，使得孔融无言以对。

尽管曹军增强了战胜信心，但袁绍大军压境，曹军阵营中不免弥漫着紧张的气氛，一场实力悬殊的大战眼看就要拉开帷幕。

筹谋

早在袁绍大军出动之前，曹操就已经开始积极谋划，布置防守，为将来抵御袁绍大军做准备了。

建安四年（199 年）二月，曹操攻打吕布之际，大司马张杨因与吕布交好，本打算陈兵东市来声援吕布，不想却被部将杨丑所杀。张杨的另一个部将眭固为给张杨报仇，击杀杨丑后率众归降了袁绍，屯驻在射犬一带。射犬是黄河北岸的一个战略要地，虽然地方不大，但十分具有战略意义。

四月，曹操派遣史涣、曹仁以及徐晃等人率兵攻打眭固，意图夺取射犬。

眭固见曹军声势浩大，自知不敌，留下长史薛洪及河内太守缪尚等人留守后，便率军前往冀州向袁绍求救。但还没到冀州，在半路上便被曹军截杀了。随后，缪尚等人见已无胜算，很快就投降了曹操。射犬由此成了曹操在黄河以北的一个战略据点。

此后，曹操打败袁术，将自己的势力进一步扩张到了扬州一带。

八月，曹操进军黎阳。黎阳距离袁绍盘踞的邺城非常近，曹操占据黎阳之后，便能够与射犬连成一线，防御袁军。之后，曹操又派臧霸向青州进兵，攻下了齐以及北海等地，安排将领镇守敖仓，并修筑防线，避免袁绍从侧面发动进攻。

九月，曹操回师许都，在官渡一带布防，使其成了阻挡袁军进攻的重要阵地。

十一月，曹操成功争取到张绣，免除一个后顾之忧的同时使自己势力得到增长。

另外，曹操以治书侍御史卫觊镇守安抚关中，司隶校尉钟繇镇守弘农，以加强对关中的控制；并趁机拉拢凉州牧韦端，争取陇右诸将，以解除后顾之忧。

在汝南方面，曹操安排满宠为太守。汝南是袁绍的故乡，故吏宾客甚多，袁家在此影响深远。因此，在袁绍的号召下，各郡县名士纷纷拥兵独立。满宠到此之后，不辱使命，立即招募了部队与拥立袁绍的官员对抗。

荆州方面，曹操积极与刘表讲和，荀彧则以黄金和官位收买荆州少壮派官员。当刘表派属下韩嵩到许都了解情况时，曹操更是提拔其为侍中、零陵太守。韩嵩回到荆州之后，劝说刘表送其子到许都作为人质。刘表怀疑韩嵩对自己不忠，将其囚禁。但也因此坚定了保守江汉，坐观天下变化的立场，保持中立。

此时，占据江东的孙策正在忙着兼并土地，扩张势力，无暇顾及中原形势。曹操派裨将军李通、汝南太守满宠等驻军汝南，防备孙策来袭。

在许都以北的黄河南岸，曹操选派大将军于禁驻守延津（今河南新乡东南的渡口），东郡太守遏制东南部的白马（今河南滑县东），又派程昱驻守白马东面的鄄城。由此形成了一道防线，与北岸的黎阳隔江相望。

决战前的筹谋与较量，体现了征战双方的决心和谋略，某种程度上预示了对抗的胜败。

建安五年（200年）正月，袁绍发布讨曹檄文，曹操见文，大为震惊，同时对陈琳的文采十分欣赏，不禁对左右侍从叹息道："有文事者，还需以武略济之，陈琳文事虽佳，怎奈袁绍的武略不足以配合！"文章与武功应该是相辅相成的，陈琳的文采非常好，可惜袁绍却没有相应的武略进行配合啊！

二月，袁绍十万大军浩浩荡荡地开向黎阳，打算将这里作为前线指挥部，与曹操决一雌雄，战争随时一触即发。

初战小胜

袁绍大军压境后首先逼近黎阳，曹操自知不敌，随即撤军退守，袁军得以顺利入驻黎阳。进入黎阳之后，袁绍立即派遣郭图、淳于琼以及颜良等人率领兵马抢渡黄河，攻打白马。

沮授见袁绍以颜良为主将，感到非常担心，劝谏袁绍说："颜良这个人性情急躁，沉不住气，虽然非常勇猛，但实在不能胜任主将之职啊。"

袁绍此时已经对沮授不满意了，因此对他的建议置若罔闻。

颜良到达白马之后，立即对曹军发起猛烈攻击。当时驻守白马的是东郡太守刘延，刘延手下仅有三千余兵马，根本无法和袁军抗衡，打了没多久就扛不住了，于是刘延赶紧派人向曹操告急。这个时候，曹军上下一共也就只有三四万人马，早已经分派到各个战略要点进行防守了，哪还有多余的兵力支援啊。曹操无奈，只得下令让刘延继续再坚持一阵。颜良大军围困白马一个多月，虽然没有破城，但频繁的攻城已经让曹军损失严重，难以抗衡了。

　　到了四月间，曹操见袁绍没有大举南渡的迹象，便决定领兵救援白马。这时，荀攸向曹操献计说：“现在我军兵力少，面对强敌，正面交锋恐怕很难取胜，应该设法分散袁军的兵力。所以曹公你不要去打白马，而是去打延津，声东击西，假装要包抄袁绍后方，这样一来，袁绍必定会上当，分兵进行阻截。这时再派轻骑突袭白马，必然能够将颜良擒获。”

　　曹操听罢，非常高兴，认为荀攸的计策非常高明，于是便依计假意攻打延津，袁绍果然中计。曹操马上派遣了一队轻骑直趋白马，领兵的人正是关羽。

　　此前说过，曹操在荡平徐州的时候把关羽和刘备的家眷都给抓了，曹操向来爱才，因此对关羽非常好，希望关羽能留在他的帐下效力。此时，刘备已经不知去向，关羽又是个有恩必报的人，于是就决定，要为曹操立下汗马功劳，以报答曹操对他的恩惠，之后再离开曹营去找寻刘备。

　　袁绍分兵截击曹军的时候，以关羽等为先锋的轻骑部队已经快要抵达白马，颜良只顾攻城，对身后的危险却浑然不觉。关羽决定在此时报答曹操对自己的恩情，于是一马当先，冲入战场，颜良甚至还没有反应过来，就被关羽手执大刀，立斩马下！袁军被关羽的气势震慑，一时之间没有人敢上前与关羽相抗。此时轻骑部队的另一先锋张辽趁势率领部队纵马冲杀，袁军纷纷溃散奔逃。

虽然曹操顺利解了白马之围，但他也非常清楚，袁绍绝不会善罢甘休，一旦袁军卷土重来，白马必定沦陷。加之袁绍这个人是非常小气并且记仇的，白马一旦沦陷，他一定会进行屠城，拿老百姓来出气。权衡之下，曹操决定将军队撤出，把白马让给袁绍，同时把白马的老百姓全部带上，向西沿黄河迁往延津。

袁绍围攻白马失败，并损失了一员大将，顿时分时恼火，随即下令大军渡河追击曹军。这时，沮授又劝阻说："战场之上，局势变化万千，将军你应该考虑清楚再行动。我认为，现在最好还是将军队驻扎在延津渡口北岸，同时分兵攻打官渡，等官渡攻下了，将军你再去追击曹军也不晚啊。"

但袁绍还是听不进去沮授的意见，一心只想着要报仇。看着袁绍一意孤行率领大军渡河的时候，沮授不禁叹息道："主上骄傲固执，下属贪功图名，将士们是否还能再渡过这滚滚的黄河水回到故乡啊！"

此时，沮授对袁绍已经非常失望了，多次推说身体抱恙想要请辞，但袁绍始终不准，并开始记恨沮授，将他的军队全部交给了郭图指挥。

渡过黄河之后，袁绍派大将文丑和刘备一起，率领五六千骑兵追击曹操。当时，曹操因带领百姓一同由白马撤退，行军速度自然缓慢，没多久就被文丑和刘备大军赶上了。

此时，曹操率领的骑兵不过五六百人，完全无法与文丑和刘备大军相抗衡。曹操登高望远，只见敌军越来越多，将士们都慌乱起来。曹操沉思片刻，随即下令让骑兵解鞍放马，将随军辎重全部散放在路旁。诸将都不理解曹操的用意，着急地说道："敌人已经来到跟前了，我们不是应该整军以待吗？还有那些粮草辎重，那都是我们辛辛苦苦从白马运来的，至少要赶紧将它们送到军营去吧？"

这时，荀攸站了出来，对众人说道："你们还不明白曹公的意思吗，这些辎重是用来作诱饵擒拿敌人的，怎么能送走啊？赶紧都扔到路边！"

袁军赶到后，见一地都是值钱的东西，顿时大喜，都以为曹军闻风而逃了，纷纷下马抢夺辎重。就在这个时候，曹操一声令下，数百精锐从两旁的高坡俯冲而下，势如破竹，将袁军打得落花流水。

文丑在混战之中被曹军一名大将斩杀，斩杀文丑的人是谁，正史之中没有记载，有人说是关羽，也有人认为是徐晃。

刘备一见文丑死了，赶紧掉头就跑，率领残兵败将逃之夭夭，这才幸免于难。

在袁绍大军压境之初，还发生过这样一个小插曲。在袁绍大军进驻黎阳，准备移渡黄河的时候，程昱正奉命镇守鄄城，当时程昱手下只有七百士兵，曹操得知后便打算给程昱增加两千人马，以免袁绍大军来攻时疲于应付。程昱却拒绝了曹操的增兵，并对他说道："袁绍拥有十万大军，自认为所向披靡，见我兵力少，必定不会把我放在眼里，这样我和鄄城才都安全。如果将军你给我增了兵，袁绍一见我兵力变强，反而会来攻打我，这样一来，鄄城就守不住了！所以，将军你就放心吧，把兵力集中在关键的地方。"

在程昱的坚持下，曹操放弃了增兵的策略。此后，果然如程昱所说，袁绍根本没有把鄄城放在眼里，渡河后便直奔白马了。曹操对程昱的智谋和胆识大为折服，后曾对贾诩赞叹说："程昱的胆量已经超过孟贲和夏育（战国时期的著名勇士）了！"

在与袁军对战于白马、延津之际，曹操同时派遣大将于禁率部分军队在袁军侧翼进行骚扰，以此来牵制袁军主力。

三月底，袁绍曾亲自率军渡过黄河，攻打于禁安扎于延津一带的防守营寨。于禁立即向曹操报告情况，曹操当即派遣以勇猛见长的乐进率领五千精锐支援，并授令于禁全权调度。

于禁与乐进决定主动出击，率领步骑五千，从延津西北面渡过黄河，到汲县（今河南新乡东北）、获嘉（新乡西）一带，袭击袁绍别营，烧掉堡垒三十多座，斩杀敌人各数千，并迫使袁绍部下何茂、王摩等二十多人投降。于禁等人的进攻从侧翼有效地牵制了袁军主力，配合曹操完成了正面战场的战斗。后于禁因立下战功，被升为裨将军。

白马、延津两次战斗，是官渡决战的前哨战。在战斗中，曹操机智果断，采用声东击西、引诱敌人、出奇制胜的战略，取得了初战的胜利。特别是诛杀了颜良和文丑两员大将，打击了袁军的气势，鼓舞了曹军的士气，使得袁军大为震恐。

困境

曹操在白马、延津首战告捷后并未沾沾自喜，他非常清楚，曹军与袁军的实力相差悬殊，他根本就不是袁绍的对手。因此，即便是赢了，白马、延津也不能守，何况也守不住。于是，曹操决定退让一步，诱敌深入，撤退到官渡一带进行布防，将官渡变成主战场。

而袁绍连败两仗，并接连折损两员大将，早已急火攻心，不顾谋士苦苦劝阻，率领大军对曹操紧追不舍，步步紧逼，迫不及待地想将曹操置于死地。

七月底，袁绍大军一路急行，深入敌境一百多公里，在官渡西北十里处的阳武（今河南原阳东南）驻扎。

曹操退守官渡的决定是非常明智的，官渡离曹操的大本营许都比较近，而离袁绍的大本营邺城比较远，选择这里作为主战场，无形中就拉长了袁绍的补给线，这对曹军来说是比较有利的。

但袁绍不懂曹操的策略，在袁绍看来，曹操虽然打了胜仗，但却不敢驻守城池，反而撤退了，这说明曹操惧怕自己。袁军是非常厉害、所向披靡的，否则怎么打了败仗都能吓跑敌人，占领城池呢？因此，袁绍更加骄傲自满，在驻扎阳武之后，便决定立即攻打曹操，与其决一死战。

这个时候，沮授又赶紧跑来找袁绍了，沮授对袁绍说："我军虽然兵多将广，但却不如曹军果敢勇猛，而曹军在粮食和物资方面则不如我们充裕。因此，速战速决对曹军来说是比较有利的，我军应该采取打持久战的策略，一点点拖垮曹军，让他们不攻自破。"

袁绍这个时候已经非常讨厌沮授了，一听到他又是来反对自己的，哪还有心思听他说，于是又一次拒绝了沮授的提议。

八月间，袁绍军队向南逼近官渡，紧傍沙滩安营扎寨，浩浩荡荡的营帐绵延数十华里。曹操军队也紧锣密鼓地在两翼展开，构筑阵地，双方积极进行决战的准备。

期间，双方进行了数次试探性的攻击，发生了几次小规模的摩擦，但双方都没有取得成功。两军就这样你来我往地对峙了一个多月，战事却毫无进展。

袁绍虽然粮食丰裕，但十万大军在官渡安营扎寨之后，由于后方补给线拉长，给粮食供给增加了很多困难。

曹操得知情况后，决定从粮草方面下手来夺取主动权。这时荀攸向曹操建议："袁绍的运粮车队早晚都会来，押运的将领是韩猛。这个人虽然作战勇猛，但却容易轻敌，可以派人前去截击，一定会取得成功。"

曹操和荀攸商量后，决定令徐晃和史涣前去截击韩猛的运粮车队。徐晃和史涣领兵埋伏在官渡附近，当袁绍的数千粮车如期而至时，众人突然从道路两旁冲出，将粮草全部焚毁。此次袭击对袁军造成了严重打击，但同时，随着军中粮草的不足，曹军也逐渐陷入了困境之中。

就在这个时候，原来投降曹操的汝南黄巾军首领刘辟突然叛变，使曹操的状况更加雪上加霜。

刘辟叛变后领兵在许都附近徘徊，不断地骚扰曹军，与袁绍遥相呼应。同时，袁绍派遣刘备前往汝南地区，攻下濦强，刘备的行动得到了汝南地区众多郡县的响应。一时之间，曹军在汝南陷入了不利的境地之中。

这时，曹仁向曹操进言道："汝南的百姓官吏都认为我们大军正在官渡与袁绍对峙，无法及时救援，加上刘备又兵临城下，所以才背叛我们。这是合乎情理的。不过，刘备刚刚统领袁绍的军队，还未得心应手。我们马上攻打，一定可以击败他。"

曹操立刻派曹仁率领骑兵前去攻打刘备，果然获得胜利。刘备败走，逃回袁绍大营。刘辟的营寨也被曹仁攻破，原本叛离曹操的一些县也逐渐归附。

刘备回到袁绍大营之后，发现袁绍内部离心离德，而袁绍对自己也并非诚心以待，于是产生了离开的念头。正在这时，汝南另一支黄巾军的降将龚都也起兵反叛曹操，刘备趁机请缨，要求带兵去与龚都会合，打算借此机会离开袁绍。

刘备与龚都会合后兵力达到数千人，虽尚不足以攻破许都，但也在曹操后方造成了一定威胁。

粮食不足，后院起火，士兵疲惫，种种不利条件使得曹操开始有了撤兵的念头。为此，曹操给留守许都的荀彧写了一封信，将自己的苦况一一告知。

荀彧回信说："袁绍把全部主力集中在官渡，要与曹公决一胜负。即便曹公此时退兵，袁绍也不会就此作罢。这是关系全局成败的关键时刻，如今军中粮食虽然短缺，但是还没有楚汉在荥阳、成皋相持那样的紧张。那时，刘邦项羽谁也不肯先退，就是因为先退者就要屈居劣势。曹公以十分之一的兵众，划定地域，坚壁固守，扼住了袁绍的咽喉，使得他寸步不敢前进，如此已经半年有余。眼看袁军已经势竭力尽，情况必然会有大的变化。这正是用奇谋战胜敌人的好机会，万万不能放弃啊！"

曹操见信后很受鼓舞，重拾了与袁绍对抗到底的决心。

慎重起见，曹操又征询了贾诩的意见，贾诩说："曹公的贤明胜过袁绍，武勇胜过袁绍，用人还是胜过袁绍，决断军机也胜过袁绍。有这四个方面的优势，却用了半年的时间还没平定袁绍，这是为什么呢？原因就在于曹公你总想把事情做得万无一失。所以，这个时候，不要顾虑太多，只要下定决心，必然能获得最终胜利。"

于是，曹操决定继续坚守，等待机会将袁军一举击溃。

火烧乌巢

十月，袁绍重新筹集了大量粮食，由一万人护送，集中囤积于袁绍大营以北四十里的故市和乌巢，并派大将淳于琼领兵保护。

沮授知道袁绍的安排后，忙向袁绍建议说："将军你应该加强对屯粮地的保护，可以派大将军蒋奇驻守淳于琼的外侧，互为犄角，以防备曹军抢夺和破坏。"可是，袁绍并没有接受上次粮车被烧的教训，又一次拒绝了沮授的建议。

这个时候，袁绍的另一个谋士许攸向袁绍建议派兵去袭击许都。许攸认为，曹军的军队人数非常少，为了对抗袁军，几乎集结了所有兵力。因此，现在许都势必空虚，兵力薄弱，只要攻破了许都，天子就落到袁军手中了。这样一来，袁军便能奉天子来征讨曹操，胜利也就指日可待了。即便最终拿不下许都，也能让曹操首尾难顾，疲于奔命，最后还是能将他打败。

许攸这一招偷袭许都的计策，确实比较高明。这也正是曹操一直担心的。但是袁绍自恃军力强盛，对许攸的建议根本听不进去。他傲慢地对许攸说："何必这么麻烦啊，我等在这里一样能捉住曹操。"

被袁绍拒绝之后，许攸非常不高兴，就在这个时候，后方传来消息，说许攸的家属在邺城犯了法，被留守的审配关进了大牢。许攸非常愤怒，原本自己在袁绍军中就一直遭到郭图等人的打压而不受重用，现在自己家人犯了点小事情，还被关押了，实在是不能忍受！许攸一气之下离开了袁绍大营，当夜便前往曹营去投靠曹操了。

曹操和许攸以前交情不错，一听说许攸来投靠，非常高兴，连鞋子都来不及穿就赤脚跑出去迎接许攸。曹操一见到许攸，忙走上前去，抚着手掌大笑道："子远（许攸字子远）啊，你来了，我的大事也就能成功了啊！"

曹操把许攸请到了营帐里，许攸坐下后便问道："曹公，袁绍兵力是很强的，你打算如何来应付啊？你军中粮草还剩余多少啊？"

曹操此刻并不知道许攸是不是真心来投靠自己的，对他依然存有戒心，便装出一副自信满满的样子说道："我的军粮很充足，足够支撑一年啦！"

许攸听后大笑："恐怕不是这样，你就实话实说吧。"

曹操又说："还可以支持半年。"

许攸见曹操还是不说实话，便不高兴地说："难道你不想打败袁绍了吗，为什么不说实话呢？"

曹操见瞒不过许攸，思考了一下，说道："我先前是跟你开玩笑。其实军中只有一个月的粮食了，你说我该怎么办呢？"

许攸见曹操已经信任自己，便向曹操详细地介绍了袁军的情况，并建议曹操说："现在曹公你是孤军独守，既无外援，粮食又将用尽，情况已经是很危急了。如今袁绍有一万多车粮食和辎重都囤积在故市和乌巢，守备并不严密，可以派一队轻骑前去突袭，出其不意，将这些粮草全部烧掉，不出三天，袁绍的军队自然就会溃散。"

曹操一听，大喜过望，许攸此计正是自己所需要的"奇兵制胜"啊！曹操立即派曹洪、荀攸镇守大营，自己则亲自率领精锐步骑五千人前往乌巢突袭。

对于许攸投降献计的行为，曹操的很多将领都表示怀疑，认为许攸可能是诈降。但是荀攸和贾诩却非常信任许攸，在两大谋士的支持下，曹操这才下定决心兵行险招。

当夜，曹操率领军队换上袁军的衣服，打着袁军的旗号，每人背负一小捆干柴前往乌巢。为了避免发出声响，将士每人口中都含着一根木棍，马嘴也用绳子缠住。

在途中曹军遇到袁军的巡查，便回答："袁将军怕曹操从侧面偷袭我军粮食，特意派我们加强防守。"袁军麻痹大意，没有任何怀疑。就这样，曹操一队人马顺利抵达乌巢。

曹操到达乌巢后，立刻命令将士们放火焚烧粮囤，袁军见四处起火，不知虚实，顿时大乱。此时，曹操再一声令下，众将士拼死奋战，喊声震天。淳于琼大惊失色，不知究竟来了多少敌人，急忙退守军营，派人向袁绍求援。

袁绍接到乌巢告急的消息后，并没有马上出兵前去援救，而是召开了个大会，让各将领谋士都出出主意。

张郃是袁绍帐下一员猛将，有勇有谋，一听乌巢出事，立即站出来对袁绍说道："袁公，乌巢可是我们的粮仓所在地啊！曹操率领精锐去攻打，淳于琼必然抵挡不住，赶紧出兵救援吧，还有什么可商讨啊！"

结果郭图又跳出来了，郭图说道："恭喜袁公，我们的机会来了！曹操率领精锐去打乌巢，那我们就立刻派重兵去打官渡！官渡是曹操的大本营啊，一旦官渡打下来了，那曹操就无家可归了啊，这样一来，胜利就是属于我们的！"

袁绍认为郭图的计策非常巧妙，于是当即就下令，让张郃、高览等将领率领重兵趁机攻打官渡，乌巢方面则只派出了一支轻兵前去救援。

张郃一听，赶紧反对说："袁公这样不行啊！官渡是曹操的大本营，防守坚固，我们打了这么久都没能打下来，这一时半会儿又怎么可能拿下呢？还是赶紧去救乌巢吧。"

不等袁绍发话，郭图便胸有成竹地笑道："我们攻打曹操的大本营。曹操还不赶紧回防，这样一来，乌巢之围不就自然解除了吗？"

最终，袁绍依然听从了郭图的建议。

果然如张郃所料，曹操大本营防守坚固，袁军一时攻打不下来。而曹操得知大本营被攻打的消息后，也并无撤兵援救之意，依然坚决地攻打乌巢。

此时，袁绍救援的军队已经赶到。曹操左右向他报告说："敌人的骑兵已经越来越近了，将军你赶快分兵迎击啊。"曹操则不慌不忙地答道："慌什么，等敌人到我的身后再报告。"说完，继续指挥军队战斗。

曹军士气高昂，拼死战斗，很快就攻破了淳于琼大营。淳于琼受伤躲藏起来，袁绍部将韩吕子、吕威璜等人全部被斩杀。后来，淳于琼也被曹军抓获，本来曹操念在当年同为西园军八校尉的情谊上，想放过他，但在许攸的劝谏下，最终将其斩首。

前来救援的袁军战斗力本就不强，如今看到乌巢被攻破，全都无心再与曹军交战，纷纷溃逃而去。

乌巢被破，粮草被毁，袁军上下一片大乱，斗志全无。郭图得知此计策失败之后非常紧张，害怕袁绍追究他的责任，于是郭图决定先下手为强，跑到袁绍那里先把张郃给告了。郭图对袁绍说："张郃听说乌巢丢了，非常高兴，幸灾乐祸地到处跟别人说，当时就该听他的，他才是正确的！"

袁绍极其爱面子，一听郭图这么说，顿时大怒，甚至对张郃起了疑心，寻思着，官渡攻不破，不会是这小子从中捣乱吧！

张郃听说了这个消息，心中非常苦闷，眼看袁军大势已去，官渡是攻不下了，后方郭图又不断进谗，恐怕袁绍也容不得自己了。经过一番思量之后，张郃把高览找来了，两人一商量，决定把军中战车武器全部烧毁，然后向曹操投降。

此时，曹操正在领兵从乌巢回来的路上，军师荀攸和大将曹洪负责镇守官渡。见张郃等人来降，曹洪犹豫了一下，问荀攸说："这……他们到底是真的投降呢，还是诈降啊？"

荀攸答道："赶紧打开城门，绝对是真投降！"

城门大开，张郃等人进入曹营。

曹操回来之后，得知张郃来降，十分高兴，激动地拉着张郃的手说道："过去伍子胥辅佐吴王夫差，不知早些醒悟，使自己身陷险境。怎比得上微子离开商纣，韩信归附高祖呢？将军你就好比是我的韩信啊！"

随后，曹操任命张郃为偏将军，封都亭侯。

刘备离去，许攸叛逃，张郃反水，乌巢粮仓也被毁，袁绍大军败局已定。曹操按照贾诩的建议，立刻集中兵力攻打袁军，此时，袁绍集团已经军心大乱，不堪一击，没打上几个回合便四处逃散，溃不成军。袁绍赶紧带着长子袁谭翻身上马，掉头就跑，这才侥幸逃脱。

谋士沮授落入曹操手中，曹操认为沮授很有才能，希望他能投靠自己。曹操对沮授说："袁本初（袁绍字本初）没有谋略，不采取你的计策，如今天下尚未平定，正是我们共商大计的时机。"

沮授却推托道："我父母兄弟都在冀州，性命都握在袁绍手中，希望曹公能够谅解，还是让我早点死吧。"

曹操无奈，叹息道："要是我早日得到此人，平定天下还有什么可以忧虑的。"

最终，因沮授不肯归降，曹操只得下令将其斩杀。

袁绍大军溃败后，曹操接收了所有袁绍军中的辎重之物。据记载，当曹操走进袁绍大帐的时候，竟发现袁绍的帐中摆满了大量的图书和珍宝古玩，曹操顿时哭笑不得，这袁本初还真是个爱摆谱的人啊！只可惜，这些东西最终都拿来"孝敬"曹操了。

在清理袁绍军中留下的重要文件时，曹操发现了一批信件，其中有很大部分都是曹操手下的军士写给袁绍的。曹操左右亲信的部将都十分愤怒，认为这些人暗中勾结袁绍，背叛主上，其罪当诛，必须严加彻查。但曹操却说道："当袁绍强盛的时候，我都难以自保，产生了退却的心意，何况是他们。"随即，曹操令人将信件全部收集起来，当着全军将士的面，一把火全部焚毁，表示既往不咎。

当袁绍兵败，向北逃窜时，有人对被关在狱中的田丰说："你曾经劝阻袁绍南征，现在证明你的见解是正确的，袁绍回来之后，肯定会重用你的。"但田丰却摇头叹息道："袁绍表面对人宽和，内心却气量狭小。如果他能得胜而归，欢喜之余，或许还能饶我一命。现在大军战败，又气又恼，内心会更加记恨我，这次我必死无疑了。"

果然，袁绍回到邺城之后，便将田丰杀死了。

官渡之战后，袁绍与曹操双方之间的力量发生了逆转，曹操以两万左右的兵力，出奇制胜，击破袁绍十万大军，自此北方再也无人能和曹操抗衡。至此，曹操已经达到了事业的顶峰，统一北方的大业已是胜利在望。

第四篇／南征北战

第十一章 ／ 河北多义士

坐收渔翁之利

官渡之战，曹操兵行险招，大获全胜，使得不可一世的袁绍落荒而逃，曹操成为继袁绍之后的又一位北方霸主。

当时，曹操的强敌除了荆州刘表之外，还有占据江东的孙权。孙权是江东小霸王孙策的弟弟，孙策被吴郡太守许贡的门客刺杀身亡后，孙权便继位成了江东之主。

官渡之战后，袁绍大势已去，曹操分析当前形势后，决定趁孙权初立，根基未稳之时进兵江东。这时，原为孙策官员现已投奔曹操的侍御史张纮劝阻曹操说："趁着别人办理丧事的时候出兵讨伐，这是违背道义的事情。况且如果进攻不利，反而为自己树立了强大的敌人。曹公你不如趁这个机会拉拢孙权，让他为自己所用。"

曹操认为张纮的建议很有道理，便接受了他的建议，随即向献帝上表，推荐孙权任讨虏将军之职，兼会稽太守，并派遣张纮前往江都，劝说孙权归降。

建安六年（201年）春天，曹操率领军队集中在兖州东平进行休整。这时，曹操又将征讨的视线放在了长期与袁绍结盟的荆州刘表身上。但曹操的想法却遭到了荀彧的反对，荀彧说："袁绍刚刚被打败，部众离心离德，在这个时候，我们应该集中力量，彻底将他歼灭。如果曹公此时远征刘表，无疑给了袁绍集团喘息的时间，让袁绍有了卷土重来的机会。对我军必定会造成严重威胁。"

曹操听了荀彧的建议后，才打消了南征刘表的念头。随后，曹操决定进军河北，克平四州，彻底消灭袁绍势力。

同年四月，袁绍在仓亭（古黄河渡口，今山东阳谷北）集结兵力，曹操立刻整军进攻仓亭。袁绍军队此时根本无心迎战，很快就被曹操击败，袁绍只得逃回邺城。

九月，曹操回到许都。之后，他亲自领兵南征汝南的刘备和龚都。刘备自知不是曹操的对手，便偕关羽、张飞、赵云等人，率领少数人马前往荆州投靠刘表，龚都不愿与之同往，二人各自逃散。曹操轻而易举地扫除了汝南之患。

随后，曹操率军进驻官渡，为进一步扫平袁绍残余势力做准备。

建安七年（202年）五月，袁绍积郁成疾，吐血而死，袁绍集团失去了统帅。随后，袁绍的三子袁尚成了袁绍的继承人，自任冀州牧，控制邺城。长子袁谭为青州刺史，控制临淄。中子袁熙仍为幽州牧，坐镇蓟城（今北京西南）；外甥高干继续任并州刺史，辖制晋阳（今山西太原西南）。

此时，袁氏集团在河北的势力依然十分强大，但集团内部之间却是矛盾重重，兄弟之间的争斗越演越烈。尤其是长子袁谭与三子袁尚，为争夺继承权数次大打出手。

袁绍有三个儿子，长子袁谭、次子袁熙以及幼子袁尚。在三个儿子中，袁绍最偏爱小儿子袁尚，因为袁尚是他非常宠爱的后妻刘氏所生的孩子，并且在三兄弟中，是长得最好看的。于是，袁绍便想要把袁尚培养成自己的接班人。但按照一般正常的伦理来说，长子袁谭没有犯下什么大过错，理应由他来做接班人。所以袁绍虽然心中有"废长立幼"的想法，但也迟迟不好表态。

后来，袁绍想了一个办法，他先把长子袁谭过继给了亡兄袁基做继子，并派遣他镇守青州，任青州刺史之职。然后又把次子袁熙派去镇守幽州，外甥高干派去并州，小儿子袁尚则留在冀州。袁绍对外宣称，这么做只是为了考察几个儿子的才能，让他们每人各辖一州，公平公正。表面上看确实如此，但实际上，袁绍此举正是为培养袁尚继位在做准备。

谋士沮授反对袁绍的做法，对他说道："袁公你不能这样做。俗话说'一兔走衢，万人逐之；一人获之，贪者悉止'，你将一只兔子放到十字路口，必然会引起众人的哄抢，但如果只有一个人得到了这只兔子，那么其他人也就不会再争抢了。你如今的做法与将兔子放在十字路口有什么差别呢？这样做日后必将引起祸端啊！"但袁绍不听他的。

最后事情果然如沮授所料，袁绍一死，争夺继承权的斗争立即白热化。

辛评、郭图等众人都认为袁谭为长子应为继承人。但审配、逢纪等人与辛评等人不和，害怕袁谭继位之后，自己会遭到辛评等人的陷害。于是，审配、逢纪立即联合袁尚之母刘氏，假托袁绍遗命，尊立袁尚为嗣。袁谭对此十分不满，但大局已定，只能勉强接受了现实。此后两人的矛盾并没有就此完结，而是变得越来越尖锐。

袁尚继位后，派袁谭领兵镇守黎阳，抵御曹军进攻。但袁尚并不信任袁谭，害怕他造反，因此给他的兵力很少，并派逢纪做监军，名义上协助军事，实际上则是监视其行动。曹操大军压境，袁谭非常害怕，屡次请求袁尚增派军队，但却遭到了逢纪和审配等人的阻挠，袁谭一怒之下斩杀逢纪，兄弟二人之间的矛盾越发尖锐。

同年九月，曹操率军进攻袁谭，袁谭不敌，再次向袁尚告急。此时，袁尚一方面担心黎阳失守，想派兵进行增援，另一方面却又担心袁谭反叛，吞并他的军队。几经犹豫之后，袁尚决定留审配坐镇邺城，自己亲率大军支援袁谭。

袁尚与袁谭在黎阳城外多次与曹操交手，但屡次战败，只得退回城中坚守。曹操命令大军将黎阳团团围住，一时也难以攻下。

在此期间，袁尚派河东太守郭援与并州刺史高干暗中联络驻军在平阳（今山西临汾西南）的匈奴单于呼厨泉，约定共同发兵进攻河东。同时，郭援还积极联络关中诸将，马腾等人同意暗中配合行动。

得知郭援的行动后，曹操立即将钟繇派往河东。钟繇到河东之后，一方面积极出兵抵抗呼厨泉，一方面派张既到马腾处游说，陈述利害关系。马腾深知曹操势力强盛，遂改变了态度，派长子马超率领一万精兵支援钟繇。郭援大败，被马超的部将庞德斩杀于汾水。呼厨泉见大事不好，便向钟繇投降。

建安八年（203 年）二月，在曹操猛烈的攻势下，袁尚兄弟放弃黎阳城，退守邺城。黎阳是冀州的重要门户，具有重要的战略地位，曹操占领黎阳之后，便打开了通往冀州的大门。

曹操乘胜追击，兵临邺城。由于邺城守备坚固，曹操始终难以攻下。这时，郭嘉献计说：“袁尚和袁谭两兄弟一直为争夺继承权的事情不和，此时我们加紧进攻，只会促进二人的联合。但如果我们暂缓进攻，时间一长，二人之间必定生出摩擦，兵戎相向，这样一来拿下邺城就容易了。”

曹操十分赞同郭嘉的建议，便按照郭嘉的指示，带领士兵作出要转而攻打荆州刘表的姿态，留贾信镇守黎阳，自己率军回到许都。

果然不出郭嘉所料，曹操刚刚退兵不久，袁氏集团便兄弟阋墙，曹操得以坐收渔翁之利。

原来，曹操的军队南撤之后，袁谭对袁尚说："我们上次之所以被曹操打败，是因为兵力不足，铠甲不精。现在曹操正在撤退，你不如将军队交给我率领，出其不意地攻击曹军，这样一来必然能够得胜。"

但袁尚因为不信任袁谭而拒绝了他的要求。袁谭非常愤怒，郭图等人趁机挑唆袁谭道："将军你是袁公的长子，之所以被过继出去，完全是审配等人挑拨的。"袁谭一听，更加怨恨审配等人，于是起兵攻打袁尚，两军在邺城交战，结果袁谭战败，退守南皮（今河北南皮西南）。

这时，别驾王修率兵从青州赶来支援袁谭，获得援军的袁谭想立刻发起反击。王修劝谏道："兄弟如同手足，怎么能自相残杀呢？希望将军你不要听信小人挑唆，与自己的兄弟为敌啊。如今你应该与你的兄弟重归于好，和睦共处，这样才能够抵挡那些想要谋害你们的人。"

但此时，仇恨已经蒙蔽了袁谭的眼睛，袁谭根本听不进去王修的意见。

不久，袁尚又派兵前来攻打，袁谭始终不敌，遭遇惨败，不得不逃到平原。袁尚紧追不舍，将平原团团围住，并频繁发动猛烈攻击。

刘表得知袁尚兄弟相互攻击的消息后，担心曹操从中渔利，最终威胁到自己的利益，便给袁尚、袁谭写信，劝说他们不要忘记袁绍的仇恨，应合力对付曹操。但此时，这两个兄弟已经反目成仇，根本不听任何人的劝告。

就在这个时候，袁谭的部下刘询突然叛变，使得袁谭的处境更加雪上加霜。无奈之下，袁谭只得转而投向曹操，派遣辛评的弟弟辛毗为使臣向曹操示好。但没想到，辛毗在见到曹操之后，却建议曹操借机侵吞河北。

同年十月，曹操率军北上，到达黎阳，准备再次向邺城进军。袁尚得知曹操行动之后，急忙撤军回防，解除了对平原的攻击。在回军途中，袁尚手下部将吕旷、高翔等相继归降曹操。袁谭得知后，暗中给二人送来将军印绶，企图拉拢他们为自己效力。曹操得知此事后，知道袁谭并非真心归顺自己，但碍于形势，必须阻止他再次与袁尚联手，于是便假意对袁谭表示友好，甚至让自己的儿子曹整娶了袁谭的女儿为妻，并册封他为青州刺史。

曹操安排好一切之后，便以粮食不足为由，撤军回到了河南。

捣平邺城

袁尚与袁谭两兄弟的争斗为曹操提供了夺取河北的最好时机。

建安九年（204 年），袁尚留审配、苏由镇守邺城，自己亲率大军再次攻打平原。审配趁机写了一封信给袁谭，软硬兼施，企图说服袁谭投降袁尚。袁谭非常生气，对此置之不理。趁着袁氏兄弟再次发生冲突，曹操率军直捣邺城。

此时，袁氏集团内部军心涣散，反叛之兵不断出现。镇守邺城的苏由心中早有投降曹操之意，便想在城中做内应，协助曹操攻城。但计划泄露，审配率军与苏由展开斗争，苏由不敌审配，战败后出城归降曹操，并将邺城防御部署一一奏告。

正所谓知己知彼，百战不殆。曹操通过苏由获悉了邺城的军队部署后，再次展开攻城战。曹操令人在邺城外筑起土山，并让士兵在土山之上，以居高临下之势，向城中射箭。同时，曹操还调拨了另一批人马秘密挖掘地道，试图通过地道将士兵输送进邺城。审配得知曹操计谋，立即令人在城中挖掘深沟，以阻断曹军挖掘的地道。

双方相持许久后，曹操见邺城久攻不破，便想从粮草方面下手，以断绝邺城军队的生计。当时负责邺城粮道安全的是武安县长尹楷，曹操将曹洪留下，继续攻打邺城，自己则亲自率领一支部队前往攻打尹楷，由此切断邺城粮道。此后，曹操又将沮鹄（沮授之子）镇守的邯郸攻克，邺城陷入了孤立无援的境地。

曹军顿时军威大振，易阳等县开始相继献城投降。当时易阳令韩范虽然向曹操表示投降，但因还未下定决心，依然率兵据守。曹操令徐晃带兵前去攻打易阳，徐晃兵临城下，对韩范陈述利害，韩范这才下定决心开城投降。此后，徐晃对曹操说："袁氏两兄弟还在垂死挣扎，而各地的将领则在一旁观望。我们如何处理易阳，决定了各个城池是否愿意归降我们。希望明公你能善待易阳，如此一来，各地必定相继望风归降。"

曹操采纳了徐晃的意见，随即授予韩范爵位，并善待城中百姓。此后，冀州地区各县果然相继来降。

虽然此时邺城已经孤立无援，但城中军士却依然顽强抵抗。

五月，曹操见邺城久攻不破，便命令军队在城墙四周挖了一条四十里的壕沟。开始，壕沟挖得很浅，给人可以轻易越过的假象。审配在城楼上见此情形，放声嘲笑曹操的行为，未作任何防范措施。一天晚上，曹操突然下令全军将士将壕沟加深加宽至两丈，然后引漳河水灌城，城内顿时变成一片汪洋。

曹操将邺城围困整整三月有余，在毫无外援的情况下，城中粮食殆尽，超过一半百姓、将士都被饿死。

七月，袁尚率军回援邺城，但此时，曹军已经将邺城围得水泄不通，袁尚一时之间难以入城。为了让审配接应自己，袁尚派遣属下李孚入城通报消息。李孚带领三个随从，假称自己是曹军都督，得以混入城中。将消息带给审配之后，李孚让审配集结了城中老弱数千人，自己混入其中，趁着夜色打开城门，由此蒙混出邺城。

此时袁尚大军已经步步逼近，曹操属下将领纷纷劝曹操暂且撤军。众将认为，邺城是袁尚的老巢，回军前来救援，肯定抱着拼死作战的决心，因此，应该避其锋芒。但曹操却说道："如果袁尚从大路而来，说明他们已经抱着必死的决心，我们应该避开；如果他们从西山小路而来，则是心虚胆怯，我们可以趁机打败。"

于是，曹操按兵不动，派探子一路探察袁尚行军路线。在得知袁尚乃是从西山小路而来的时候，曹操大喜，认为此次战斗，曹军必将大获全胜！

袁尚军行至邺城外，放出信号，示意审配在城中里应外合，共同对曹军展开夹击。但此时曹操早有防备，审配一出城就受到了曹操军队的强力阻击，根本无法突围，只得又退回城中。同时，袁尚的进攻也被曹军击退，刚撤回到漳水便陷入了曹军的包围圈。眼见大势已去，袁尚只得派人向曹操请降。曹操深知养虎为患，并不接受袁尚的投降，反而加紧围攻。袁尚部下马延等人纷纷投降，孤立无援的袁尚在少数残兵护送下艰险突围，逃往中山（今河北定县）。

邺城袁军得知袁尚惨败的消息后，顿时士气低落，斗志瓦解。尽管审配在城中极力鼓舞人心，但城中军民却无心再战。八月，审配的侄儿审荣率先投降曹操，并打开自己把守的城门，将曹军放入城中。审配依然坚持抵抗，率兵与曹军展开巷战，最后被曹军抓获。

辛评一家在辛毗投靠曹操之后被审配关在狱中，辛毗进城后，急忙到狱中解救辛评。但为时已晚，辛评一家早被审配杀害。曹操十分钦佩审配对袁尚的忠心，打算将其收到帐下，但是在辛毗的苦谏之下，只能将其斩首。

曹操占领邺城之后，亲自到袁绍墓前祭拜。回想起当年与袁绍之间的是非恩怨，曹操不禁感慨万千，潸然泪下。随后，曹操亲自前往慰问袁绍的妻子，并赠送了许多财物和仆人给她。曹操此举受到了冀州百姓的赞扬。

期间，许多能人志士相继加入到曹操的阵营中，其中最为著名的有崔琰、牵招，还有为袁绍书写檄文，痛骂曹操的陈琳。

陈琳归顺曹操之后，曹操对他说："你为袁本初撰写檄文，尽管列举我所谓的罪状就罢了，但为什么还要将我的父亲和祖父也牵连上呀！"

陈琳吓得脸色苍白，赶紧跪下向曹操谢罪。曹操不仅没有追究，反而对陈琳予以重用。

但是，在官渡之战中投降曹操，并为其立下大功的许攸却是另一结果。许攸自恃功绩，且与曹操是少年挚友，经常不分场合地和曹操逗乐取笑，常常在众人面前对曹操说："阿瞒，你若是没有我的帮助，根本不会得到冀州。"

曹操心中对许攸的不识大体、自恃功高十分不满，但基于两人的关系，不得不表面上迁就他。有一次，许攸进出邺城东门时，竟然对左右说："曹阿瞒得不到我，恐怕就不能出入此门了！"最后，曹操终于被许攸惹怒，便以不忠为由将其下狱处死。

曹操占据邺城之后，马上向献帝上表书文，报告战胜袁尚的事情。献帝立即下诏，封曹操为冀州牧。

邺城是袁绍的老巢，冀州的心脏，在中原具有极其重要的战略地位。曹操占领邺城之后，在河北有了一个绝佳的立足点，得以控御冀州，虎视天下！

平定河北

曹操全力进攻邺城的时候，袁谭突然率兵反叛，趁机夺取了本已归顺曹操的部分冀州城池。在袁尚逃亡中山之后，袁谭不仅没有给予援助，反而趁机赶尽杀绝，率军攻击。

袁尚被袁谭打败之后，实在走投无路，便逃到幽州固安（今河北易县）投靠二哥袁熙。袁谭将袁尚的残余部队接管后便决定回师反击曹军，夺回邺城。

袁谭的行为正中曹操的心意，也给了曹操消灭袁谭的理由。袁谭起兵后，曹操立即派使者谴责袁谭背信弃义的行为，并宣布同他断绝联姻关系。

建安九年（204年）十二月，曹操率领大军挥戈北上，讨伐袁谭。曹操大军势如破竹，迅速占领平原、龙凑，袁谭心里十分害怕，便放弃了平原，退守南皮。

次年正月，曹操冒着严寒乘胜追击，与袁谭在南皮城下展开激战。战斗十分激烈，从早上到下午，曹军遭到顽强的抵抗，士兵损失很大。曹操见南皮城久攻不下，再加上天气寒冷，将士疲惫，便打算退兵。

这时，曹仁的弟弟曹纯对曹操说道："如今我军远行千里追击敌军，前进尚有望克敌，后退必定有损军威。况且我军孤军深入，难以持久。现在敌人新获胜利，必定心生骄傲，如果我军能坚持下去，一定会取胜。"

曹操认为有道理，便下令军队重整士气发起猛攻，并亲自播鼓督战，曹军士气大增，勇猛迎敌。袁军渐渐抵挡不住，四散而逃。曹操手下大将乐进趁机攻入南皮东门，在乐进带领下，其余几道城门也相继被破，曹军一举攻克南皮。

袁谭见势不妙，独自纵马奔逃，被曹纯的部将追上，一刀砍死。

这时，曾经用计混进邺城送信的李孚前来归顺，他对曹操说："如今南皮城中强弱相凌，人心混乱，应该派一个新近投降的，又是城中官员熟识信任的人，进城宣布政策法令，这个重任不如就交给我吧。"

曹操当即派李孚进城，告谕官民，使得他们各安其业，不得相互侵扰。如此这样，城中才逐渐安定下来。

袁谭被杀后，各地受到震动，纷纷表示归服曹操。

此时，袁谭的手下王修正从乐安筹集粮草归来，听闻袁谭战死的消息后非常伤心，前来晋见曹操，要求收葬其尸首。曹操见其忠心，便答应了他的请求。随后，袁谭占领的一些城池纷纷归附曹操，只有乐安太守管统不服从号令。于是，曹操便命令王修借到乐安运粮之际，将管统斩首。王修认为管统是忠臣志士，不忍诛杀，便将其抓来面见曹操。曹操不仅没有怪罪王修，反而对二人的忠诚大为赞赏，当即赦免了他们。

当初曹操攻破邺城之时，抄没审配的家产，各种财物数以万计。而南皮破城之后，曹操到王修家中查看，却只有不到十斛的谷物，没有任何珍贵的物品，所藏的书籍倒有数万卷之多。曹操不禁感慨道："节士果然不只是徒有虚名啊！"随后，曹操任命王修为司空掾，代理司金中郎将，迁为魏郡太守。

攻破南皮，击杀袁谭之后，曹操继续率军北上，直指驻守幽州的袁熙。在曹操大兵压境的形势下，袁熙部将焦触、张南发动兵变，向袁熙发动突然袭击。袁熙在毫无防备的情况下，被打得措手不及，只能与袁尚一起逃亡到辽西郡投奔乌桓。

焦触自称幽州刺史，率领部众向曹操投降，致使曹操轻而易举得到了幽州。曹操非常高兴，晋封二人为列侯。同年四月，黑山军首领张燕率领号称十余万大军前来归顺曹操。曹操大喜，封张燕为安国亭侯。

不久，涿郡固安人赵犊、霍奴等人杀死幽州刺史、涿郡太守，在幽州南部不断侵扰曹操军队。同时，辽西等地的乌桓在袁熙、袁尚的挑唆下，也发兵幽州北部的犷平（今北京密云东北），攻打曹操所置的右辽度将军鲜于辅。

不堪其扰的曹操决定率军北伐，彻底消除幽州北部的隐患。曹操到达涿郡斩杀赵犊等人之后，渡过潞水（今白河）解救犷平。乌桓首领见曹操来势汹汹，自知不敌，大肆掠夺一番之后，便退守到塞外。

这样，曹操就占领了整个幽州地区。原本袁绍控制的地域只剩下并州的高干。

当初，邺城被曹军围困的时候，袁尚的部下牵招就有意劝高干将袁尚迎接到并州，利用并州有利地势来与曹军抗衡。高干表面上应允了牵招的请求，暗地里却谋划着要加害袁尚。牵招得知此事后偷偷离开了高干，但因道路被阻不能前行，于是便转而投奔了曹操。

在曹操攻下邺城之后，高干就曾向曹操投降，依然担任并州刺史。但高干自视甚高，手下有精兵五万，内心并不服气，仍想待机而动。于是在曹操率军攻打袁熙和袁尚的时候，高干挟持了上党（今山西长治）太守，秘密起兵，意图谋取邺城。但是高干的密谋很快被荀衍（荀彧三兄）发现，荀衍当机立断，将所有参与反叛的人一并处死，高干为自保，立即公开起兵叛离曹操。

曹操派大将乐进、李典领兵讨伐高干。高干据守壶口关，由于壶口关山势险要，易守难攻，曹军一时很难攻下。后乐进迂回到高干背后，与李典双面夹击，才将高干击退到壶关城中。高干据险而守，壶关久攻未下，双方形成了对峙的局面。

高干的反叛引起了并州东北地区的动荡，各郡县的豪强又开始纷纷作乱。河内的张晟在弘农郡的崤山、渑池之间到处掠夺，与荆州刘表串通，不断骚扰曹操控制的地域。而弘农的张琰也起兵响应张晟。还有河东郡掾卫固、中郎将范先等人也暗中与高干相勾结。

曹操得知这些情况之后，对荀彧说："关西（函谷关以西的地区）诸将倚仗地势险要、马匹众多，各怀异心，并不是真心拥护朝廷。如果发兵前去征讨，他们势必发动变乱。现在张晟在崤山、渑池之间掠夺，与刘表相互勾结，卫固等人如果再倚仗他们，这将会造成严重的后果。河东郡四州叛变的人很多，这可是当今天下一个重要的地方。希望你替我物色一位萧何、寇恂一样的人，镇守河东。"

荀彧思考片刻后说道："杜畿的勇敢足以担当重任，智慧足以应付事变，可安排他去镇守河东。"

杜畿是京兆杜陵（今陕西西安东南）人，少年便怀有大志，先后任郡功曹，汉中府丞。后来通过好友耿纪结识荀彧。在荀彧的推荐下，曹操任命杜畿为河东太守，将镇守河东的重任交付于他。当然，王邑、卫固和范先等人并不愿意轻易让出河东太守的肥缺，因此千方百计阻挠杜畿上任。钟繇请求曹操派夏侯惇大军消灭卫固和范先的部队，为杜畿上任扫清障碍。

但是，杜畿却认为，大军入境会让河东百姓心生恐惧，从而拼死抵抗，到时局势将会更加混乱，于是他决定孤身绕道，单车上任。范先本想先下手为强，除掉杜畿，但卫固与杜畿是老朋友，虽然反对他来上任，但是却不忍加害于他，况且他认为杜畿不足为患，于是迟迟没有动手。杜畿得以顺利到任。

为了进一步麻痹卫固和范先，杜畿主动将都督之位让出给卫固，同时把全郡三千多名士兵的指挥权让给了中郎将范先。杜畿做出此举后，卫固与范先非常满意，这才没有继续为难他。

卫固等人在掌握河东的所有权力之后开始计划扩充军队，雄踞一方，杜畿也开始积极争取地方官吏的工作，想方设法地使其现有的部队分散瓦解。

建安十一年（206 年）正月，曹操为了彻底消灭高干，留次子曹丕镇守邺城，亲征壶关，过羊肠坂。这时，正值天气严寒，军队需要翻过太行山，行军异常艰难。

经过艰苦地行军之后，曹操来到壶关将城池团团包围，发动猛攻，但是壶关异常坚固，易守难攻，久攻不下。曹操竟然命令士兵："攻破城池之后，将城里的人全部活埋。"可是围攻半月有余，还是无法将其拿下。

这时，曹仁说："围攻城池时，必须向城里人表示给他们活路，将一道城门打开，放他们去求生。现在曹公宣布要全部活埋他们，他们必然会拼死防守。况且壶关城池坚固，储粮又多。如果强攻，我军必将损失惨重；围困它，消耗的时间很长。在坚城之下攻打拼死防守的敌人，并不是好办法。"

曹操听完曹仁的话后，立即撤销了当初屠城的命令，并宣告将放城中百姓一条生路。果然，城中百姓纷纷出城投降。

高干见大事不妙，留部将夏昭、邓升守城，自己先逃到濩泽，又逃亡平阳，向匈奴单于呼厨泉求救。随后，壶关被攻破。

呼厨泉在上一次败于曹操之手后，便在名义上归附了曹操。呼厨泉深知曹军势力强大，不容小觑，因此对于高干的呼救请求断然拒绝。不久之后，河东郡周边的几个地区被白骑军攻击，高干趁机进入濩泽（今山西阳城西），卫固等人积极起兵响应高干。杜畿见时机已经成熟，便离开郡城，到外地据险防守。诸县百姓纷纷归附杜畿，在很短的时间内，杜畿便得到四千多人马。

随后，曹操派夏侯惇领兵攻打卫固等人，同时又派议郎张既联合马腾等人进攻高干，最后，张晟、高干战败逃走，而卫固、张琰被斩首。

高干此时进退失据，只能南下荆州投靠刘表。当他逃到上洛（今陕西商洛）时，被上洛都尉王琰斩杀，献首于曹操。

最终，河东郡的局势终于稳定下来，并州也被曹操纳入统治之下。曾经在袁绍势力范围内的冀州、青州、幽州、并州四州至此全部落入了曹操的掌控之中，河北成了曹操争夺天下的新根据地。

扫除后患

曹操平定河北之后，幽州并未全部归附，袁熙、袁尚还在辽西等地依靠乌桓势力进行反抗。于是，曹操为扫除后患，统一北方，决定率领大军远征乌桓。

乌桓也叫乌丸，是古代东北的少数民族。西汉初年，被匈奴击败，逃避到乌桓山，因此号称乌桓。汉武帝击败匈奴之后，乌桓归附西汉，西汉政府曾迁徙乌桓到上谷、渔阳、辽西、辽东、右北平五郡塞外。东汉末年，乌桓的势力逐渐强大，主要分为上谷郡、辽西郡、辽东属国和右北平郡，这四个郡都属于幽州的势力范围。随后，辽西、辽东、右北平三郡乌桓联合，是为三郡乌桓，其首领为辽西郡的蹋顿。

建安元年（196 年）以后，三郡乌桓与袁氏关系一直很好，当初袁绍就曾经利用乌桓的势力攻打公孙瓒。得胜之后，为了酬谢乌桓，袁绍假借献帝的名义赐封蹋顿为乌桓单于，并册封辽东乌桓大人峭王苏仆延为左单于，右北平乌桓大人汗鲁王乌延为右单于。从此，乌桓成了袁氏集团的有力支持者。

袁绍死后，辽东属国、辽西、右北平三郡乌桓继续为袁氏效力，多次协助袁尚攻击曹操的军队，并屡次侵扰边境，掳掠人口财物。

袁尚、袁熙逃亡乌桓，有利用乌桓势力东山再起的打算。这对曹操在北方的势力造成了巨大的威胁。曹操深知，不彻底肃清袁氏残余势力，彻底解决三郡乌桓骚扰边境的问题，北边的局势就不可能真正稳定下来。因此，建安十二年（207年），曹操决定亲自率领大军远征乌桓。

为保证远征军的军需供应，曹操采纳了董昭的建议，令人开凿了两条水渠，即平虏渠和泉州渠，以解决军队粮草的供应问题，同时促进两岸农业的水利灌溉。

此次出兵，曹操最担心的人是荆州刘表，若他乘虚而入袭击许都，后果不堪设想。于是，临行前，曹操将属下将领、谋士全部召集起来商议对策。

曹操所担心的问题也引起了众将领的重视，他们认为，孤军深入地远征乌桓并非明智之举。且曹军一旦远征，身在荆州的刘备必然会劝说刘表袭击许都。如此一来，后方必然不稳，许都若是沦陷，后悔就来不及了！

但郭嘉却极力赞同远征，郭嘉说："乌桓在很偏远的北方，肯定不会想到我们会去攻打他，只要曹公你趁其不备，发动奇袭，必然能够一战定乾坤，歼灭乌桓。乌桓和袁氏集团关系匪浅，袁尚兄弟现在在乌桓，难免不会有一天借乌桓的势力东山再起。况且，现在四州的百姓也是迫于形势才臣服我们的，并不是真心拥戴我们。倘若有一天袁尚兄弟回来了，只怕这些百姓又会纷纷倒戈。因此，这乌桓必须要打，袁尚兄弟必须要除。至于荆州刘表，完全不用担心。他和刘备之间的关系非常微妙，他自知才能不及刘备，所以并不敢委以重任，怕哪天控制不了他。而刘备这个人有野心，也不可能真心为他效力。所以曹公你大可以放心，在你远征乌桓期间，荆州绝不会有什么大动作的。"

有了郭嘉此言，曹操顿时就放心了，当机立断出征乌桓。

同年五月，曹操率领大军北进易县。这时，郭嘉又建议道："兵贵神速，我军应该把辎重抛弃，轻装前行，在敌人得到消息做出防备措施之前就攻打他们，让他们措手不及！"

曹操遵从郭嘉建议，留下辎重，轻装前进，部队很快来到无终（今天津蓟县一带）。曹操本想取道山海关直入乌桓腹地，不想却遭遇连日大雨，阻止了曹军继续前行。时间耽搁后，乌桓收到曹军来袭的消息，处处设防扼守，将使得曹军更加寸步难行。

正在此时，新归附曹操的田畴向曹操提出了一条妙计。

田畴曾在幽州牧刘虞帐下任从事，刘虞被公孙瓒杀害，他也遭到拘禁。获释后，田畴率领数百宗族家人，到徐无山（今河北玉田北）中避乱。田畴名声很大，袁绍父子多次派人请他出山都未能成功。

田畴对乌桓侵扰中原、烧杀掠夺的行径非常痛恨，早有起兵讨伐乌桓的想法，只是实力不够才作罢。这时，曾经跟随田畴的邢颙已经归顺曹操，向曹操推荐田畴。曹操认为田畴是一位不可多得的人才，便派遣使者前去征召。田畴早已听说过曹操的大名，对曹操非常欣赏，于是当即便应允了曹操的征召。

田畴是无终人，十分了解当地的情况，他对曹操说："沿海的路不好走，尤其在夏秋季节，经常会涨水。我知道有一条小路可以从卢龙塞越险经过白檀（今河北承德）直接抵达乌桓腹地。现在，乌桓都以为我军被困在无终了，这个时候，我们如果立即回军，偷偷从小路过去，必然能出其不意，打得他们落花流水！"

曹操认为田畴此计颇妙。于是立即下令大军大张旗鼓地退回无终，并且命人在路旁立下木牌：方今夏暑，道路不通，且待秋冬，再行进军。以此迷惑敌人。

蹋顿得知消息后，果然信以为真，放松了警惕。曹操则暗中以田畴及其门生为向导，带领大军登上徐无山，越过卢龙塞，最终抵达了距离蹋顿大本营柳城仅有两百余里的白狼山（今辽宁凌源东南）。

此时，疏于防范的蹋顿等人才发现，曹军竟已大军压境，乌桓军上下大为震恐，仓皇应战。当时，蹋顿军约有数万人马，而曹军因抛弃辎重行军，大部分将士皆为轻装上阵，情势十分不利。面对眼前的形势，曹操却并未感到恐慌。他下令将士稳住阵脚，暂缓进攻，自己则登高观察敌军情况。

曹操发现，蹋顿的兵马虽然众多，但因为准备不足，仓皇应战，阵容极其混乱。相比之下，曹军大将张辽则意气风发，斗志昂扬，曹操当即便命张辽为先锋，率领精锐部队出击迎战。

张辽一马当先，率领骑兵冲入敌阵，奋勇杀敌。曹军将士深受鼓舞，斗志高昂。蹋顿军根本无法抵御曹军的猛烈攻击，顷刻间便溃不成军。曹军乘胜追击，杀敌无数，蹋顿在混乱中被斩首。失去首领之后，乌桓军更是不堪一击，曹军势如破竹，直抵柳州。

袁尚和袁熙走投无路之下，率领剩余残兵投奔了辽东太守公孙康。

辽东郡远离中原，太守公孙康向来不服朝廷管制。当年公孙康的父亲公孙度还活着的时候，曹操曾试图拉拢他，并向献帝表荐他为威武将军、永宁侯。但公孙度却不领情，还大言不惭地对属下说："封我永宁侯做什么，我要做的是辽东王！"公孙度死后，其子公孙康继任太守之位，把永宁侯的爵位让给了弟弟公孙恭。

进入柳城之后，曹操手下将领都主张继续挥兵攻打辽东郡，追击袁氏兄弟。但曹操这个时候却不走了，神神秘秘地笑着对众人说：“我们不打了，安心等着吧，会有人把袁氏兄弟的头给我送来的。”随即下令班师回朝。

不久之后，公孙康果然派遣使臣将袁氏兄弟的首级送来给曹操，并表示愿意归附朝廷。曹操立即表荐公孙康为左将军，并封襄平侯。

曹操手下部将无不震惊，却又无法参透其中的玄机，纷纷问曹操说：“曹公，您可真是料事如神啊！可是，我军都已经班师回朝了，这公孙康为什么还要主动献上袁氏兄弟的首级呢？”

曹操大笑，说道：“公孙康和袁氏兄弟不是一条心，而且他们都在打对方的主意。我们攻打辽东郡，反而会让他们结成联盟，而我们不攻，他们失去一致对外的机会，必然会窝里反，相互厮杀。而辽东郡是公孙康的地盘，袁氏兄弟不是必死无疑了吗！”

情况也确实如曹操所料。袁氏兄弟抵达辽东郡之后，便想杀了公孙康取而代之，以辽东郡作为新的据点东山再起。而公孙康呢，一方面不想得罪曹操招致祸端，另一方面也害怕袁氏兄弟会对自己图谋不轨。于是，公孙康率先下手，给袁氏兄弟摆了一出“鸿门宴”，以请他们喝酒为名将他们擒获斩首了。

平定三郡乌桓后，曹操将所有被乌桓劫掠而去的汉人带回内地，并将三郡乌桓的百姓迁入关内。曹操从中挑选了一批乌桓骑兵编入自己的军队，这支乌桓骑兵成了曹操日后南征北战的重要力量之一，被人们称誉为“天下名骑”。

曹操班师回朝途中经过渤海，当他登上碣石山（今河北昌黎北），俯瞰脚下奔腾澎湃的大海时，不禁感慨万千，留下了千古名篇——《观沧海》：

东临碣石，以观沧海。水何澹澹，山岛竦峙。树木丛生，百草丰茂。秋风萧瑟，洪波涌起。日月之行，若出其中；星汉灿烂，若出其里。幸甚至哉，歌以咏志。

此时的曹操已经统一北方，胸中怀揣着平定天下的宏伟目标。对于曹操来说，吞吐日月、含孕群星的海洋，此时正如他的胸怀与志向一般豪情万丈，波澜壮阔！

在班师途中，号称曹营"第一谋士"的郭嘉却因病去世，年仅三十八岁。对郭嘉的死，曹操悲痛不已，他曾无限感伤地对荀攸说："奉孝（郭嘉字奉孝）的年纪在众人之中是最小的，我本来打算将百年之后的身后事托付给他。可是没想到，他竟中年夭折，唉，这难道是天命注定了吗？"

回到许都后，曹操立即上表献帝，请求追封郭嘉，并写下《龟虽寿》来悼念郭嘉。当时，曹操五十三岁，已经是"老骥伏枥"，但他依然"志在千里"，迟暮之年的他心中依然涌动着豪情壮志，如同志向高远的千里马一般，随时准备驰骋千里，平定天下。

曹操平定三郡乌桓之后，袁氏集团势力彻底瓦解。除关陇地区以外，北方已经全部处于曹操的统治之下。自董卓乱政以来，中原地区一直处于战乱之中，社会生产力遭到严重破坏，百姓生活困苦不堪。此次远征乌桓，曹操正式完成了统一北方的宏图大业，并结束了中原地区军阀林立，战乱不断的混乱局面。

第十二章 ／ 守望江东

隆中对

建安十二年（207 年），当曹操统一北方，成功稳定中原局势后，便将目光放在了平定天下的大业上，荆州首当其冲成了他的下一个进攻目标。

此时，北方在曹操的统治下秩序井然，经济农业均得到恢复发展，而曹操帐下的兵力也发展到数十万之多，中原豪杰，再无人能与之相抗衡。

之前，为了集中力量对付袁绍集团，曹操对南方的割据势力一直采取联合拉拢政策，因此，荆州刘表和江东孙权都得以坐享太平，远离北方战场。

自初平元年（190 年）以来，荆州刘表一直秉承"保土安民、维持现状"的方针政策，对中原割据势力的争斗基本保持中立态度。在曹操集团与袁绍集团剑拔弩张之际，刘表表面上倾向于袁绍，但从头至尾始终都没有真正投入这场争霸之战。

刘表的保守态度使荆州地区免去了许多战火，让荆州百姓在乱世之中得以安居乐业。但同时，刘表的态度也让他错失了争霸中原的机会，一定程度上帮助了曹操顺利统一北方。

当初，刘备离开袁绍之后因败于曹军而投奔刘表，刘表虽然对他礼遇有加，但始终没有加以重用，只让他屯兵新野、樊城来防御曹操南下。在曹操远征乌桓的时候，刘备曾力劝刘表袭击许都，但最终如郭嘉所料，态度保守的刘表并未采纳刘备的意见，荆州也一直没有什么大动作。

当曹操从乌桓回师许都之后，刘表这才深感后悔，对刘备说道："之前没有听从你的建议，如今我才知道已经错失良机了啊！"

刘备十分无奈，叹息道："现在天下分裂，干戈四起，机会必然还是会再有的。等日后再有良机出现的时候，若是能把握住，也就没什么可后悔的了。"

刘备嘴上这么说，但心里已经开始对刘表感到失望了。他知道，即便再有良机出现，只求自保而不图进取的刘表依然会白白错失。

一次，刘表宴请刘备。席间，刘备去上厕所，突然发现，由于长期不打仗，自己居然发福了，心中顿时感慨万千，鼻子一酸，眼泪就流出来了。

等刘备回到席位上的时候，刘表发现他神态异常，看上去很不对劲，就关心地问他："玄德，你这是有什么烦心事吗？"

刘备叹息道："过去我时常南征北战，几乎终日不离马鞍，腿上的肌肉都很结实。但现在，因为长期闲居，也不打仗了，竟然都发福了。时光如同白驹过隙一般，眼看我就要步入衰老，但却依然不能建立自己的功业，实在是非常伤心啊！"

可见，刘备这个人志向是非常高远的，他不甘于安定平淡的生活。但刘表不同，他听完刘备的话以后，没有什么共鸣，只礼貌性地安慰了刘备几句之后，就把这件事情抛诸脑后，继续沉湎在保守故土的美梦中了。

刘备越来越清楚地认识到，跟随刘表是没有前途的，想要成就大业，还是得自己干。当时荆州稳定富庶，很多中原士人都愿意到荆州去投靠刘表，但刘表这个人没什么大志，因此对这些士人也不太看重。相应的，这些士人在发现刘表并没有想做大事的心思后，也都很不满意，不愿再继续留在他的身边。这个时候，刘备就跳出来了，开始大力网罗这些有志之士，以扩充自己的势力。

就在这个时候，刘备手下的谋士徐庶和司马徽共同向他推举了一个能人，这个人便是诸葛亮。

诸葛亮字孔明，生于琅琊阳都（今山东沂县）一个官僚地主家庭。他的父亲诸葛珪曾经担任泰山郡丞之职，由于父母早逝，诸葛亮是跟着叔父诸葛玄长大的。后来诸葛玄做了豫章太守，诸葛亮和弟弟诸葛均便跟随叔父一起去了豫州。不久之后，因朝廷改派朱皓接替诸葛玄任豫章太守，诸葛玄只得又带着诸葛亮兄弟离开豫章，到荆州来投靠故友刘表。

诸葛玄去世之后，诸葛亮便在襄阳以西的隆中定居下来了。诸葛亮在隆中一共住了十年，在这十年里，他热衷政治，常常和避乱荆州的年轻士人探讨天下时势、古今政治，并一直自比为春秋战国时期的名相管仲、大将乐毅，期盼着能够干出一番惊天动地的大事业。

在司马徽和徐庶的推荐下，刘备亲自前往隆中去见诸葛亮，三顾茅庐请他出山来辅佐自己。当时，两人在隆中茅庐侃侃而谈，诸葛亮字字珠玑，为刘备详解天下形势。

诸葛亮说："自董卓乱政以来，天下豪杰并起，军阀割据。曹操比起袁绍，无论是名望还是兵力都处于劣势，而他之所以能够由弱变强，最终打败袁绍，除了客观形势对他有利之外，更重要的是他的智谋和雄心。如今，曹操拥兵百万，挟天子以令诸侯，占据一切有利条件，因此暂时不能与他争锋。

孙权占据江东，已历三代，民众都归附于他，有德才的人也都愿意为他效力，因此，可以考虑和他联合。

"荆州是一块战略要地，北面有汉水和沔水，南面有南海郡，东面则连接着吴郡和会稽郡，西面能直接通向巴郡和蜀郡。如今刘表虽然占据荆州，但他能力不足，不可能长期守住它。这对于将军你来说却是天大的好事情，不知道将军你有没有夺取荆州的打算呢？益州地势险要，沃土千里，号称天府之国，当年汉高祖刘邦便是靠益州来成就千秋霸业的。益州现在由刘璋所占据。但刘璋这个人昏庸懦弱，不得民心，因此益州也不可能长久在他手中。"

随后，根据天下形势，诸葛亮又向刘备提出了几点开创基业、统一天下的战略方针：

"将军你是汉室之后，待人宽厚仁慈，声誉闻名天下。如果你能夺取荆州和益州，据险防守，并与西南边地少数民族保持良好关系，同时结交孙权，修明政治，那么一旦天下局势有所变化，将军你就可以派遣得力战将领荆州兵马进攻宛城和洛阳一带，将军你自己则亲自率领益州大军攻向秦川（今陕西南部），如此一来，霸业便能成功，汉室也将得到振兴！"

诸葛亮一番讲解令刘备茅塞顿开，大为欢喜，即刻将其请入军中，奉为军师。而诸葛亮在茅庐之中对天下形势的分析，以及向刘备提出的战略方针便是名满天下的《隆中对》。

诸葛亮一到刘备军中，便立即采用清查"无籍"游户的方法来扩充兵源，使得刘备的兵力在短时间内得到迅速增强，发展到了两万余人。

此时，荆州刘表身染重病，他担心自己死后曹操和孙权图谋荆州，便想借助刘备的力量来保护其子孙基业。于是，他把刘备找来了，拉着刘备的手，虚弱地对刘备说："玄德啊，我的儿子才能全都不如你，军中的将领又都各怀异心，等我死了以后，你就来接管荆州吧！"

刘备一听，惊骇非常，赶紧说道："将军你这是哪里话啊！公子都是贤才，无论哪位公子接管荆州，我都会全心全意地辅佐他，将军你现在就安心养病吧，不要胡思乱想。为了保卫荆州，让我去镇守樊城（今湖北襄樊）吧！"

刘表听刘备这么说，知道他没有夺取荆州的想法，顿时心安了。曹操的谋士郭嘉曾经分析说，刘表虽然接纳了刘备，但是一直对他怀有戒心，担心自己驾驭不了他。那么，既然如此，刘表为什么偏偏还要提出把荆州让给刘备的建议呢？这很可能是刘表在试探刘备，看他是不是怀揣狼子野心，打荆州主意的人，如果是，那么趁现在自己还没死，要趁早安排处理了。

就在这个时候，刘表病重，并且有意将荆州托付给刘备的消息传到了曹操耳中，曹操心中很是担忧。这刘备并非池中之物，胸中怀揣着一飞冲天的志向。荆州富饶肥沃，又是兵家必争的战略要地，若是真让刘备得了荆州，后果恐怕就不堪设想了。于是，曹操按捺不住心中的忧虑，当即整军，准备大举南征荆州。

孙权势胜

江东孙权虽然未能参与中原争霸的战争，但一直密切关注着北方战事。当得知曹操企图征讨荆州的时候，孙权也坐不住了。若是曹操顺利夺取荆州，那便相当于陈兵在自家门口，江东之地又怎么可能幸免于难呢。于是，为了和曹操相抗衡，孙权决定先下手为强，把荆州长江以南的四郡地盘收入旗下。

孙权字仲谋，是江东小霸王孙策的弟弟。孙权从小就聪明伶俐，文武双全，早年一直跟随父兄征战天下。十五岁的时候，兄长孙策任命他做了一个县长官，以此来考察他的能力，孙权应付自如，政事处理得也井井有条。

当初，孙策在平定江东的过程中大开杀戒，与不少英雄豪杰及名门世族都结下了深仇大恨。郭嘉曾经预言说："孙策占领江东之后，诛杀了不少英雄豪杰。他这个人喜欢狩猎，又仗着自己的武艺常常没有防备，依我看，孙策日后必然会死于匹夫之手。"

郭嘉还真说中了。就在曹操与袁绍打响官渡之战后，建安五年（200 年），孙策在一次狩猎中遭到刺客伏击，不久之后便伤重不治死了，年仅二十六岁。刺杀孙策的是原吴郡太守许贡的一个门客，许贡原是吴郡太守，在孙策平定江东之后，为夺回吴郡而上表朝廷弹劾孙策，结果此表被孙策截获，孙策大怒，便令人将其绞杀。

孙策在临死之前对抚军中郎将张昭等人说道："现在中原大乱，我们能够倚仗长江天险坐观其斗，趁机发展势力。今后，你们一定要好好辅佐我的弟弟。"

孙策有两个弟弟，二弟孙权，三弟孙翊。孙翊性格剽悍，颇有孙策之风。因此，张昭等大臣都以为孙策会让孙翊来接替自己，掌管江东。但没想到，孙策心中所属的继承者竟是二弟孙权。

随后，孙策将孙权叫来，把印绶交到了他的手中，对他交代道："带领江东军队打天下，与群雄争抢地盘，这方面你是不如我的。但是在任用人才，坐守江东的方面，我却不如你。好好地去干一番事业吧！以后内政的事情有拿不定主意的，就问张昭；对外军事方面的问题，则记得去请教周瑜。"

孙策死后，年轻的孙权继位，统领江东。当时，孙策的许多旧部都不服孙权，认为他过于年轻，没有经验，不过是个什么都不懂的"黄口小儿"，根本没有能力去成就大业。其中有一部分人甚至已经开始寻找新的地方，打算另投新主。当时，只有张昭和周瑜因受命于孙策，而坚定地支持着孙权的统治。

周瑜字公瑾，少年时便和孙策交好，在孙策平定江东的过程中鼎力相助，跟随孙策南征北伐，两个人交情十分深厚，并先后迎娶了江南有名的美女姐妹，大乔和小乔。周瑜手握重兵，在江东军中声望很高，孙策死后，周瑜坚定不移地支持孙权的统治，在稳定武将方面起到了至关重要的作用。

在张昭和周瑜的共同支持下，孙权不辱使命，成功团结了文臣武将，并在江东积极招贤纳士，任人唯才。在孙权的治理下，江东逐渐呈现出一派欣欣向荣的景象。

在招揽人才的过程中，周瑜向孙权举荐了名士鲁肃。鲁肃字子敬，出身于大地主家庭，少年时起便胸怀大志，仗义疏财，深受百姓拥戴。在周瑜做居巢长的时候，鲁肃曾慷慨解囊，帮助周瑜解决缺粮问题，二人因此成为至交好友。

鲁肃投入孙权帐下后深受器重。一次，孙权和鲁肃彻夜长谈，孙权问鲁肃说："如今汉室江山岌岌可危，天下纷乱不断，我很想效仿齐桓公和晋文公，创出一番霸业，你觉得我应该怎么做呢？"

鲁肃答道："依我看，这汉室恐怕已经不可能复兴了。曹操呢，一时之间你也不可能诛除。所以齐桓公和晋文公的事业，恐怕也是做不成的。"

孙权一听，顿时有些失望，接着问道："那做不成齐桓公、晋文公，我又能做什么呢？"

鲁肃应道："当然是做高祖刘邦之事，成就帝王霸业。主公你现在就应该据守江东，等待天下形势的变化。一旦北方出了变故，曹操没精力对付你，主公你便可以出兵剿灭黄祖，攻取刘表，将长江以南据为己有。如此一来，主公便能称帝称王，继而谋取天下了！"

孙权对鲁肃的见解十分佩服，于是遵从鲁肃的建议，依托长江天险来整饬内部，扩充势力，为西讨刘表而做准备。

建安七年（202年），曹操赢得官渡之战的胜利后势力越发强盛，派遣使者前往江东，要求孙权把自己的儿子送到许都做人质。孙权不愿受制于人，但又不敢贸然得罪曹操，立即召集部下商议对策，张昭等重臣犹豫不决，不能决断。

而周瑜则坚决反对送人质，他对孙权说："主公你继承父兄的大业，统御六郡，兵精粮足，江东军团可说是所向无敌，为什么要送人质给曹操呢？送人质，我们便从此受制于人，换来的不过只是一方没用的诸侯印，断送的却是创建功业的机会啊！如今，我们不如先按兵不动，静观其变，如果曹操真的遵循道义，以拯救天下为己任，到时候再行归附也不晚；但如果曹操图谋不轨，主公你便可以替天行道，剿灭逆贼了。"孙权认为周瑜所说有理，便对曹操的要求未予理睬。

建安八年（203年），孙权依照鲁肃的建议，征讨江夏太守黄祖，黄祖战败，退守到夏口（今湖北武汉），坚守不出。孙权攻而不克，后来，因为丹阳、豫章、庐陵等山越人反叛，不得不领兵退回。建安十二年（207年），孙权再次领兵西征黄祖，后因其母亲病危，掳掠了一批民户之后撤兵。

建安十三年（208年）春，孙权大将甘宁向孙权建议说："荆州是个战略要地，必须要抢在曹操之前把它拿到手。而要得到荆州，就必须先把黄祖消灭。黄祖这个人昏庸无能，左右又都贪得无厌，将士百姓早已对他心生怨愤，只要出兵攻打他，必然能获得胜利。一旦黄祖被破，我们便能直取荆州，继而向巴蜀一带发展了。"

甘宁的建议与当初鲁肃所言不谋而合，孙权很快采纳了甘宁的建议，亲自率领大军再次征讨黄祖。一番激战后，果然如甘宁所说，城池很快被攻破，黄祖率兵逃亡，被孙权部将截杀。

孙权击溃黄祖，让曹操大为震惊。曹操知道，孙权此时也对荆州虎视眈眈，南征荆州之事已经刻不容缓。

兵不血刃

建安十三年（208年）正月，曹操开始加紧训练水军，并在邺城玄武苑内开凿了一个巨大的池塘，叫作玄武池，专门用来训练水上作战。与此同时，曹操下令让张辽屯兵于长社，令于禁镇守颍阴（今河南许昌），令乐进驻扎阳翟，各自加强军队操练。

同年六月，曹操开始在朝廷里有所动作了。他将"三公制"逐步地又更改回了"丞相制"，将司徒、司空、太尉这三公官位废了，恢复了丞相的官位，并由自己出任丞相。丞相制最早起源于春秋时期，一直延续到了西汉，那个时候，丞相的职权和地位是非常高的，总管了全国的军政大权，皇帝对丞相都要客客气气。后来到西汉武帝时期，武帝为了中央集权，并确立自己尊贵无比，独一无二的地位，逐步从丞相手中夺权，并最终把"丞相"这个官位废除了，确立了"三公制"的统治制度。

曹操恢复丞相制，实际上也是为了中央集权。但武帝的中央集权是把权力集中到自己，也就是皇帝手中；曹操的中央集权，则是把权力都集中在丞相，也就是自己手中。可见，此时曹操的心中对权力已经逐渐有了不可告人的野心。之后，曹操或许是想掩盖自己独掌大权的事实，又设置了御史大夫一职，但没有给予任何实权，实际上还是听命于丞相的。

为了稳定关中，曹操又派遣名士张既去关中，游说马腾到朝廷做官。张既凭借着自己一张"巧嘴"，硬是把马腾从关中"拐"了出来。曹操非常高兴，立即升任马腾为卫尉，并册封他的儿子马超为偏将军，继续留在关中统领父亲的军队。随后，曹操又热心地将马腾的家眷全部迁到了自己新的重要据点邺城。如此一来，马腾父子都沦入了曹操的控制之中，关中也就再无忧虑了。

就在这个时期，曹操还做了一件震惊"文化界"的事情——杀孔融。

孔融从小就非常有名，中国流传千百年的道德故事"孔融让梨"就是发生在他身上的真实事件。孔融博览群书，年少时候就已经成名了，受到各方诸侯豪强的礼待，因此也让他养成了恃才傲物的性格。

曹操是爱才之人，对孔融的才华非常欣赏，起初的时候，二人关系还算比较融洽。但后来曹操的势力越来越大，不免逐渐显露出一些谋汉意图，孔融开始对他产生了意见。从小时候"让梨"的事情就能看出，孔融这个人是道德典范，怎么可能容忍曹操有僭越道德的行为呢？

孔融最初对曹操的印象还不错，还向曹操推荐过一个人才，叫作祢衡。祢衡是个非常傲慢的人，比孔融要傲慢得多。他谁都看不起，谁都敢骂，但他偏偏和孔融成了好朋友。孔融在曹操面前说了祢衡不少好话，大力推举他入朝为官。曹操这人向来唯才是举，孔融如此盛赞祢衡，他自然也想见见。但结果，祢衡却看不起曹操，于是，他便托病不去见，什么病呢？"狂病"，经常会发狂的，精神上的病。

祢衡不去见曹操也就罢了，偏偏又不断地在背后辱骂曹操。曹操知道后很不高兴，打算给祢衡一个下马威，他听说祢衡特别擅长击鼓，就任命祢衡做了鼓吏，让他给大家表演击鼓。当时，鼓吏是有专门的服饰的，但祢衡没有穿。祢衡击鼓表演确实精彩，这个时候负责管礼仪的官员站出来了，指责祢衡说："祢衡，你懂不懂礼数，为何不穿鼓吏的服饰！"

结果祢衡竟当众开始脱衣服，把自己脱得一丝不挂，然后再一件件把鼓吏的衣服换上了，满座皆惊，祢衡却面不改色心不跳。曹操很尴尬，看着祢衡干笑了几声，说道："诸位啊，我今天本来是想给祢衡来个下马威，倒没想到，现在是我比较羞辱了。"

孔融得知此事后非常生气，赶紧跑去说了祢衡一顿，并让祢衡再去见曹操，跟曹操认错。可见这时，孔融对曹操还是很欣赏的。曹操看在孔融面子上，也答应再见一次祢衡。这一次，到了约定时间，曹操左等右等，却都不见祢衡来，正在曹操等得不耐烦的时候，祢衡终于来了，手里拿着一根木棍，一见到曹操便开始用木棍击打节奏，然后配合节奏开始大骂曹操。骂的内容是什么，史书上没有记载，如今我们也不可能知道了。

这一次，曹操真的生气了，直接把祢衡打发去了荆州刘表那里。起初，祢衡对刘表还是很客气的，刘表也因祢衡素来有才名而将他奉若上宾。后来祢衡又骂刘表，刘表很不高兴，把祢衡又打发到了军阀黄祖那里。祢衡去了黄祖那里之后，也没安分几天，开始大骂黄祖。黄祖这个人本就是个大老粗，脾气也不好，怎么可能忍受祢衡这么骂他，一怒之下把祢衡给杀了。

祢衡的死其实与曹操没有什么直接关系，因此，孔融与曹操的关系也没有受到什么影响。

孔融与曹操最初的摩擦发生在官渡大战前夕，在与袁绍集团对抗的时候，孔融是不看好曹操的，他认为袁绍集团不仅兵多将广，且谋士智囊众多，曹操根本不能与之对抗。这番言论，孔融曾多次在公开场合说过。大战一触即发，曹操为了稳定军心，便颁布命令，此后禁止有人在背后非议战事，以免扰乱军心。但孔融不吃这套，依然故我。后来，为了节约粮食来支持官渡之战，曹操颁布了禁酒令，让人不要再浪费粮食来酿酒了。东汉时期的文人德行都是非常放荡的，因此出现了许多"狂士"。孔融虽然不是"狂士"，但估计也和大多数文人一样，喜好饮酒作乐。于是，在曹操颁布禁酒令之后，孔融很不高兴，专门撰写了一篇文章来和曹操对抗，这文中专门就讲喝酒的好处，洋洋洒洒，天花乱坠。曹操这个时候对孔融还是很客气的，把他找来，跟他解释自己这么做的意图。但孔融不听，而且还言辞侮慢。曹操忍了。

后邺城被攻破，曹操得到了一个绝世美女，那就是袁熙的老婆甄宓。当时甄宓是和江南二乔齐名的，正所谓"江南有二乔，河北甄宓俏"，况且甄宓当时比小乔年纪还要再小一点，可见当时必定是青春貌美，风姿绰约。曹操向来爱美女，但这一次，他没有霸占甄宓，而是让自己的儿子曹丕娶做妻子。想来这甄宓恐怕不仅貌美，德行方面也是极佳的，否则又怎能遭到曹公如此"礼遇"呢。结果这件事情被孔融知道了，孔融便讥讽道："武王伐纣的时候就是把妲己赐给周公了啊。"

曹操一听觉得很奇怪，他也算是博览群书的人，却从没看到过这个典故。曹操彻夜翻阅史书，却依然找不到任何根据，于是就去请教孔融说："先生，这个典故是从哪里来的？怎么我从来不曾听过呢？"

孔融瞥了曹操一眼说道："根据今天的事情推测，当年难道不会是这样的情况吗？"

曹操这才明白，原来孔融是在讽刺自己。这次，曹操还是忍了，一笑置之。

曹操的权势越来越大之后，他开始独霸朝纲，逐渐显露出政治野心。孔融敏锐地察觉到这一点，于是开始在政治上和曹操作对。他先是上表献帝，提出一个政策：千里之内不封侯。意思就是说，在京城方圆一千里的范围里，不要册封诸侯，以免诸侯趁机把控京师，图谋不轨。这条政策直指曹操，曹操已经被册封为武平侯，孔融提出这一政策，是想将曹操赶出朝廷啊！

孔融开始在政治方面与曹操作对以后，孔融在曹操眼中就成了政治敌人，除之才能后快。加之此前孔融在任北海相的时候，刘备曾领兵救援过他，因此二人关系很好。种种原因加在一起，促使曹操最终对孔融起了杀心。

孔融这个时候名声很大，杀他不能贸然行动，必须要有"证据"，曹操于是便起用了郗虑为御史大夫，专职负责去搜集孔融在言行方面的过失。最后，在曹操率军南征荆州之前，以"谋反"之罪将孔融杀死了。为了缓和社会舆论，曹操还特地发表了《宣示孔融罪状令》，指责孔融"诽谤朝廷"、"图谋不轨"等等罪状。

孔融死后，曹操于同年七月正式率领大军南下，向荆州进发。

临行前，曹操向荀彧咨询意见，荀彧对他说："现在中原地区已经基本平定，刘表此时应该已经知道自己处境危险了，必然会加强防范。丞相你可以让军队大张旗鼓地向宛县、叶县进发，同时暗中派主力部队去突袭刘表。"

曹操应允，正欲按照荀彧之计行事的时候，荆州的形势却发生了翻天覆地的变化。

刘表有两个儿子，长子刘琦和次子刘琮。按照伦理来说，刘琦作为长子无疑是刘表的接班人。刘表个人也非常喜欢刘琦，无论从相貌还是从性格上来说，刘琦都与刘表十分相像。但后来，刘琮娶了刘表后妻蔡夫人的侄女为妻，以此争取到了蔡夫人的支持，在蔡夫人的逸言下，刘表开始逐渐疏远刘琦，更生出了废长立幼的心思。蔡氏在荆州是名门大户，实力不容小觑，在蔡氏的拥护下，刘琮的势力顿时凌驾于刘琦之上。

刘琦为自己的处境感到十分担忧，企图借助外援来支持自己。他曾多次找到诸葛亮，希望他能为自己出谋划策，以解笼中困局。后在诸葛亮的建议下，刘琦请命镇守江夏，离开襄阳避祸，以保存自己的实力。

曹操大军挥师南下的时候，刘表就已经病死了。刘表病重时，当时刘琦曾从江夏返回，意图探视刘表，不想却被蔡夫人的弟弟蔡瑁等人拒之门外，最终也没能见到父亲最后一面。此后，在蔡氏拥护下，刘琮顺利继任荆州牧，与蔡氏一同掌管荆州。

见曹兵大举压境，刘琮心中非常恐慌，便想借助刘备的力量来抵御曹操。刘琮本想效仿父亲刘表，据守荆州，坐观天下大势，但其手下的谋士却因惧怕曹操的势力，极力游说刘琮投降。

曹掾傅巽对刘琮说道："曹操现在代表的是天子，我们以臣子的身份抵抗他，就是叛逆；况且以荆州之地来对抗朝廷，无异于是以卵击石；再者，刘备的力量和曹操的力量相比，实在过于悬殊，怎么打得过呢。将军你要想清楚，如果和刘备一起抵御曹操，失败了便连自己都不能保全；即使成功了，这荆州不也变成刘备的囊中之物了吗？"

傅巽这么一说，刘琮和手下人都慌了，赶紧带着刘表的符节去投降曹操。而此刻，驻扎在新野和樊城一带的刘备却完全不知情，还在加紧训练军队，准备迎击曹军。

刘备得知刘琮投降之后，十分震恐，立即召集手下众人商量对策。由于两军力量悬殊实在太大，刘备决定暂时放弃抵抗，率军撤往江陵方向，同时令关羽率军到江夏向刘琦求援。

刘备大军行至襄阳的时候，诸葛亮突然劝谏刘备说："我们不如趁机攻打刘琮，占据荆州。"

但刘备却再三犹豫，认为这种做法极其不妥当。叹息道："我实在不忍心做出这样的事情。"

于是属下又建议刘备劫持刘琮到江陵，胁迫他与自己联手对付曹操，刘备却说道："当初荆州牧刘表待我不薄，临终之前还嘱咐我要辅佐他的儿子，我如果这样做了，那就是背信弃义，将来有何面目于黄泉路上与刘表相见啊！"

刘备大军退守江陵的时候，荆楚地区的百姓和士人都纷纷跟随刘备一起南撤，人数达到了十余万。但由于百姓众多，刘备大军撤退的速度十分缓慢，一天仅能走上十几里。眼看曹军已经近在咫尺，刘备手下便有人建议道："还是把这些百姓丢弃，赶紧跑吧！"

刘备斥责了提出此建议的人，说道："但凡想要成就大事的人，都要以人为本。百姓们愿意跟随我，说明他们信任我、拥戴我，我怎么可以在这时候舍弃他们呢！"

在刘备南逃，曹军追击的时候，刘琮手下一个叫作王威的部将建议道："将军，现在曹操在追刘备大军，对我们的防范必然松懈，不如让我领兵数千，在半道上伏击曹军。如此一来，必然大获全胜，不仅能够保住荆州，将军你日后也能名动四海啊！"

刘琮一听，连连摇头，这要是失败了可怎么办，那曹操必定不会放过自己啊！于是坚决反对这一建议。

当刘备抵达长阪（今湖北当阳东北）的时候，曹军的部队已经追上来了，刘备大军且战且逃，十余万百姓被冲击得七零八落，马匹和辎重也都被曹军俘获。刘备带领百姓拼命逃窜，张飞则率领二十余骑兵负责断后，刘备军来到一条小河边，渡河后忙将桥拆毁，张飞横矛立马站在桥头，威风凛凛地对追击而来的曹军高声喝道："吾乃燕人张翼德（张飞字翼德）也，谁敢过来与我决一死战！"

曹军震恐，慑于张飞的威名，又惧怕刘备军在后面设置埋伏，一时之间竟不敢贸然前进。刘备趁机率残兵败将撤离。

在撤退的过程中，刘备什么都顾不上，拼了命地逃走了，结果把他的夫人甘氏和儿子阿斗（刘禅）留在了长阪，陷入了曹军的包围圈。当时，猛将赵云得知后，单骑闯入曹军阵地，这才把尚在襁褓中的刘备长子阿斗给救了出来，但甘夫人却没能保住性命。在《三国演义》中，罗贯中精彩地描述了"赵子龙单骑救主"以及"刘备怒摔阿斗"的事情，而在历史上，阿斗确实是由赵云救出的，但刘备在救回儿子之后，实际上是没有摔阿斗的。

此时，刘备虽然暂时逃脱了曹操的追击，儿子阿斗也在赵云的保护下得以幸免于难。但通往江陵的道路已经被曹军阻截了，想要退守江陵几乎已经不可能。无奈之下，刘备只得偕同张飞、赵云等人向汉水方向撤退，与关羽会合后逃往夏口。

曹操阻截刘备退守江陵的道路后放弃了对刘备大军的追截，转而占领江陵，让刘备有了喘息的时间。

之后，曹操下令荆州百姓向他投诚，一起革旧布新。曹操派前来投降的零陵人刘巴到长江以南，招降长沙、零陵、桂阳三郡。随后，又任命京兆人金旋为武陵太守。至此，荆州南部四郡则全部纳入曹操的统治之下，只有江夏还在刘琦的掌握之中。

曹操还收编荆州七八万降军，水军大小船舰一千多艘。并论功封赏，任刘琮为青州刺史，封列侯，蒯越、韩嵩等众人也被封侯。蒯越原为大将军何进的东曹掾，后来投奔刘表，成为其心腹谋士。官渡之战的时候，蒯越曾劝刘表归附曹操，但刘表没有采纳他的意见。曹操一直都非常欣赏蒯越，在平定荆州后，当即任蒯越为光禄勋，并对荀彧说："比起得到荆州，得到蒯越才更让我感到高兴啊！"

刘表手下的大将文聘手握重兵，刘琮投降时，他坚决反对。直至曹操占据荆州后，他才带兵来降。曹操非但没有惩处他，反而对他大为赞赏，对他说："将军你真是一个难得的忠臣啊！"随后，更是让他继续统领军队，任江夏太守。

至此，曹操兵不血刃地夺取了荆州，威名震慑四海。刘备再一次陷入了无立锥之地的困境之中。此时，江东的孙权，益州的刘璋，无不震恐非常，感到危机重重。后刘璋主动向曹操表示投降，并愿意为曹军提供兵饷。占据长江北岸之后，曹军与江东孙权隔江相望，正如此前孙权所担忧的，如今曹军已经陈兵到自家门口，作为守业之主的孙仲谋又该如何应对？

第十三章 ／ 赤壁的大火

合纵抗曹

夺取荆州的胜利让曹操开始骄傲自得，此时的他完全不把狼狈逃窜的刘备放在眼里，也丝毫不惧年纪尚轻的"黄口小儿"孙权。在曹操看来，如今荆州已在自己控制之下，只要大军一逼近江东，孙权必定会如同刘琮一般俯首听命。但孙权并不是刘琮，荆州也未必强过江东。

早在曹操挥师向荆州进军之前，鲁肃就向孙权提出，趁刘表去世，两子不和的时机占据荆州的主张。但此时，曹操势力正盛，对荆州同样虎视眈眈，孙权不敢贸然与曹操争抢。对此，鲁肃又向孙权提出，与刘备联合，稳定荆州，以此来牵制曹操的想法。孙权非常清楚，荆州与江东的关系，如同唇与齿，一旦"唇"亡，"齿"必定也难保。因此，孙权采纳了鲁肃的意见。

刘表死后，孙权派鲁肃前往荆州，以吊唁之名来探听荆州虚实。但没想到，鲁肃才刚到夏口，就收到了曹军大举进兵荆州的消息。鲁肃日夜兼程，试图在曹军攻打荆州之前与刘备取得联系。但可惜，鲁肃才行至南郡，懦弱无能的刘琮已经主动将荆州献给了曹操，而刘备也已仓皇逃窜，准备渡江南撤。眼见荆州情况大变，鲁肃当机立断追赶刘备，后在当阳长阪与刘备取得了联系。

此时，刘备刚从曹军追击下虎口余生，前途一片渺茫，见到鲁肃，内心顿时升腾起一线希望。但刘备并没有表现出内心的真实想法，他并不确定鲁肃此次前来打着什么主意，因此不能轻易亮出自己的底牌。

鲁肃见到刘备后关切地问他说："刘豫州，你现在是打算前往何处发展啊？"

其实从刘备见到鲁肃的那一刻开始，他的心里就已经有了联合江东的想法。当年和诸葛亮在隆中长谈的时候，诸葛亮就曾向刘备提出过联合孙权抗击曹操的策略。但此时，刘备还不想表露自己的真实意图，因此对鲁肃说道："我正打算前往苍梧，投奔我的好朋友吴巨呢。"

鲁肃笑道："刘豫州此举怕是不甚妥当吧，苍梧地处偏远，吴巨又是个没有作为的庸人，他连自己都保全不了，怎么还能保全你呢？我们孙将军就不同了，他聪明仁慈，雄才大略，礼贤下士，江东的英雄豪杰没有不愿意归附他的。如今江东更是坐拥六郡，兵精粮足，也只有我们江东才有能力与曹操抗衡。要我说，刘豫州你就不要去苍梧了，到江东来吧，和孙将军结盟，大事可成！"

鲁肃的话正合刘备心意，刘备心中是非常激动的，恨不得立刻扑上去抓牢这根救命稻草。但是刘备依然没有表露出来，只是云淡风轻地说："子敬（鲁肃字子敬）兄你说的还是很有道理的。"

鲁肃生怕刘备反悔，又找到了诸葛亮，跟他套近乎说："孔明先生啊，我和你的哥哥子瑜（诸葛瑾字子瑜）是非常好的朋友！"

此时，诸葛瑾在孙权手下担任长史之职，与鲁肃关系也确实很好。鲁肃特意提起这件事，就是为了拉近与诸葛亮之间的关系，好让诸葛亮和他一起

促成孙权和刘备的结盟。但实际上，此时鲁肃根本无须多此一举，刘备如今走投无路，任何人对他表示亲近都足以让他感激涕零了

随后，鲁肃和刘备大军同行，与关羽等人会合后便往夏口去了。

此时，曹操已经攻下了江陵，听说刘备等人奔夏口而去之后，随即整军顺江而下，准备攻打夏口。刘备一看，曹操又来了，这可怎么办呢？诸葛亮自告奋勇地站了出来，对刘备说："现在情势太危急了，不如让我与子敬兄同往江东去向孙将军求援吧！"刘备立刻应允了诸葛亮的建议，让诸葛亮随鲁肃一起赶往柴桑（今江西九江西南）见孙权去了。

孙权此前虽然已经应允了鲁肃联合刘备抗击曹军的建议，但孙权手下的大臣却为此一直争论不休，分成了主和与主战两派。尤其在得知刘备已经被赶出荆州，无立足之地的情况后，孙权也开始动摇了。

见到诸葛亮之后，孙权试探性地询问他说："曹操如今势力强盛，刘备则败走夏口，江东眼看也即将处于困境之中，足下可有什么良策？"

诸葛亮答道："天下大乱之后，将军你坐拥江东，刘豫州则屯兵荆州，与曹操进行争夺天下的大战。如今曹操平定北方，攻破荆州，势力强盛，刘豫州是英雄无用武之地，才无奈退守夏口。如今这个情况，如果将军你能够倾尽江东之力与曹操一战，那就要赶紧下决心，断了和曹操的关系。但如果你做不到的话，还是赶紧放下武器，向曹操俯首称臣的好。若是将军再犹豫不决，下不了决心，那么江东也就快大祸临头了。"

孙权听了诸葛亮的话之后非常不高兴，讥讽道："既然如此，怎么刘豫州不赶紧投降啊？"

诸葛亮答道："想当年，田横不过是齐国的一个壮士，尚且懂得坚守节操，不向高祖皇帝投降，更何况是刘豫州呢？刘豫州乃是汉室后人，英才盖

世，天下士人都愿意追随他，归顺他。即便不能成就大业，也是天意使然罢了，怎么能够屈从曹操，俯首称臣！"

诸葛亮此语，表面上是在表彰刘备的节操，但实际上是用激将法在促使孙权下定决心，抗击曹操。若孙权此刻决定归顺曹操，无形中便成了诸葛亮口中所谓"丢失节操"的人。

孙权顿时勃然大怒，激动地喝道："我岂会让江东之地和十万兵众受制于曹操！"

但孙权也不傻，他知道如今刘备境况堪虞，便问诸葛亮道："刘备才刚刚败给曹军，如今还能抵御曹军的进攻吗？"

诸葛亮胸有成竹地说道："刘豫州虽然在长阪败给曹军，但陆续归队的战士加上由关将军率领的水军，总共还有上万精兵，江夏刘琦公子旗下也有战士万余，因此战斗力方面还是可以保证的。而曹军长途跋涉而来，军士疲惫，犹如鲁缟之末。且曹军多是北方人，不擅长水战，即便人数众多也并非胜券在握。此外，刘豫州在荆州颇得民心，荆州百姓归降曹操，也不过是迫于他的兵威罢了。如今只要将军你愿意与刘豫州同心协力，共同作战，必定能够击退曹操。而曹操一旦兵败，必要撤回北方，如此一来，荆州和江东就都安全了，并能与曹操形成鼎足的局面，分割天下！"

诸葛亮的分析非常到位，指出了曹军的弱点和孙刘两军的优势，句句在理，增强了孙权战胜曹操的信心。

与此同时，在曹军的营帐中也在进行着一场"大会"，针对刘备与孙权联合一事商讨对策。

谋士贾诩建议曹操说："明公你此前攻破了袁氏集团，现在又将荆州纳入旗下，威名已经震慑天下了。如今应该利用荆州的富饶来犒赏士兵，安抚百姓，让他们可以安居乐业，免于兵祸。这样一来，无须出动一兵一卒，江东孙权也必然会来归附的。"

贾诩的提议是长远之计，让曹操以德行服众，收揽天下人心，迫使孙权归顺。但此时，曹操已经被荆州的胜利冲昏头脑，只一心想着直取江东，平定天下，哪里还听得进贾诩的意见。

于是，在驳回贾诩的提议后，曹操随即令人向孙权下了一道战书，曰："我曹操奉天子之命来征讨罪人。现在刘琮已经投降了，我的八十万大军也已经来到你的家门口，孙将军你要是还不投降，我们就只能在江东一决高下了！"

曹操号称八十万大军，或许有夸张之嫌，但曹操的战书确实威慑到了江东军民，孙权手下的大臣们一看这战书，顿时吓得脸色剧变，纷纷劝孙权赶紧投降吧。这些主张投降的大臣主要以张昭和秦松等老臣子为代表。

张昭劝谏孙权说："曹操就像是豺狼猛虎，又打着朝廷的旗号，如果我们与他对抗，情势是非常不利的。我军现在唯一比曹军优胜的，只不过是地理上的优势，我们有长江天险。但现在，曹操已经把荆州给占领了，还把刘表的精锐水师部队收编了，加上他强大的陆军部队，双管齐下，我们连唯一的优势都不具备了。这种情况下，只有投降才能保全江东啊！"

张昭是当年孙策托弟的重臣之一，在朝中的地位举足轻重，况且当初孙策临死的时候还曾对孙权说过，这内朝之中的事情，但凡是有不能决定的，那就问张昭的意见。因此，张昭的反对顿时赢得了大多数臣子的赞同，也再次动摇了孙权抵抗曹操的决心。

这个时候，鲁肃却在旁边不发一语。直到孙权起身要去上厕所的时候，鲁肃赶紧追了出来。孙权看着鲁肃问道："说吧，你是什么意见？"

鲁肃答道："刚才我在听大臣们议论，认为这些人都在害主公，根本不能与他们共谋大事。现在，像我鲁肃这样的人可以归顺曹操，但主公你却万万不能。我若归顺曹操，曹操必然会厚待我，最差也能混个小官做做，甚至可能做个大的地方官，生活无忧。但如果是主公你归顺了，你认为曹操会让你有安身立命之所吗？还希望主公早日下定决心，不要被那些人影响了啊。"

孙权听完鲁肃的话，叹息道："子敬你说的正是我心中所想啊！哪里像这些人，胆小如鼠，实在让我大失所望！"

此时周瑜正驻守鄱阳（今江西鄱阳湖东岸），在鲁肃的建议下，孙权立即下令将周瑜召回。周瑜回来后坚决支持孙权与曹军开战，并主动请缨，要求以三万精兵进驻夏口，以抵御曹军。

在周瑜的支持下，孙权坚定了抗击曹操的决心。他召集百官，慷慨激昂地对他们说道："曹操老贼早有谋取汉室之心，只因忌惮二袁、吕布、刘表以及我孙权的势力而迟迟不敢行动。如今，二袁已被攻灭，吕布已被擒杀，刘表也死于病榻，只有我孙权如今还存活于世，但只要有我在一天，我江东便与曹贼势不两立！"说完之后，孙权猛地抽出佩剑，斩断面前书案，厉声对众臣喝道："如今我意已决，谁再敢说投降的事情，便如同此案！"

见孙权发威，群臣震恐，谁都不敢再多言半句。

当天夜里，周瑜便单独与孙权相见，两人秉烛夜谈，分析敌我双方的形势。

周瑜说："曹操号称拥有大军八十万，但这到底是真是假我们还不知道。曹操现在的大军主要是新投降的袁军以及刘表的荆州军，在北方，袁氏集团势力刚刚被消灭，局势还不稳定，因此曹操必须留守大量军队，以免后方生变；而西凉马腾和韩遂等军团也向来不安分，必须要有军力牵制；许都朝廷里就更加暗流涌动了，为了维护大本营的稳定和安全，曹操必然要在兖州和豫州等地驻扎军队。根据这些情况来看，曹操这次带来的兵力顶多有十五、六万，且经过长途跋涉，都已经非常疲累了。而荆州刘表的军队顶多有七八万人，况且还是新投降曹操的，既不可能拼死为曹操作战，也不见得能适应曹操的指挥。因此，主公你只要给我五万精兵就够了，我必定把曹操拿下！"

孙权听后非常感动，对周瑜说道："张昭等人都怀有私心，唯独你和子敬才是我的知己啊！"

随即，孙权任命周瑜为左监，程普为右监，鲁肃为赞军校尉，拨出江东精兵三万余人，进驻樊口与刘备军会合，共同迎击曹军，自此拉开了三国历史上轰轰烈烈的赤壁之战序幕！

火攻

曹操向孙权下战书，本意是希望通过自己的声势威慑孙权，迫使其主动归降。但曹操没想到，他的恫吓不仅没有收到预期的效果，反而促使孙权下定决心与刘备结盟。曹操大怒，于建安十三年（208年）十一月，亲自率领大军沿江东下，企图一举消灭孙权和刘备。

曹操把张辽、徐晃以及程昱所率领的军团组成船队，与荆州投降的蔡瑁、张允所带领的七万荆州水军一起，从荆州顺流而下，浩浩荡荡地向江东进军。整个船队规模十分浩大，如同一道水上长城，横亘在长江之上，单单整编这支规模巨大的水军，曹操就耗费了一个多月的时间。

曹操率领的是北方军队，根本不擅长打水战，那么，为什么曹操不选择他所擅长的陆地山，而要以水战来取胜江东呢？据战史学家研究称，如果曹操选择陆战，以步兵沿长江北岸进击东吴，那么孙权便能够依据长江天险，对曹军置之不理；如果曹操决定强行渡江，那么就必须面对自己完全不熟悉的地理情况和天气变化，如此一来，占据地利的孙权反而可能给曹操带来更严重的威胁；因此，经过多番权衡之后，曹操只能选择水战，由荆州顺流而下，以此直接跳过了东吴长江天险的优势，将两军拉到了同样的地理条件上。

此时，刘备正率军驻守在樊口，听说曹军已经东下，顿时心急如焚，翘首期盼孙权的援助大军。当周瑜、鲁肃等人率领三万精兵赶至樊口之际，刘备这才安下心来，当即下令犒劳军队，并主动前往拜见周瑜。

周刘会师之后，五万精兵在周瑜统率之下整军西上，迎击曹军。周瑜派出大量哨兵前往探查曹军动向，并最终决定在长江南岸的赤壁（今湖北赤壁西北）迎战曹军，并以此作为此次大战的主战场。赤壁这个地方，江流十分湍急，河面大约十余里宽，且常常出现漩涡，船只行至此处，往往会摇动得十分厉害。周瑜所率的江东水兵对于水战非常熟悉，因此即便在这样的环境下作战也如履平地。但曹操所率的北方军队却不一样，虽然曹操在出征荆州之前曾掘玄武池对水军进行过专门训练，但人工所掘的池塘又怎么能与水流湍急的长江相比呢。周瑜之所以特地选择赤壁作为战场，也正是这个缘故。

为了鼓舞士气，周瑜一马当先，亲自打头阵，任命熟悉地形的老将黄盖、韩当为先锋，驻守在赤壁附近的东南岸；而紧随其后的则是由甘宁和周泰所率领的主力舰队的先头部队。周瑜和程普两人坐镇军中指挥，吕范则担任预备部队，随时准备进行必要的增援。

陆上部队则以大将吕蒙、凌统担任先锋，驻守长江北岸的汉阳；刘备军团则守住汉口，准备攻打、抵挡陆上进攻的曹军。同时，周瑜还安排刘琦布防长江南岸的武昌，以防江东军团水战失利，还可作为缓冲，暂时抵御曹军的进攻，使坐镇柴桑的孙权有足够的时间集结军队作最后的生死决战。

大战在即，投降曹操的荆州水军统领蔡瑁和张允等人却突然起兵反叛。曹操得到消息后立即下令徐晃和程昱等率兵突袭水军指挥部，将蔡瑁和张允斩杀，这才稳住军心，平息了一场叛乱。但如此一来，水军顿时群龙无首，曹操只得重新对水军进行整编，将原属于蔡瑁和张允统领的水军并入了程昱等军中。蔡瑁和张允可说是曹操帐下最熟悉水战的将领，如今被战前斩杀，大大削弱了曹军水师的战斗力。同时，蔡瑁和张允等人在荆州威望极高，曹操将此二人斩杀，引起投降的荆州军的不满和恐慌。如此一来，尚未开战，曹操军中就已经出现了军心不稳的迹象。

随后，曹操安排贾诩留守江陵，并令驻守襄阳的曹仁率军南下增援贾诩，以保后方稳固。

曹军与周刘联军在赤壁战场相遇，曹军受到甘宁和周泰的船队突袭，加之不熟悉水战，一时之间落入下风，造成严重损失。初次交战便遭遇失败，曹军只得退守北岸的乌林，等待与主力部队会师。

正如周瑜和诸葛亮所预料的那般，此时曹军大部分士兵都因水土不服染上了疾病，对其战斗力造成严重影响。尤其很多北方士兵都有晕船的毛病，在摇摇晃晃的船上经常眩晕呕吐，甚至连正常生活都不能维持，更不要谈行军打仗了。

曹操看到这种情况，心急如焚，却不知道该如何以一人之力来对抗滔滔江水。辗转反侧之后，曹操突然灵光一闪，想到了一个办法：既然士兵擅长陆战，那何不想办法将水战变为"陆战"呢！

曹操大喜，急忙率水师停靠北岸，当即下令让人用铁链将船舰互相连结，形成一片巨大的水上"陆地"。战船相连之后果然平稳了许多，在滔滔江水之中前行也能让士兵如履平地，曹军士气这才再次振作起来。

但程昱看到曹操的举动后却非常担心，向曹操进言道："丞相此举虽然能够缓解士兵不习水战的弊端，但战船连成一体，假使周瑜对我们发动火攻，整个舰队都将毁于一旦啊！"

曹操却笑道："你以为我没有想到这件事情吗？但现在正是西北风盛行之时，我们是顺风的，周瑜怎么可能对我们进行火攻呢？他做不到啊！所以根本不需要担心这个问题！"

解决士兵晕船问题之后，曹军战斗力顿时大增。期间，甘宁曾率战船对曹军发动攻击，曹军英勇抵抗，以弓箭部队迎战甘宁，最终甘宁惨败，几乎全军覆没，九死一生才得以逃脱。曹操战船首尾相连之后，成功地把水战变为"陆战"，曹操大军顿时变得坚不可摧。无奈之下，周瑜只得下令军队坚守不出，与曹军形成对峙之势。

就在周瑜一筹莫展之时，他手下的大将黄盖发现了曹军连结战舰的致命弊端，便立即向周瑜建议道："如今情势敌众我寡，若进行持久战，对我军情势十分不利。如今，曹军用铁链将战船相连，如果利用火攻，便能一举歼灭曹操大军！"

周瑜接受了黄盖的建议，为了在发动火攻的时候尽可能接近曹营，确保火攻成功，周瑜与黄盖秘密商议后，决定让黄盖诈降，混入曹营做内应。

计谋商定后，黄盖给曹操写了一封投降书，让人送到江北曹营。投降书中写道："我黄盖深受孙氏恩德，长期担任将帅之职，孙家给我待遇也很好。但是如今，天下大势已经明朗，江东六郡怎么可能与曹公的百万之众相抗衡呢。其实在东吴，无论是文臣还是武将都很清楚，我们是无法抵挡曹公你的。但周瑜、鲁肃这些人却偏狭浅薄，自视甚高，看不清楚形势，非要和曹公你对抗。现在我黄盖决定要归顺曹公，因为这是大势所趋的事情。周瑜统领的军队完全不堪一击，希望在两军交战的时候，曹公你让我黄盖作先锋，帮你效命立功！"

曹操一见到黄盖的投降书，顿时大喜，认为他叛逃的理由陈述得合情合理，没有任何矛盾之处。曹军与江东军相比，其实力的悬殊也是有目共睹的，因此，想要投降，没什么奇怪的。当然，曹操这人非常多疑，一边读投降书，还一边上上下下地打量这个送信的人，但觉得此人也没什么破绽，于是就相信了。曹操如此轻易地相信黄盖投降，最主要的原因还是他骄傲轻敌，轻而易举的荆州之胜遮住了他的眼睛，让他看不清楚方向。他只知道当今形势是敌寡我众，却忘了当初自己在官渡之战中精彩的以寡敌众！

于是，曹操很高兴地对送信人说："如果黄将军说的是真的，他真心实意来投靠我，那我一定会重重地赏赐他，超过之前所有来归顺我的人！"随后，曹操又与送信人约定了黄盖归投曹营的时间，以及双方所用的联络暗号。

《三国演义》中对于赤壁之战，讲述了两个非常有名的故事，一个是"草船借箭"，另一个便是"周瑜打黄盖"。草船借箭之事普遍认为是子虚乌有的，而黄盖诈降虽然属实，但正史中却没有任何记载表明周瑜当时打了黄盖来麻痹曹操。

在骗取曹操的信任之后，周瑜开始紧锣密鼓地筹备火攻事宜。他调派了几十艘战船，在船上装满了干草枯柴，并将油脂涂满在船上，并盖上红色的帷幕，四周插上旌旗以作掩饰。为了方便士兵逃脱，周瑜还特地准备了许多快艇，用绳子系在战船后面。

到了约定投降的时间，黄盖趁着夜色，率领装满"易燃品"的战舰向曹营驶来。很碰巧的是，原本这是刮西北风的季节，但这一天却不知道为什么，突然刮起了东南风。《三国演义》里有个"诸葛亮借东风"的情节非常精彩，但实际上历史上是没有这回事的。诸葛亮是军师，而不是巫师，怎么也不可能去借东风。只能说是天命所归，时之我与，连老天都帮周瑜。

趁着东南风，黄盖的战舰朝着曹军水寨越来越快地行驶过去。曹军站岗的人一看，这是黄盖来投降了，暗号也都对，没有任何问题，便都放松防范，只远远地观望黄盖的舰队。

当舰队距离曹营不过二里的时候，黄盖一声令下，战船上的士兵赶紧点火，然后纷纷乘坐小船撤离。这个时候东南风势已经越来越猛，战船飞速地冲入曹军营寨，顿时间，曹营水寨陷入了一片火海之中。曹军仓皇四散，陷入了一片混乱之中。

就在曹军还没搞清楚发生了什么事情的时候，周瑜和刘备率领着精锐水军大举攻来，喊杀声在熊熊烈焰中震彻天地。此时阵脚已乱的曹军根本没有任何抵抗能力，烧死淹死的人不计其数。

在乱战之中，曹操被张辽等部众护送上岸，眼见自己的水上雄师葬身火海，曹操此时悲怆难耐，战舰相连，东南风起，烈火以燎原之势席卷曹营，此时已是无力回天了！

曹操悲痛非常，看着照亮了天际的火光，咬着牙沉声下令道："烧！将战船和物资全部烧毁！不能留给敌军！放火烧！"

曹军兵败如山倒，曹操狼狈地率领残兵败将由陆路经华容向江陵方向逃亡而去。华容道非常狭窄泥泞，行走十分艰难，途经华容之际，曹操的战马几次陷入泥潭而无法自拔，在士兵的牵引下才得以脱困。前路难行，曹操只得派遣士兵以枯枝烂叶铺路，才勉强能够通行。此时正逢天气寒冷之时，曹军逃亡途中饥寒交迫，处境十分艰难。但此时，周瑜和刘备的军队仍在后方紧追不舍，曹军根本不敢有片刻耽搁，争相逃亡，相互践踏，造成死伤无数。

经过一番艰难跋涉之后，曹操终于率残部摆脱追兵。此时，无论曹操还是其部众都狼狈不堪，一个个衣衫褴褛，污泥满身。曹操突然仰头大笑，众将领面面相觑，心里琢磨，这丞相不会是受刺激过大了吧，遇到了这种事情，怎么还笑得出来呢！

曹操看着众人，朗声说道："我曾说过，这天下称得上英雄的人，只有我和刘玄德。但刘玄德这个人却有个致命的缺点，他遇到事情不够果断，常常因此而错失良机。如果他早先一步派兵到华容道伏击，以火攻来对付我们，我们必然无法逃脱，全部都要命丧于此啦！"

不久之后，等刘备反应过来再派人来阻截曹操的时候，曹操一行人早已经跑远了。

曹操败退回到江陵，此时兵力已经折损大半，兵将士气都很低落，再也无心恋战了。驻守江陵的曹仁赶紧设下盛宴，为曹操接风洗尘，想要给他点安慰。这个时候，曹操已经脱险了，他回到了江陵大本营，逃过了周瑜、刘备等人的追击。但此刻，曹操突然悲从中来，凄怆不已地叹息道："若郭奉孝在，不使孤至此！"

曹操并未在江陵多作停留，他担心赤壁失利的消息一旦传到北方，会使后方政权动荡不稳，于是，曹操留曹仁、徐晃继续驻守江陵，乐进驻守襄阳，自己率领其余的部队踏上了北归的路途。

这次战役，曹操损失严重，战死、饿死的士兵达到半数。水军方面，荆州水军和程昱的部队遭到打击最重；陆军方面，曹纯为固守大本营，损失惨重；护卫乌林的乐进则在吕蒙、凌统和刘备的轮番攻击下，几乎全军覆灭。

赤壁之战让曹操遭遇了人生中前所未有的打击，使他尝到了冒进、轻敌的苦果，此次战役成为他戎马生涯中的一道创伤，也给他统一天下的前景蒙上了一层厚重的阴影。

曹操自骄而天下三分

　　曹操率部北撤之后，周瑜决定趁机攻打曹仁，夺取江陵。

　　周瑜先派兵攻打江陵北面的夷陵，冀图以此逼迫曹仁退兵，但未果。后双方在江陵城下展开激战。周瑜以数千人为前锋攻向江陵城，刚行至城下，曹仁的部将牛金就率领三百精兵冲出来了，在人数悬殊之下，牛金反而陷入了周瑜军的包围圈。这时，曹仁一看情况不好，当即亲自披甲上马，率领数十名骑兵冲出城外，杀入重围，以迅雷不及掩耳之势将牛金从包围圈中救出，其勇猛令周瑜都无比佩服。曹操后来知道了这件事，非常高兴，当即就加封曹仁为安平亭侯。

　　此后周瑜和曹仁又有过几次交锋，但双方战况都没有进展。有一次，周瑜在亲自督领骑兵攻城的时候被流矢射中右胁，伤势非常严重，趴在马鞍上才勉强回到大本营。曹仁知道这个消息后非常高兴，立即就下令，让士兵整军出战，到周瑜营前叫阵挑战。

　　周瑜本来正伤重卧床不起，听到曹仁这么一叫，为了稳定军心，只能赶紧强忍着伤痛披上铠甲到军营里骑马巡视，结果曹仁一看，周瑜能跑能跳，没什么事情，知道无隙可乘，便只能鸣金收兵，返回江陵城了。

　　周瑜和曹仁的对抗持续了一年有余，曹仁毕竟是孤军相抵，伤亡甚是严重，无奈之下只得赶紧向曹操求援。但此时，曹操正在东线江淮一带和孙权周旋，基本没有多余的兵力可以支援曹仁。最终，曹仁只得放弃江陵，退守襄阳和樊城。

在赤壁之战失利，仓皇北归之后，曹操越想越不服气，给孙权写了一封信，在信中声称，自己之所以会在赤壁战败，完全是因为士兵生病，不熟悉地势而导致在行军途中被雾气所惑而迷路，以及自己当时烧毁了战船等等，并痛斥周瑜不过是徒有虚名。不可否认，曹操为自己找的这些"借口"确实是存在的，但全都并非失败的根本原因。

曹操在赤壁一役遭遇惨败具有多方面的原因。

首先，人心不稳。

攻打江东之前，曹操才刚拿下荆州，战胜刘备，无论是在气势上还是在心理上都占尽优势。但此时，荆州刚刚归附，人心不稳，军心也不稳，既然不稳，又怎么可以贸然出击呢？但曹操却被胜利冲昏了头脑，忽略了这个非常严重的问题。这是曹操注定失败的第一个原因。

其次，骄兵必败。

曹操得到荆州之后，第一件事情就是立马给献帝上表，说天下已经基本上可以平定了！可见此时的曹操是多么志得意满，得意忘形。当初在官渡之战的时候，袁绍就是因为骄傲自满，一再轻敌才数次错失良机，让曹操有机可乘的。当时，袁绍的谋士沮授就曾对他说过，骄兵是必然会招致灭亡的。也正是因为骄傲，曹操才会轻易相信黄盖投降的诚意，不想却引狼入室，引火焚身。骄傲轻敌，这是曹操注定失败的第二个原因。

再者，孤立无援。

曹操这个人最擅长的，就是离间别人的同盟关系。当初他攻破吕布，讨伐袁术，出击袁尚兄弟，用的都是这一策略，先离间，让他们陷入孤立无援的境地，然后再开打。但这一次，曹操显然太骄傲了，他没有重视孙刘两军的联盟，不仅没有去离间他们，反而步步紧逼，促成了他们的结盟关系，结果使自己陷于孤立无援的境地中了，怎么可能不失败呢。

最后，以貌取人。

在曹操兵不血刃地夺取荆州之后，益州牧刘璋忌惮他的势力，一害怕就想归降了，并派遣别驾张松来向曹操示好。张松这个人非常有见识，且谋略过人，但外形不是很好，生得矮容貌也不漂亮，并且还十分不拘小节，整体形象确实比较差。当张松来到曹营之中，曹操手下有个谋士，叫作杨修，杨修就把曹操写的一本兵书拿给张松研究去了。结果，张松一边看，一边吃东西，大快朵颐，十分畅快。东西吃完了，张松竟然把所看的兵书内容也基本背下来了。杨修当时非常震惊，便去向曹操推荐说，这张松是个人才。

曹操是很爱惜人才的，但他偏偏不喜欢张松，觉得这个人一看就没什么本事，因此对他非常怠慢。张松这一次来荆州原本有两个目的，一是受刘璋所托，来替刘璋投降的；二是因为他一直觉得刘璋无能，所以想借此机会投靠曹操，成就一番事业。但曹操这一怠慢，张松不高兴了。曹操兵败之后，张松随即回到益州，极力劝说刘璋不要和曹操交好，并鼓励他转头去结交刘备。

曹操对张松的怠慢当然与赤壁之战的失败没有什么关系，但却对赤壁之战失利后的形势发展造成了巨大影响，间接帮助刘备扩大了势力，为自己树立了一大强敌。

曹操输掉的不仅仅是一场战争，同时也是他平定天下、统一中国的政治理想。赤壁之战后，曹军大挫，再无力挥师南下。而孙权则趁机取得了江陵及其以东的大片领土，并任命周瑜为南郡太守，镇守江陵；程普为江夏太守，驻军沙羡；吕范为彭泽太守，吕蒙为浔阳令，分别驻扎沿江一带。从根本上巩固了其在江东的统治。与此同时，刘备也趁机向荆州南部扩张自己的势力，并推举刘琦为荆州刺史，利用其在荆州的声望和影响力巩固自己的地位。随后，刘备派赵云、关羽等人攻取了长江以南的武陵、长沙、桂阳、零陵四郡，将其收归为自己的势力范围。后刘琦病死，刘备自任荆州牧，从此有了自己的固定地盘。此后，荆州的文人武士纷纷投奔其帐下，其中包括庞统、黄忠、魏延等人。

刘备的壮大让孙权感受到了威胁，但为了防备曹操的进攻，孙权又不得不拉拢刘备，并协助其加固荆州的防务。在左右为难的情况下，孙权心不甘情不愿地答应让刘备出任荆州牧，此后为了掌控刘备，孙权又主动把自己的妹妹嫁给了他。后在鲁肃的建议下，又将南郡借给刘备，以巩固双方关系，从而使得刘备实力越发壮大。此后，曹、刘、孙三股势力各自发展，相互觊觎，彼此争夺，促使天下初步形成了三国鼎立的局面。

赤壁之战，曹操以绝对的优势挥师南下，却以空前的惨败宣告结束。正如东晋史学家习凿齿所说："昔齐恒一矜其功而叛者九国，曹操暂自骄伐而天下三分。皆勤之于数十年之内而弃之于俯仰之顷，岂不惜乎！"昔日齐桓公因一时的自恃功高导致诸侯分裂；如今曹操因暂时的骄傲自满促使天下三分。二者都是一时大意致使数十年的努力毁于一旦，实在是可惜啊！

第十四章 ／ 西凉的呐喊

师出有名

曹操赤壁战败后决定将所有精力集中于经营北方，争取关中、陇右等地区的统治权。因此，关中地区最大的割据势力马腾和韩遂首当其冲成了曹操的下一个目标。

曹操在南征荆州之前，曾为了免除后顾之忧，令张既前往关中说服马腾归降朝廷，并表荐马腾为卫尉，其子马超为偏将军，继续留在凉州统领其父旧部。随后曹操又将马腾家眷迁至邺城，以便于监视控制。赤壁战败后，回到北方的曹操又想将马超也召进朝廷为官，但马超不肯，只能作罢。

建安十四年（209 年）冬，韩遂派遣心腹部将阎行前往邺城拜见曹操，一方面表示友好，另一方面也是刺探情况。曹操非常热情地接待了阎行，并且向献帝上表，推荐阎行做了犍为太守。等到阎行打算返回凉州的时候，曹操还赠送给他许多东西，并托他将一道手令带给韩遂，希望韩遂能够像马腾一样归顺朝廷，入朝为官。曹操此举实际上是想像控制马腾一样，将韩遂也"拐"到朝廷控制起来。

正所谓"吃人的嘴短，拿人的手软"，阎行从曹操这里得到不少好处，回去之后自然不遗余力地为曹操说话，他劝韩遂说："将军您兴兵已经三十余年，不管是将士还是百姓都感到非常疲惫了。如今我们占领的地盘也不算宽广，倒不如早点归附朝廷算了。我这次去邺城，已经主动对曹公说了，要将我的父亲送到京城，将军你不如也将一位公子送过去，以表示归附朝廷的诚意吧。"

听阎行这么说，韩遂不免也有些动心，但同时又拿不定主意，犹豫许久之后对阎行说道："再等几年看看情况吧，到时候再说。"

见韩遂已经松口，阎行再次加紧劝说，最后，韩遂还是被阎行说动了，把自己的一个儿子和阎行的父母一起派人送去了许都。

虽然马腾和韩遂此时在名义上已经归顺朝廷，并都相继表示了忠心，但曹操对他们依然是不放心的。尤其是马腾的儿子马超，素来有骁勇之名，如今又继承其父，拥兵关中，始终不肯入朝，让曹操不免感到寝食难安，如芒在背。只有真正荡平关中，消灭这两支军阀势力，才能彻底消除后患。

攻打韩遂和马超对于曹操而言是势在必行的，但此时，曹操也有所顾虑。名义上来说，韩遂和马超都是朝廷的官员，贸然去攻打他们，道理上说不通。曹操很清楚，当初自己能够一步步壮大势力，很大一部分原因是在政治上占据了优势，出师有名。因此，要想获得天下人的支持，要想取得最终的胜利，出师就必须有名，这样一来，一切顺理成章，才不会引起各路诸侯恐惧，从而产生叛变之心。

为了让出师有"名"，曹操辗转反侧想了很久，就在这个时候，钟繇来找曹操，对他建议说："曹公你不如指派给我三千兵马，让我以讨伐汉中的张鲁为名进入关中，然后从韩遂和马超那里抓更多的人质来，胁迫他们投降。"

张鲁是盘踞汉中的一个军阀，曹军要征讨张鲁，必定要从关中借道而行。

曹操想了想，倒也可行，但还是觉得不满意，于是又去找了另一个谋士卫觊，想要征求一下他的意见。卫觊对曹操说："西凉的那些人都没有什么雄心壮志，只求守着自己的地盘好好过日子就行了。现在朝廷已经给了他们高官厚禄，他们必然不会有什么大变故。但如果曹公你提出要远征张鲁，张鲁在汉中，那大军必然要借道关中才能抵达。这样一来，只怕会引起关中诸将的恐慌，认为曹军借道是假，攻伐他们才是真。这样一来，关中必然大乱，局势必然失控啊！"

大臣高柔也劝阻曹操说："曹公你不能去打张鲁啊，你要是发兵去打张鲁，恐怕会引起马超和韩遂等人的误会，因恐惧而发生反叛。我们不如先安抚三辅地区，然后再向汉中传送檄文，张鲁必然会不战而降的。"

曹操听完众人的意见后，心中已经有了决定：打张鲁！

众大臣都劝阻曹操打张鲁，并且详尽陈述了利害关系，曹操为何还要一意孤行呢？事实上，众大臣所担心的结果正是曹操想要的出师之"名"。打张鲁，那是醉翁之意不在酒，曹操心中的盘算是：借打张鲁之名率军进入关中，对马超和韩遂等人施加压力，引诱他们反叛。这样一来，曹操再攻打他们，那便是讨伐逆贼，出师有名了！

建安十六年（211年），曹操派遣钟繇率兵前往汉中征讨张鲁，同时令夏侯渊等人率兵从河东郡出发前往与钟繇会合。曹操大军一路浩浩荡荡朝着关中开过去了。

曹军压境，关中诸将果然都慌了，全部乱作一团，大家心里都很害怕，认为曹操大军哪里是想借道，肯定是来攻打自己的，于是纷纷联合举兵反叛。

　　当时，韩遂行军在外，军营中只有阎行留守。关中诸将联合到一起之后，马超提出让众人推举韩遂为都督，统领众将。韩遂与马超的父亲马腾是结拜兄弟，辈分上比马超高一辈，因此马超推举他做统领合情合理。

　　韩遂一回到军中，马超就已经等着他了，一见到韩遂，马超赶紧走了过去，激动地对他说道："将军，以前司隶校尉钟繇曾让我谋害您，但我没有同意，可见关东的人都是不可相信的。如今我的父亲在朝中被他们控制了，我只能忍痛将他抛弃转而把将军您当作我的父亲。我希望将军您也能如同我一样，抛弃您在朝中为质的儿子，把我当作您的儿子！"马超声泪俱下，说得慷慨激昂，目的就是要让韩遂下定决心反叛，与诸将联合，共同抗击曹军。

　　马超一走，阎行就赶紧站出来阻止韩遂造反，拼死阻挠让他不要和马超联合。阎行觉得这事情不对，不会那么简单。但此时，关中诸将都起兵造反了，韩遂的从众心理开始作祟，他对阎行说道："你看这情况，诸将不谋而合，全部都反叛了，这恐怕是天意啊！"

　　最终，一切正如曹操所愿。韩遂和马超带领着关中大大小小的军阀，集结了兵马十余万，开赴潼关，严阵以待，准备要与曹军决一死战。曹操下令曹洪代替曹仁镇守襄阳，命曹仁为安西将军，进驻潼关与马超、韩遂对峙，并派钟繇、徐晃、夏侯渊军团一同出征。并交代曹仁说："关西兵精锐强悍，你们要坚守壁垒，不要同敌人正面交锋。"七月，曹操命曹丕留守邺城，自己则亲率大军踏上西征关中之路。

巧渡河渭

曹操率军抵达潼关之后，立即调兵遣将，与关中大军相隔潼关对峙，等待着出击的最佳时机。

在此期间，曹操手下的一个人提醒曹操说："丞相，这些关中军队的作战力还是很强的，听说他们特别擅长用长矛来作战，很难对付，必须要选择精锐部队做前锋啊！"

曹操骄傲自满的毛病再次复发了，笑着对那人说："这作战的主动权可是掌握在我的手里呀！他们擅长用长矛作战？那我就叫他们的长矛刺不出来，军队就打过去！"

于是，曹操决定首先发动攻击，指挥大军开过潼关。贾诩坚决反对曹操的战略，但曹操不听，贾诩就不再说话了。军队开过潼关之后，一切却不像曹操设想的那般顺利。马超坚守不出，曹军攻击了半天，却毫无成效，顿时士气低落。

徐晃一看情况不好，便向曹操建议说："现在敌我双方都集结在了潼关，山西境内的蒲阪津却没有人进行防守，可见这敌方军团没什么谋略。丞相你不如给我一支精兵，让我渡过蒲阪津去偷袭敌人，必然让他们溃不成军！"

蒲阪津位于潼关北面，是蒲阪县西边的一个黄河渡口。从蒲阪津渡过黄河之后向渭水南行，便能从侧面进入潼关攻击敌人。曹操对徐晃的主意感到非常满意，当即就拨了四千精兵给徐晃，并令大将朱灵从旁协助，趁着夜色渡过蒲阪津。

马超实际上早已经预料到曹操会有此一招，开战前就向韩遂建议说："曹军很可能会从渭水以北渡过黄河偷袭我军，我们应该在此设置守卫，让他们不能渡河。时间一长，粮食供应不上，曹操必然会主动退兵。"

韩遂听完，当即采纳了马超的提议，并补充说："我们不如先让他们渡河，等渡到一半的时候再攻打他们，让他们手忙脚乱，进退不得！"

马超和韩遂虽然早有防范和计划，但没想到，徐晃和朱灵大军行动太过迅速，不等马超等人布置防守就已经顺利渡过黄河，并且构筑了起了防御工事。等到马超和韩遂反应过来的时候，曹军已经将他们包围了。马超立即派梁兴乘夜带着步骑五千攻打徐晃，徐晃早有防备，梁兴被打得落荒而逃。马超只得全力坚守潼关进入关中的通道。

眼见徐晃偷袭成功，曹操突发奇想，准备顺着蒲阪津由渭水进入关中，直接攻打马超后方。八月，曹操亲自指挥大军北渡黄河，并让张郃和乐进等人统率部队，自己则带领百余名卫士准备断后。

曹军主力军队刚渡过黄河，马超突然率领步骑万余人杀来，他不顾曹仁军团夹击的危险，以迅疾如风之势扑向曹操。顿时，喊杀之声震动原野，箭如飞蝗般射来，保护曹操的近卫军一下便被冲散，仅剩百余人死守曹操大本营。危急时刻，渡河的张郃立刻率领少数近卫回军救援。在许褚、张郃等猛将的护卫下，曹操才安全到达渡口。见马超依然对曹操穷追不舍，校尉丁斐顿时急中生智，将曹军殿后的物资马匹向四处驱散，以此扰乱敌人视线，马超军果然中计，曹操得以安全撤离。

对岸的乐进等人见曹军被马超冲散，全都心惊胆战，对曹操的安危甚是担忧。见到曹操后，众将领不禁喜极而泣。曹操对众人大笑着说："今天太大意了，差点被小贼困住。"曹操的话既是自我安慰，也是自我谴责。他在明知马超有防备的情形下，仍然贸然出击，完全是失策，相当于将主动权让给了马超，使得自己险些丧命。

到达河西后，曹操迅速占据有利地形，并将粮食和辎重等秘密运往渭水北岸，准备大举南渡渭水。如此一来，曹操进一步掌控了战场主动权，打乱了韩遂和马超的阻击计划。马超等人见战况不利，只得放弃潼关，退守渭水南岸。

曹操脱险之后，继续指挥部队朝渭水移动，并积极设置疑兵，迷惑敌人，暗中用舟船运送士兵进抵渭水，并在渭水之上搭好浮桥。夜间，曹军出其不意，悄悄渡过渭水，在南岸建起营寨。马超得到报告后，连夜率兵前来偷袭，谁知曹操早就在营寨四周布置了伏兵，马超战败而归。

马超屡屡受挫，一直被曹操牵着鼻子走，自知不是曹操对手，便派使者向曹操求和，答应割让黄河以西的土地作为补偿。曹操此次西征，志在彻底消除关中割据势力，进一步图取汉中、巴蜀，于是不加思索地拒绝了马超的请求。

曹操继续指挥大军南渡渭水，遭到马超的拼命抵抗。马超的骚扰使得曹军根本无法建立营寨，而南岸多沙，又难以挖掘壕堑。没有固定的营寨，曹军根本无法在南岸站住脚，北岸的曹军也难以继续渡河。

这时，谋士娄圭对曹操说："现在天气这么寒冷，我们可以在南岸用沙来垒城墙，然后把水浇在上面，一夜之间就能冻住，形成坚固堡垒。"曹操一听，果然是妙计！立即命士兵用细绢制成口袋，用来运水。又连夜派兵渡过河去，垒起沙墙，用水浇筑形成坚固的营垒，这样，曹军便顺利在南岸站稳了脚跟。

九月，曹操大军全部渡过渭水，与马超关西联军形成了新的对峙。不久，马超再次派遣使者求和，并承诺把自己的儿子送到许都做人质。贾诩知道这件事后，便向曹操建议，先假意与马超讲和，之后再寻找机会离间马超与韩遂二人，让他们斗个两败俱伤。曹操大喜，当即同意了贾诩的计策。

曹操假意接受马超等人的投降，并与诸将约定了在阵前会面，商量具体事宜。韩遂作为统帅，自然代表联军来与曹操谈判。韩遂和曹操是老相识，曹操一见到韩遂，立马亲热地走上去跟他握手，并开始跟他扯家常，开始说过去在洛阳时候的旧事，但对交战和投降的事情却闭口不谈。

事后，韩遂回到大营，马超等问他说："曹操都跟你说了些什么啊？"韩遂一想，曹操老说陈年旧事，也没谈成什么，于是就应道："没说什么。"此前，马超等人都看到曹操与韩遂相谈甚欢的样子，两人交头接耳，鬼鬼祟祟，不知商量什么，如今韩遂不肯说，自然引起众人怀疑。

不久之后，曹操又邀请韩遂和马超进行会面，并下令左右在阵前放置好障碍物，挑选精兵随身保护。双方见面之后，曹操依然对韩遂表示亲近，对马超则处处防范，故意进行区别对待，以此来增大马超对韩遂的疑心。

会谈结束后，关中的将领们都想见识一下曹操的威风，纷纷拥上前来，曹操大笑道："怎么？你们这是想看看曹公什么样子？和你们没什么不同嘛，没有四只眼睛两张嘴巴，如果说比你们多了什么，那也就是多了点智慧！"

此时，曹操身边只带了一个卫士，马超本想趁机擒获曹操，但此前他曾听说，曹操身边有一员猛将名叫许褚，勇猛无敌。马超担忧跟随曹操的这个人便是许褚，一时之间不敢轻举妄动，便问曹操说："听闻您的身边有一位虎痴（许褚外号），如今不知在何处？"

曹操大笑，示意马超，自己身边的卫士便是他在寻找的人。得知此人果然是许褚，马超只得打消了图谋不轨的念头。

几天以后，曹操给韩遂送了一封信，并故意假装写错字，在信上进行了一些涂抹。马超等人看过信后，对韩遂越发感到不信任，以为是韩遂自己在信上进行涂抹，企图掩盖重要信息。

眼见离间计已经取得成效，曹操立即变脸，不再继续商谈"和解"事宜，直接向诸将下了战书，无奈之下，马超和韩遂等人只好硬着头皮迎战。

曹操以轻兵为先锋发起进攻，马超一马当先，率领联军全力迎战，曹操渐渐不敌。眼见形势开始转为不利，曹操立即调整战略，下令骑兵由两翼突击，对联军形成夹击之势。曹操知道，这些军阀联军虽然名义上是盟友，但实际上都提防着彼此，各自心里都打着自己的小算盘，与当年袁绍等所组成的讨董联军别无二致。重要的是，这些军阀联军的统帅主要就是韩遂和马超，此前曹操所做之事便是为了让此二人之间相互猜忌，只要此二人不能同心同德，那么联军内部必然发生分裂。一旦他们不能同心协力作战，那么这场战争基本上就大势已定了。果然如曹操所料，联军很快就被曹军冲散，关中大部分地区相继落入曹操手中，韩遂和马超等人溃败逃回凉州。这场关中之战以曹操的全面胜利暂时落下了帷幕。

陇上破马超

在关中诸将联军溃败之后，曹操率军直入长安，先逐个扫荡败逃之后企图占据一城的关中小军阀，以招抚结合打压的策略稳定关中局势。此时，韩遂和马超已经逃回了凉州，曹操本决定率军追击此二人，以绝后患。不料在此期间，河间却突然爆发了以田银和苏伯等人为首的农民起义，幽州和冀州也因此受到影响。曹操担忧后方不稳，于是只得令夏侯渊领兵镇守长安，张既为京兆尹，徐奕为丞相长史，留此三人镇抚长安，自己则率部东归。

建安十七年（212年）正月，当曹操回到邺城的时候，这支农民起义部队已经被留守邺城的曹丕命将军贾信镇压了，俘虏一千余人。当时，对于如何处理这些被迫投降的俘虏，邺城将领分成了两派。一派人认为，应该以军法论处，把那些被包围以后才被迫投降的人全部处死。另一派人则不同意这种做法，程昱便是反对者之一。

程昱认为，此军法乃是当初天下混乱的时候所制定的，如今天下基本已经太平，如果再沿用曾经的重法，恐怕不甚妥当。程昱还建议说，就算要杀这批俘虏，那也应该先问过曹操，曹操才是真正管事的人，曹丕虽然名义上留守邺城，但真正能做决定的，还是曹操。

但很多将领这个时候不同意了，纷纷力挺曹丕，说："丞相既然把指挥权交给了公子，那么没必要事事都向丞相禀报，公子你是有权力自己下决断的。"

曹丕这人很聪明，没有因为暂时掌控权力就滥用，他也知道，自己名义上来说确实有下决断的权力，但如果这决断下错了，那必然会引起曹操的不满。于是曹丕就来找程昱了，请教他自己应该怎么做。程昱说："如果事态危急，那么当然是要自己下决断的。但是眼前这件事情不急啊，投降的那些人全部都在贾信将军的控制下，不可能突然就反叛，所以究竟要怎么处理他们，公子你还是谨慎一点的好。"

曹丕听完程昱的分析，认为他考虑得非常周全，立即派人去向曹操请示，结果曹操果然主张不诛杀。

回到邺城之后，曹操对程昱的做法大加赞赏，他对程昱说："仲德（程昱字仲德）你不仅是精通军事，而且还特别知道在我们父子之间怎么做事情啊！"

自古以来，但凡是帝王，最忌讳的就是自己还没退位让贤，别人就急吼吼地站出来试图取而代之。曹操现在还不是帝王，但实际上已经形同帝王，因此这个时候，他最忌讳的就是别人，尤其是将来可能成为自己继承人的人，急不可待地想取代他。程昱深知这一点，所以曹操认为他特别"懂事"。

曹操回到邺城之后，开始听大臣上报镇压农民起义军的战果，被曹操安排在后方负责管辖大小事务的长史国渊开始报告战果，全部如实上报。曹操觉得很诧异，打断国渊问道："你为什么这样做？怎么都报得这么老实啊？"

按照以往的惯例，在上报战果的时候往往都是"以一为十"，有夸大上报的现象，所以国渊这么老实，倒让曹操觉得事情不对了。这时，国渊发话了，他说道："报告丞相，以往多报战果，是为了显示大军威名，扩大在四海之内的影响力。但这一次，田银等人在河间发起叛乱，河间是我们管辖的地盘，并非敌人的地盘啊，虽然打了胜仗，但这次的叛乱让我觉得，我们有很多地方是需要反省的，做得不好。所以，我的内心深深地感到羞耻！"

曹操听了国渊的话，内心大为感动，这是一个懂得自我检讨并且胸怀万民的人啊！曹操当即就下令册封国渊做了魏郡太守，非常看重他。

处理完农民起义的事情后，曹操马上就以献帝的名义把马腾一家和韩遂送来许都的儿子全部处死。同时，曹操把阎行的父母关了起来，但是没有处死，他试图以阎行的父母为质，进一步争取他帮助自己彻底消灭马超和韩遂势力。

曹操班师回朝之前，一直追击马超等人抵达安定，后因河间叛乱而作罢。当时，凉州刺史韦康的参军杨阜就曾提醒曹操说："马超这人非常英勇，堪比韩信、吕布，并且在羌、胡部落都非常有威望。大军撤退之后，必须要好好安排防守，否则很可能会遭到马超的报复。"

当时曹操认为杨阜的分析很有道理，但由于撤军之事比较仓促，曹操在忙乱之中没有特别重视这件事情。

结果，马超在逃回凉州之后果然立刻整军，在听说曹操处死其家人之后大为恼怒，立刻卷土重来攻打曹军。当时，陇上各个郡县都纷纷起兵响应马超，只有凉州以及汉阳郡的治所冀城没有加入反叛组织。当时，马超还联合了汉中的张鲁，集结万余精兵前去攻打冀城。

　　冀城的兵力只有千余人，在杨阜的带领下顽强据守，一直从建安十八年（213 年）正月抵御到了同年八月，却一直不见曹操派兵救援。这个时候，曹操正在向南征讨孙权，根本就无暇兼顾冀城的事情。但是现在，冀城已经快抵挡不住了，刺史韦康只得赶紧派别驾阎温去向驻守长安的夏侯渊求救。结果，阎温在半路上被马超给抓了。马超原本想要让阎温去说降冀城上下，但阎温坚决不从，最后慷慨赴死。

　　眼看找救兵是没希望了，刺史韦康和太守商量之后，便想打开城门投降。杨阜得知此二人心意之后，痛哭流涕地劝阻他们说：“我率领着父兄子弟，秉承道义相助守城，抱定了至死都不投降的决心。现在冀城还很坚固，怎么能就这样放弃，落下不忠不义的名声呢！”但此时，韦康等人早已经失去了继续抵抗的信心，偷偷派人向马超投降了。

　　结果，马超一进城，立刻就杀了向他投降的韦康和太守，反而对威武不屈，忠心耿耿的杨阜予以厚待。

　　曹操在南征孙权回来之后才知道马超攻打冀城的消息，当即下令让夏侯渊领兵去救援。但结果，夏侯渊军队还没有抵达，冀城就已经失守了。马超率兵在离冀城二百里的地方迎击夏侯渊，将其挫败。

　　杨阜虽然被马超赦免，但始终都对马超持反对态度，一心想着要逃离冀城。不久后，杨阜的妻子死了，杨阜便借为妻子料理丧事的机会离开了冀城。此时，杨阜的表兄姜叙任抚夷将军，正在历城驻守，杨阜便去投奔了他，并极力劝说他攻打马超。在得到姜叙的支持后，杨阜又秘密联络了同乡姜隐、赵昂、尹奉、姚琼等人共同起兵讨伐马超。同时，身在冀城的梁宽、赵衢、庞恭等人也愿为内应，配合杨阜征伐马超。

九月，杨阜、姜叙等率兵进驻西县（今甘肃天水西南），正式举起了征讨马超的大旗。马超得知后非常愤怒，赵衢等人乘机进言，劝说马超带兵出战，结果马超一出城，赵衢等人便立即下令将冀城城门关闭，并令人将马超的妻室儿女全部处死。马超这才得知自己上当受骗，但此时，冀城已经回不去了，马超便率领士兵直取西县。在杨阜、姜叙等人的拼死抵抗下，马超军败退，走投无路之下，马超率军转而攻打历城。此时，历城上下皆以为马超已经败走汉中，因此毫无防备，致使马超轻易便攻入城中。马超为报杀妻杀子之仇，一进入历城便把姜叙的母亲和儿子都杀死了，并放火烧毁城池，后向南逃走，入汉中投奔张鲁。

建安十九年（214年）春，马超向张鲁借兵，企图重新夺回凉州。姜叙忙派人向夏侯渊求救，此时，曹操远在邺城，若等待其指示，只怕姜叙无法抵抗。于是，夏侯渊当机立断，即刻率军出发进行救援，以张郃率五千步骑为前锋，自己则在后方负责军粮督运。行至渭水，马超率数千氐人、羌人前来阻击，但一见张郃军，马超便料定自己无法取胜，尚未交锋就仓皇而逃。等夏侯渊带领主力部队赶到的时候，各反叛的县已经相继归降了。

此后，马超在跟随张鲁一段时间后，认为他缺乏才能，难有作为，加之又遭到张鲁左右的排斥，不久后便离开张鲁，到益州投靠了刘备。

马超败逃，陇右地区得以平定，曹操对此次战役中的功臣大加封赏，被封侯的就有十一人之多，其中杨阜被赐爵关内侯。至此，曹操终于在陇右地区站稳了脚跟。

捣平"国中之国"

势力最盛的马超战败之后，关中诸将只剩下韩遂仍在逃亡，其他一些小军阀势力则已不足为患。

当初，曹操为了拉拢阎行而没有杀害他的家人，并派人送了一封信给阎行。曹操在信中说："文约（韩遂字文约）的所作所为实在是让我觉得很可笑，之前我推心置腹地对他，多次想要和他交好，但如今他却做出这种事情，让我实在太失望了，你可千万不要与他为伍啊。你的父亲在朝中尚且平安，虽然被关进了牢狱之中，日子确实没有之前那般舒坦，但没办法，朝廷也不可能一直帮你奉养啊。"

曹操信中不乏威胁之意，但得知父母平安，阎行心中对曹操自是感恩戴德。况且此前阎行就一直反对韩遂叛变，其心早已倾向曹操，如今更是迫不及待地想要入朝归降。

韩遂得知这件事情后非常生气，为了让阎行死心塌地地跟着自己，韩遂强行把自己的女儿嫁给了阎行，试图以此引起曹操的疑心，令曹操一怒之下将阎行的父母诛杀。韩遂此举果然让曹操对阎行起了疑心，但曹操一时之间还拿不定主意是否要将阎行的父母杀死。

就在这个时候，韩遂派阎行带兵去驻守西平郡，阎行夜半突然率领部众起事，想要杀死韩遂后带着他的首级投奔曹操。但最终阎行不敌韩遂，仓皇败走。曹操看到阎行果然带兵前来投靠自己，非常高兴，当即就上表册封他为列侯。

阎行叛变的消息让韩遂非常失望，眼见自己大势已去，便有了南投巴蜀的念头。韩遂的部将成公英劝阻他说："曹操远在邺城，不可能亲自来征讨将军，如今只有夏侯渊的部队在此，但他们有驻守城池的任务，既不可能来追击我们，更不会与我们长久周旋。因此，将军你不如进驻羌族地区，等曹军撤退之后，将军召回旧部，争取羌、胡支持，还能够东山再起，有所作为！"

韩遂非常认同成公英的意见，随即与屯据兴国的氏王千万联合，逐渐向东发展势力。

建安十九年（214年）春，再次兴兵的马超被夏侯渊所率部众打败，此时韩遂正驻军显亲（今甘肃秦安西北），夏侯渊立即转而攻打韩遂，打算一举将其歼灭。韩遂得到消息立即往略阳（今甘肃张家川回族自治县西）方向逃亡，夏侯渊率军一路追击到了略阳。这个时候，夏侯渊帐下的将领开始有了意见分歧，有人主张继续追击韩遂，有人则建议应该先攻打兴国氏人。

在分析形势后，夏侯渊对诸将说道："韩遂部队精锐，兴国城池坚固，其实都不好打。不如先攻打长离川（今甘肃的葫芦河）流域的羌人部落。韩遂军队里有很多羌人，一旦他们得知家乡被攻击，必然会前往救援，这样一来，韩遂的力量就会削弱。如果韩遂率军去救援，那就更好了，我们可以在旷野之中将他们一举歼灭。"

事情果然如夏侯渊所预料的那般，听到长离遭到攻击，韩遂立即率军前去救援。双方在野外大战，韩遂大败，损失惨重，带领残余部队逃亡西平（今青海西宁）。次年，韩遂部下麴演、蒋石等人将韩遂杀死，并把他的首级献给了曹操。

大败韩遂之后，夏侯渊随即率军进攻兴国，氏王阿贵被消灭，氏王千万弃城而逃，投奔马超。此后，夏侯渊乘胜荡平高平地区的匈奴各部。夏侯渊数次战役皆获大捷，被曹操授予假节的称号。此后，曹操下令撤销了安东、永阳两郡，加强对陇右地区的管理。

东汉末年，掌管地方军政的官员往往有加使持节、持节或者假节的称号，这实际上是一种权力的扩大。加使持节意味着官员有诛杀中级以下官吏的权力；加持节则有诛杀无官职人的权力；加假节则能够诛杀触犯军令的人。

此次羌胡人的反叛让曹操开始思考对待少数民族部落的管辖方式。他任命田丘兴为安定太守，并告诫他说："以后，如果羌族人想和中原交往，就让他们派人来朝廷，千万不要派人去见他们。如果所托非人，派去的人很可能会唆使这些少数民族提出过分的要求，然后从中获利。朝廷答应他们的要求，必然会纵容他们，但不答应则可能引起争端，反而麻烦。"

曹操的建议非常有见地，但可惜田丘兴却没有按照曹操的嘱咐办事。他擅自派遣了校尉范陵等人出使羌族部落，范陵果然教唆羌人向朝廷提出要求让他担任属国都尉之职。曹操为了安定陇右地区，只得暂时答应了这一要求。

此时，马超、韩遂以及羌胡部落被平定之后，陇西还有一个独立的割据势力存在，那便是枹罕（今甘肃临夏东北）的"土皇帝"宋建。当初，在黄巾之乱的时候，宋建趁着马腾等人在凉州作乱的机会，纠集了一支军队在枹罕建立了一个"国中之国"，自称为"河首平汉王"，并改元建号，设置百官。虽然宋建势力不大，但在枹罕统治长达三十多年。

为了陇右地区的稳定，曹操不可能容许宋建势力的留存。建安十九年（214年）十月，曹操派夏侯渊再次出征，包围枹罕。宋建势力本就不强，没多久便败于夏侯渊之手，与他的"文武百官"一同被曹军斩杀。

至此，凉州基本上全部落入了曹操手中，曹操将凉州取消，设置雍州，任命张既为雍州刺史，从三辅直到西域，都属雍州统辖。东汉北方地区得以完全统一。

第五篇／敌人与自己人

第十五章 ／ 生子当如孙仲谋

坚守合肥

赤壁之战后，刘备、孙权取得了暂时性的胜利，于是把握机会向南方扩张势力。孙权趁战争激烈之际，向他觊觎已久的江淮地区发动了进攻。曹操虽然在赤壁之战损失惨重，但瘦死的骆驼比马大，与孙权展开了一场激烈的江淮争夺战。

建安十三年（208 年）冬，曹操刚刚从赤壁回到北方，孙权就率十万大军亲自出征，围攻合肥。扬州刺史刘馥早有防备，在此之前已经加高了合肥的城墙，囤积了大量的木材、石料和其他物资，为战争做好了准备。合肥守军相对于孙权的十万大军可谓是少之又少，但是依靠坚固的城防与事先准备的充足物资，坚守合肥两个多月。

次年春，久攻合肥不下的孙权渐渐地有些急躁，想要依靠兵力众多，率一队轻骑强行攻城。长史张纮劝阻他说："兵器是不祥的器械，战争是危险的事情。如果将军倚仗强盛的气魄，忽视强暴的敌人进行强攻，三军将士无不寒心。斩杀敌将，拔取敌旗，威震敌军战场，这只是偏将的任务，不是主帅的职责。希望将军克制孟贲、夏育一样的勇猛，应该胸怀建立霸业的计谋。"在张纮的劝阻之下，孙权放弃了亲自领兵强行攻打合肥的想法。

春夏交际之时，天气开始偏向孙权一方，阴雨连绵。合肥的城墙被水浸泡，随时可能崩塌。城中的军民只能用茅草覆盖城墙以减缓城墙损坏的速度。合肥情况危急，曹操却是一时之间抽调不出兵力来救援，无奈之下便派出大将张喜率领一千骑兵作为先锋前去解围。同时，曹操也将汝南的驻军交给张喜带领。汝南的驻军本就不多，再加上正巧遭遇了瘟疫的侵袭，张喜最后带走的士兵少之又少。

此时，扬州别驾蒋济知道援军来的不多，并且短时间内不会到达，就向刺史刘馥献计。蒋济分别派出三批使者，带着伪造的书信通知合肥守军，就说张喜率领了四万大军赶来解合肥之围，并且行进速度极快，不日即将赶到。三批使者奋勇杀敌，最终只有第一批使者冲入了合肥城中，另外两批全部被孙权捉住。孙权看了使者身上的书信，信以为真，以为曹军的四万大军不日即将到达。若是真如信中所说，自己恐怕马上就要腹背受敌。无奈之下孙权只好下令烧毁围城的营寨赶快退兵。合肥城就这样化险为夷了。

建安十四年（209年）三月，曹操亲率大军来到谯县，得知孙权已经退兵，便下令部队在此休整。同时，鉴于曹军在赤壁之战的惨败，曹操下令制造轻便的战船，加紧水军训练。

这时蒋济也来到谯县，曹操得知他用计吓走了孙权的事情，对他非常欣赏，于是就征求他的意见说："以前在官渡同袁绍对垒之时，我带着百姓南迁，这样可以避免百姓被敌人掳走，也不必流离失所了。现在我与孙权对垒，我把淮南的百姓都迁往淮北怎么样？"蒋济回答道："过去是敌强我弱，如果不把百姓迁走就会落入敌人手中。现在将军威震天下，人心安定。百姓们也都留恋着自己的家乡，不愿迁徙，如果强行让百姓迁往淮北，只能造成百姓的恐慌。"

曹操并没有听蒋济的意见，还是坚持要将淮南的百姓迁去淮北。结果在百姓之中造成了恐慌，有十万多人逃向了孙权的江东地区。等曹操再次遇见蒋济的时候，已经是在邺城了。曹操对于自己没有听蒋济的建议感到非常后悔，所以非常热情地迎接了蒋济，并且赞扬了蒋济的谋略与智慧，立刻任命他为丹阳太守。

同年七月，曹操进驻合肥。合肥的军事地位非常重要，如果合肥、庐江一线失守，那么曹操就只能退守淮水以北，中原地区将会难以防守，遭受严重的威胁。于是，曹操加强了对合肥的防守，还采取了一系列巩固淮南防线的措施。

首先曹操对驻守淮南的将士们进行了嘉奖和抚慰。连年的天灾与战乱导致大批的将士死亡，他下了一道《存恤吏士家室令》，表示：近年来，军队多次出征，再加上疫病，官兵死亡甚多，家属失去依靠，生活贫困。因此，命令官府对凡是死去将士家属没有家产、家属不能养活自己的，部队长官要加以抚恤、慰问，县官保证粮食的供应。这道《存恤吏士家室令》大大地鼓舞了江淮将士的士气，稳定了军心。

其次，曹操对江淮地区各郡县的任职长官进行了调整，以便强加统治。曹操占领了扬州后，许多扬州的名士纷纷前来归顺，曹操一一予以重用，这些人对于曹操稳定扬州地区，巩固统治起到了巨大的作用。陈登在江、淮间颇有名望，曹操便让他担任广陵太守。淮南人刘晔也是一名难得的人才，曹操任他为司空仓曹掾，为曹操献计平定了庐江境内以陈策为首的农民起义。

扬州刺史刘馥此次也是阻止孙权攻下合肥的功臣之一，在此之前也数度为曹操立下了汗马功劳。刘馥就任扬州刺史之时，扬州正值多事之秋。孙权任命的庐江太守攻杀了扬州刺史严象，庐江境内又有梅乾、雷绪、陈兰等人聚集数万人起义，局势异常紧张。刘馥胆色过人，单枪匹马来到合肥空城，建立州治。很快他就招抚了梅乾、雷绪等起义军，修建了多项水利工程，使得扬州地区的农业得到了长足的发展，社会稳定，人们安居乐业。

但是好景不长，刘馥在孙权撤军之后没多久就不幸去世了。曹操经过慎重考虑，任命通晓军事的丞相主簿温恢为扬州刺史，足智多谋的蒋济为扬州别驾，做温恢的副手。曹操对温恢说："我本想将你留在身边，但是扬州至关重要。《尚书》说'股肱之才，庶事安康！'恐怕你还会得到蒋济做治中吧！"又对蒋济说："季子为臣，吴国应有国君，现在你又回到扬州，我便不再担忧了！"曹操借用股肱之臣、季子来赞扬温恢和蒋济，表示对二人寄予厚望。

随后，曹操又将扬州治所由寿春迁至合肥，选用能吏担任各郡县长官，加强对合肥的防守。

同时，曹操又任命仓慈为绥集都尉，在芍陂（今安徽寿县南）周围开垦荒地，招募农民，实行屯田，以确保军粮的供应。芍陂地区土地肥沃，早在春秋时期就被楚相孙叔敖开垦出万亩良田，后经过刘馥的经营，可谓是曹军最佳的粮食生产基地。

期间，曾一度偃旗息鼓的庐江人雷绪又兴兵作乱，陈兰也勾结梅成在灊县（今安徽霍县东北）、六安一带聚众叛乱，并同孙权取得了联系。为了清除隐患，曹操派夏侯渊率兵讨伐雷绪，于禁等人讨伐梅成，张辽督率张郃、牛盖等讨伐陈兰，同时为了阻截孙权前来救援，曹操还命令臧霸率兵前往皖县（今安徽潜山），迎击孙权部将韩当。

梅成见曹军攻势凶猛，便假装向于禁投降。于禁信以为真便退兵。而梅成则乘机投奔陈兰，将军队转到灊县境内的天柱山。天柱山山势高峻，通往山顶的小路长达二十余里，而且，艰险狭窄，只能勉强过人，可谓是一夫当关万夫莫开。

诸将认为天柱山地势险要，难以攻取，张辽却说："这就是所谓：在一个人对付一个人的狭窄地带作战，只有勇猛的人才能取胜！"于是，张辽一马当先，率领精锐部队，冲上山顶，将陈兰、梅成斩杀。

事后，曹操对张辽的勇猛十分赞赏：登天山，履峻险，攻取陈兰、梅成，荡寇将军（张辽）的功劳啊！于是，曹操特地给张辽增加封邑，并授予假节的称号和权力。

曹操见淮南的局势已经稳定，便留下张辽、乐进、李典三位大将镇守合肥，自己领兵北归。同年十二月，曹操率兵回到谯县，这时，曹仁从江陵撤到襄阳、樊城。从此以后，合肥和襄樊，成为曹操在南方与孙权、刘备争斗的战略要点，也是曹操坚守江淮地区的重要屏障。

劳而无功

赤壁战后，刘备向荆南发展势力，孙权为了联合抗曹，推举刘备为荆州牧，并且将自己的妹妹嫁给刘备。而此时，东吴大将周瑜却英年早逝。在鲁肃的建议下，孙权将南郡借给刘备，作为荆州治所，上演了一出"借荆州"的好戏。

而孙权也积极向岭南地区扩张。建安十五年（210 年），交趾太守士燮控制的岭南七郡全部归顺孙权。随后，孙权又将势力发展到交州一带。

次年，为了加强长江防务，孙权将都城从京口西迁到了秣陵（今江苏南京）。第二年，改秣陵为建业，并依山势筑成石头城，用来储备粮食和军械。后孙权遵从吕蒙建议，在通往巢湖的濡须口（今安徽无为东）夹水立坞，用来控制通往长江的水上通道。如此一来，孙权既可以防备曹操南进，同时也利于东吴军北上。

建安十七年（212 年）十月，曹操亲自率领大军东击孙权，意欲一雪前耻。出征之前，曹操让阮瑀代笔，写了一封信给孙权，信中说道："孙权小儿，你意图依靠水战和长江天险来阻挡我们的大军南下，此举未必能够成功，千里江面之上作战，情况随时变化无穷。凭借着我的谋略和实力，攻打至你江东，是完全有可能的。想当年，魏王豹于黄河边阻击韩信，却被韩信奇兵出击，大败溃逃，而我便是当年的韩信，必将把你打得落花流水！"

建安十八年（213 年）正月，曹操大军进逼濡须口，以张辽和臧霸担任前锋。此时，正逢天降大雨，江面水势上涨，孙权大军利用其水上优势不断向前进逼。张辽见状，打算暂且退兵，然后再谋打算。但臧霸却不同意张辽的意见，对他说道："曹公深明利弊，必定会考虑到我们的情况，只要坚守不动，曹公必然派军来援，绝不会将我们弃之不顾的！"于是，张辽与臧霸决定坚守不动。

次日，曹操果然率主力部队赶到，曹军士气大振，在曹操指挥下一鼓作气，攻破了孙权在长江西面的大营，并俘获其都督公孙阳。曹操得知此前臧霸劝谏张辽坚守作战之后，对其大加赞赏，当即加封他为扬威将军，并加假节。

孙权此时正在都城建业坐镇，得知曹军南下的消息后，立即率领七万大军前往濡须口迎战。孙权以大将甘宁为前都督，攻打曹操前营。甘宁挑选了百余名勇士，打算带领他们趁着夜色袭击曹营，杀曹军个措手不及。二更时分，甘宁等人行至曹操大营外，甘宁一声令下，众壮士发起冲锋，在一片喊杀声中斩杀曹军数十人。曹营顿时大乱，待镇定下来的时候，甘宁等人早已撤离。

甘宁胜利回营，军中奏起军乐，士兵高呼万岁。孙权喜出望外，激动地赞扬甘宁道："曹孟德有张辽，我孙权也有兴霸（甘宁字兴霸），足够和他抗衡啦！"

此后，曹军与孙军相持数月，均没有任何进展。

在一次作战中，曹操部下将军孙观被流矢射中，血流不止，但孙观却强忍伤痛，依旧奋勇作战。曹操十分感动，对孙观说道："将军，箭伤虽然并未折损你的勇气，但你应该为了国家而爱惜自己的身体啊！"随后，曹操封孙观为振威将军，以表彰其勇猛。但可惜，孙观后因伤势过重，不治去世。

此后不久，曹操令一部分军队在夜间乘坐小船偷袭孙权大营。不想部队行至一片沙洲上时，便被孙权将士发现，双方展开激战，曹军势孤力弱，被俘三千余人，死伤无数。此次挫败让曹操大为伤痛，此后便下令坚守营垒，等待战机，不再贸然发动攻击。

孙权军队多次挑战，但曹军拒不出战，孙权大为恼怒，时常乘坐战船到曹军大营附近视察敌情。一次，孙权战船刚行到曹军大营附近，突然之间便见无数箭矢从曹营飞出，射满了孙权战船的一侧，战船顿时摇摇晃晃，眼看就要翻入江中。孙权大惊失色，急忙下令将战船调转方向，以船身另一侧面对曹军大营，挡住射来的箭矢。等船身逐渐恢复平稳之后，孙权这才下令战船撤离。

没过多久，孙权又乘坐了另一只快船从濡须口开到曹军营前，曹操站在城头俯瞰孙权，下令左右无须理会，对部将冷静从容地说道："这是孙权小儿来查探我军的情况啦，不用担心！"孙权巡视一圈之后，果然退回，并于途中高奏军乐。

曹操见孙权沉着冷静，东吴军队上下整肃，不由得想起荆州牧刘表两个不成器的儿子，顿时感叹道："生子当如孙仲谋啊！那刘景升（刘表字景升）的儿子和他相比，简直形同猪狗！"

到了二、三月间，雨水逐渐转多，双方战事却仍然毫无进展。这时，曹操收到了孙权写给他的一封信，信上说："春水方生，公宜速去。"同时还有另一张纸，上面则写道："足下不死，孤不得安。"

曹操将此事告知帐下诸将，并感叹道："孙权说的确实是实话啊，如今雨季来临，已经不能再继续僵持了。"曹操随即下令大军撤离，退回邺城。

建安十九年（214 年）五月，曹操任命朱光为庐江太守，驻守宛城，积极发展生产，囤积军粮。此时，吕蒙向孙权建议道："宛城土地肥沃，曹操在此开垦农业，如果获得丰收，必定使曹军实力大增。我们应该趁早将它攻下，以绝后患。"

孙权接受了吕蒙的建议，亲自率军征讨宛城，并以甘宁为升城都督，于前方督战，吕蒙则率精锐作后援。张辽得知孙权进攻宛城，当即从合肥率军支援，行至途中却得知城池已失，只好原路返回。随后孙权令吕蒙镇守宛城，任职庐江太守。

宛城失陷，曹操很不甘心，当即打算再次出征孙权。但当时，大雨连绵，道路泥泞，加之此前多次征讨皆无战果，军中将士已经无心再行出征。但曹操依然一意孤行，甚至在军中下令，称："但凡是有劝阻我不要打孙权的，全部处死！"

丞相主簿贾逵见情况不妙，便与其他三位主簿商量说："虽然丞相下了这样的指令，但如今情况确实不适宜再行出兵，我们身为人臣，怎么可以因为惧怕死亡而不加以劝说呢！"

于是，贾逵与三位主簿共同起草意见，力阻曹操再对孙权用兵。曹操勃然大怒，当即就下令将贾逵等人逮捕了，怒斥道："说！你们是谁出的主意！"

贾逵毫无惧色，当即站了出来，说道："是我出的主意！"语毕，贾逵大步朝着监狱走去，见到狱吏之后，说道："赶紧给我戴上刑具吧。不然曹公会以为你徇私枉法的，一会儿他必定会派人前来查看。"

果不其然，狱吏才刚为贾逵戴上刑具，曹操就派人来查探情况了。贾逵在监狱里待了两天，曹操的气消了之后，又下了道命令说："贾逵没有恶意，所以赦免他的罪责，让他继续回到他的位子上吧。"

一场风波得以平息，但众人都因为惧怕曹操而不敢再行劝谏。七月，曹操再次率领大军踏上了东征之路。

此时刘备已经成功占据益州，天下三分已成定局。曹操想以武力再讨孙权，几乎不可能成功。出发之前，参军傅干再次出面劝阻曹操，他说："东吴据长江之险，巴蜀有崇山之阻，是难以依靠武力进行征服的，但我们可以用恩德去安抚他们。现在是时候放下武器，休养生息了，与其发动战争，不如给他们分土定封，论功行赏，以此来安定内外人心。然后，再兴办学校，感化百姓，众人自然会前来归附。现在我们的大军屯驻在长江边上，但敌人不应战，我们也无可奈何。这样下去，达不到慑服敌人的目的，于自身也没什么好处。还是保存实力，修养道德来使他们臣服吧！"

曹操不听，依旧一意孤行领军南进。途中，尚书令荀攸病逝，享年五十八岁。曹操非常伤心，痛哭流涕，并特下一道手令来表达对荀攸的悼念之情，手令曰："我和公达（荀攸字公达）出生入死了二十余年，公达从来不曾有什么过失。公达确实是个贤能之人，具温良恭俭让等美德。孔子曾经夸晏平仲，说他非常擅长和别人相处，时间长了，人人都很敬重他。公达何尝不是这样的人啊！"

曹操率军进入合肥之后，便收到夏侯渊平定关中的消息。加之此时孙权已经严阵以待，曹操见无隙可乘，便下令暂且退兵回师，转而谋取汉中。

这次南征，虽然对孙权产生一定的威慑作用，但是并未取到任何战果。曹操不顾贾逵、傅干等人的劝阻以及将士们消极情绪，最终使其成为一次劳而无功的行动。

贼至乃发

建安二十年（215年）三月，从合肥退军后的曹操再次整军，挥兵西向汉中。

出征前，曹操料定孙权必会趁他出兵汉中之际进军合肥，于是将一道指令装在封套里交给护军薛悌，让他带到合肥交给张辽，封套上书四个字"贼至乃发"，意思就是等孙权大军到达的时候再打开。同年八月，孙权果然如曹操所料，亲率十万大军直逼合肥。当时，镇守合肥的张辽、李典及乐进所率军队不过七千余人，实力之悬殊令人震恐。

此时，张辽等人突然想起曹操令薛悌带来的手令，急忙拆开封套，密令中写道：若孙权军队到达，张辽、李典两位将军出战，乐进将军坚守城池，薛悌勿参与作战。

张辽、李典和乐进三人虽然都是曹操手下的重要将领，有勇有谋，但由于他们无论资历、能力还是地位都旗鼓相当，所以谁也不服谁管，彼此间的相处也不是很融洽。如今孙权来袭，三位能人猛将都坐镇合肥，既让曹操安心，又让曹操忧心。安心，是因为三人均能征善战，有他们镇守，合肥必定不会有失；忧心，是因为三人彼此有隙，若阵前相争，必定损失惨重。因此，曹操令薛悌作为中间人，来调节三大将领间的关系，同时直接作出安排，以免三人意见不统一。

但此时，众人对曹操的部署却感到非常不解，曹军现在急缺人马，本应集中兵力选择防守或进攻，或许还有取胜机会。但现在，曹操却要求众人防守进攻兼备，如此一来，兵力分散，岂能御敌！

张辽见众人面有疑虑，率先说道："曹公此时远征在外，若我们一心等待他派遣救兵，路途遥远，合肥必定不能坚守。所以曹公才希望我们先发制人，在敌军尚未合围之时挫其锐气，此后再据城防守，胜算必然较高。"

对于张辽这番解释，李典和乐进面面相觑，都不作声。张辽急了，生气地说道："成败关键就在此一举了，诸位还有什么疑虑啊！若诸位不愿接受我的意见，那便让我单独领兵出战吧！"

李典这才慨然应道："这是国家大事，我又怎会有所退缩呢！我愿接受将军你的指挥，与将军一同出战！"

次日一早，张辽、李典便率将士猛冲出城，杀向敌营。张辽一马当先，高呼自己的名号，策马冲入敌阵，顷刻间便斩杀敌军数十人，一直杀到孙权麾下。孙权大惊失色，左右将领也一时不知所措，慌乱向高地撤退。

张辽横刀立马，大声叱令孙权下山交战，孙权见其勇猛非常，不敢轻举妄动。观察许久之后，孙权发现张辽所带军队人数不是很多，这才指挥军队进行反击。张辽顿时陷入重围，左冲右杀，这才冲破包围圈。此时，张辽所带领的士兵依然身陷重围，见张辽策马冲出，高呼道："将军你不管我们了吗！"听到士兵呼声，张辽立即返身，再次杀入重围。被围士兵大受鼓舞，英勇奋战，从早晨一直厮杀到中午，终于冲破了孙权军的包围。

曹军首战告捷，致使孙权军锐气大挫，而曹军却士气高昂，军心稳定。此后，孙权大军围攻合肥十余天，却不得任何进展。此时，军中又发生了疫病。无奈之下，孙权只得引大军无功而返。

见孙权大军撤退，张辽登上高处进行观望，此时，孙权大军主力已经撤到合肥东北的逍遥津南岸，只有孙权和少数将士还留在北岸，等待渡河。张辽立即率领精锐冲出城门，向孙权等人杀去。孙权大惊，想要召回主力部队支援，但此时部队已经走远。吕蒙、甘宁等人拼死搏杀，护送孙权离开，此时，渡河的木板桥已经被拆毁大半，危急之际，孙权猛抽战马，战马纵身越到南岸，孙权方才脱险。

事后，张辽审问俘虏说："方才我看到一个骑着快马，箭术精良，身着紫衣的将军，是何人啊？"

俘虏回答说："那便是孙将军。"

张辽大惊，这才得知孙权竟在自己手中逃脱，顿时后悔不迭。

随后，曹操得知孙权军大败，非常高兴，当即擢升张辽为征东将军，并犒赏三军。

建安二十一年（216年）二月，曹操攻占汉中后返回邺城，晋爵为魏王。此后，曹操相继解决了乌桓及南匈奴作乱问题，巩固了对周围少数民族地区的控制。

同年十月，曹操加紧军队训练，准备再次南征孙权。

次年正月，曹操进军居巢。二月，又进军郝溪，对濡须口展开攻击。孙权以吕蒙为都督，在濡须口筑城拒守。吕蒙在城上设置强弩对战曹军，取得小胜，但曹军来势汹汹，最终难以抵挡，孙权只得下令暂且后撤。

不久之后，孙权派都督徐详前来求见曹操，求和罢战。此时，曹操军中正生疫病，兵力折损，曹操也无意再战，于是便顺水推舟，同意了孙权的求和，并表示愿与孙氏通婚，以巩固双方的友好关系。

三月，曹操率军北还。临行前，曹操令夏侯惇、曹仁、张辽以及臧霸等二十六路大军驻守居巢，在合肥南面筑起了一道抵御孙权的坚固屏障。

曹操与孙权争夺江南的战争历时十年之久，大的战争就发生三四次，但双方都无大的建树。淮南战争之后，曹操不仅守卫了合肥，控制了淮南广大地区，更将防守据点向南推进到居巢一带，对孙权形成了进一步威胁，迫使孙权遣使求和，至此相持局面完全形成。

第十六章 ／ 食之无肉，弃之可惜

先下手为强

平定北方之后，曹操把战略目标定为平定关陇，图取汉中、巴蜀之地。因此，在消灭马超、韩遂等关西诸将之后，曹操大军立即进取汉中。

汉中一直是兵家必争之地，土地肥沃，物产丰富，四周地势险要。当初汉高祖刘邦便是先以汉中为根据地，向外扩张，完成帝业。当时占据汉中的军阀是汉宁太守张鲁。

张鲁本是沛国丰人，祖父张陵在汉朝末年来到蜀中地区的鸿鹄山学道，并创立了一个原始道教。当时，凡是信奉该教的人都要向教中贡献五斗米作为经费，因此，这个教派又被称为"五斗米教"。张陵死后，张鲁的父亲张衡继续传道，当时黄巾骤起，张衡便召集教众在汉中也发动了起义，被朝廷称为"米贼"。后张衡死，张鲁又继承了父亲的衣钵。

在张鲁占据汉中之后，开始用五斗米教的教义来教化百姓，自称为"师君"，把那些刚加入教中的新人称为"鬼卒"，资深信道人则称"祭酒"。祭酒又分大小，统率部众较多的被称为"治头大祭酒"。

当时，东汉朝廷已是穷途末路，势力空虚，无力征讨张鲁，于是只能承认他的地位，并册封他为镇民中郎将，兼任汉宁郡太守。这样，张鲁就名正言顺地接手汉中，成了该地的统治者。

益州刘璋和张鲁的关系一直十分紧张。在占据汉中之前，张鲁曾在刘璋的父亲，前益州牧刘焉手下做事。刘焉为扩张势力，任张鲁为督义司马，令其与别部司马张修共同率军攻打汉中太守张固。结果张鲁杀死张固之后，趁机侵吞了张固的部众，占据汉中，并在汉中发展五斗米教，以此巩固自己的统治势力。

刘璋继任益州牧之后，张鲁不肯归附，刘璋一怒之下将张鲁在益州的家人全部杀死，从此两人结下了血海深仇。刘璋曾多次率部攻伐张鲁，但都以失败告终。

益州土地肥沃，物产丰富，有"天府之国"的美称，一直受到各方势力的觊觎。而刘璋本身并非益州人士，因此与当地原籍的地主豪强集团一直存在不可调和的矛盾。加之张鲁在北面施加的威胁，刘璋在益州的政权并不稳固。

赤壁之战后，曹操势力大损，已经不具备攻取益州的条件，让刘璋大大地松了一口气。加之在赤壁之战前夕，刘璋曾派遣属下张松前往荆州向曹操示好，却遭到怠慢，张松因此愤恨曹操，回到益州之后便极力怂恿刘璋转而与刘备结盟。此后，刘璋与曹操断绝关系，而曹操也只能无奈地暂时放弃了益州。

而孙权、刘备却正好与曹操相反，赤壁之战的胜利让他们两家的军事实力得到了巨大增长，且益州距离江东以及荆州都不远，因此，无论是刘备还是孙权都开始对益州虎视眈眈，图谋进取。

建安十五年（210年），周瑜专程从江陵前往京口会见孙权。周瑜对孙权说："如今曹操刚刚战败，正担心后方政权不稳，无暇再顾及其他。将军不妨乘此机会攻取益州，吞并张鲁，进而挥兵襄阳，图取北方！"

孙权当即同意了周瑜的意见。但此时，刘备已经成为荆州牧，占据了荆州绝大部分郡县，孙权军想要西进，就必须经过刘备的地盘。于是，孙权派使者去见刘备，对他说："如今张鲁占据巴汉，给曹贼当耳目，并一直对益州图谋不轨。刘璋这个人没有威信，恐怕难以自守。如果此时曹操趁机占领巴蜀，那么荆州也就危险了。因此，我军打算前去攻打刘璋，然后讨伐张鲁，使得荆楚之地连成一片，那么曹操就不足为惧了。"

刘备早已对益州虎视眈眈，如今听到孙权也打益州的主意，并且还想带兵借道荆州，肯定不能同意。但刘备也不能直接和孙权撕破脸，于是就推托道："这益州民众富强，且地势险阻，刘璋虽然昏庸，但自守还是足够的。张鲁这个人非常虚伪，表面上服从曹操，但未必真心归附他。况且远征蜀汉之地路途遥远，即便是孙武在世恐怕也未必能够取胜。曹操这个人虽然不是什么君子，但头上还顶着献帝的名义，攻伐四海是他的志愿。赤壁一败虽然对他造成了难以弥补的伤害，但他休养好了，必然会再起干戈。我们这个时候绝不能自相攻伐，否则可能会让曹操有机可乘啊！"

刘备这番话自然是托词，但其实也不无道理。但此时，孙权根本听不进去，一意孤行地下达命令，就是要打益州。刘备见劝孙权无果，又转而对周瑜说："如果将军你执意要去攻巴蜀，那我也只能披头散发地隐居山林了，以此才能不失信于天下啊！"

刘备同时又派遣关羽和张飞等人率兵沿江驻守，以阻挡孙权军进犯。不久之后，周瑜病死，孙权也只得放弃了进军益州的计划。

建安十六年（211年），曹操在攻破马超和韩遂势力后扬言要进攻张鲁。刘璋非常恐惧，张松趁机建议刘璋说："曹操如今势力强大，如果再得到汉中，恐怕我们益州也会不保。荆州刘备和将军你同属汉朝宗室，且德才兼备，谋略过人。如果我们先曹操一步，请刘备来讨伐张鲁，必定能够取胜，如此一来，益州势力自然增强。到时候，曹操再想图谋益州，就没那么容易了。"

刘璋认为张松的想法特别有见地，于是便派遣曾与刘备有交情的法正领兵前去迎请刘备。

法正到荆州后，劝刘备立即进取益州，并且对他说："以将军的英雄才略，趁刘璋懦弱无能，再有张松作为内应，一定能够占据益州。到时借助益州丰富的资源财富，依靠天府的险阻，完成大业便易如反掌了。"然而，刘备却犹疑不决。刘备军师中郎将庞统赞成法正的意见，劝刘备说："荆州经过战争，土地荒残，有才能的人都远走他乡，加之东边有孙权，北边有曹操，我们很难在这里立足。现在益州民户百万，天府之国，如果能掌握在我们手里，大业可成！"

刘备思考之后，回答说："现在曹操和我水火不相容。曹操为政讲求急进，我为政却讲求宽容；曹操为政以残暴，我为政以仁义；曹操为政以狡诈，我为政以忠诚。处处都同曹操反着来，事情才能办好。现在因小事而失信于天下，我绝不会同意。"

其实刘备也早已觊觎益州，但又担心出师无名会让自己失去人心。后经庞统多番劝说之后，心中才释然，便命诸葛亮、关羽留守荆州，自己领兵数万，以庞统为军师，向益州进发。

刘备沿着长江、嘉陵江西进，驻扎在涪县（今四川绵阳东北）。刘璋带兵前来迎接，与其饮宴百余日，给刘备补充了很多军需，又答应将白水军交给刘备统领，请刘备进击张鲁。期间，法正和庞统都劝刘备趁机杀死刘璋，但刘备认为，他们刚刚进入益州，在没有获得人心支持的情况下不能做出这样的事情。

随后，刘璋回师成都。刘备则率军继续北上，到达葭萌关（今四川广元西北），在川北一带广施恩德，收买人心。

建安十七年（212 年），庞统劝刘备趁早行动，并且献计说："将军你可以暗中组织精锐部队，选择捷径，袭击成都，刘璋不懂军事，又无防备，益州唾手可得，这是上策；白水军主将杨怀、高沛是益州名将，倚仗强兵据守白水关，他们曾经多次进谏刘璋，遣我军回荆州。我军可以假称班师荆州，当他们前来送行时，将其抓获，收服部众，进取成都，这是中策。回还白帝城，同荆州加强联系，再慢慢进取益州，这是下策。如果一直不采取行动，拖延下去，将对我军不利。"

刘备经过深思之后，决定采取庞统的中策，解决白水军后进取成都。

正在此时，曹操进攻江北攻打孙权，孙权向刘备求救。刘备便以此为借口，要求刘璋给他一万军队和粮草军资，让他能够回师救援。刘璋对此很不高兴，但又不能直接拒绝刘备的要求，于是只拨给了他四千士兵，以及一半的粮草军资。

刘备借机煽动部下对刘璋的不满，说道："我现在为益州征讨强虏，将士辛苦劳累，刘璋却这样吝啬，怎能使我军将士甘心为他死战呢！"

此时，张松在成都，不知道刘备此举是计谋，以为刘备真的打算离开，便立即写信给刘备，想要劝阻他，结果被其兄张肃发现。张肃将此事告发刘璋后，刘璋这才看清刘备的意图，立即捕杀了张松，并且下令驻守各处关隘诸将不得放刘备通行。

刘备见状彻底与刘璋反目，将杨怀、高沛等人除掉后，引兵南下，占领涪县。消息传到成都，刘璋立即派大将刘璝、冷苞、邓贤等人阻击，但众将不敌刘备，节节败退。之后，刘璋手下众多将领相继投降，刘备很快攻下绵竹，包围了雒城。

建安十九年（214 年），刘璋儿子刘循与部将张任、刘璝等人在雒城积极防守，刘备久攻不破，于是向荆州诸葛亮求援，令他火速前来。之后，诸葛亮留关羽镇守荆州，带领张飞、赵云等沿江西上，接连攻下蜀东各郡县。同年五月，刘备占据雒城，不幸的是庞统在督众攻城时被流箭射死。随后，刘备继续进攻成都，与诸葛亮的军队成功会师。刘备围攻成都数十天，马超也前来支援，刘璋见大势已去，只能出城投降。

至此，刘备成功占据益州，自任为益州牧，并以诸葛亮为军师将军，以法正为扬武将军及蜀郡太守。其余各将领文臣也都相继受到封赏。刘备礼贤下士，对向他投诚的人，无论身份地位如何，全都加以笼络重用。刘备此举使得他在巴蜀深得民心，其在益州的统治地位也逐渐稳固。

刘备占据益州后，汉中的战略地位显得更加重要。若刘备得到汉中，益州的安全便有了可靠保障，且还能借由汉中作为跳板，向关陇地区进发，与曹操争夺天下。但如果曹操抢先一步占据汉中，那么益州北部则会陷入无险可守的危险境地。蜀郡从事杨洪就曾对诸葛亮说过："汉中就如同益州的咽喉，若没有汉中，蜀地将会岌岌可危。"

由此，汉中成了下一个兵家必争之地，无论是刘备还是曹操都对此势在必得。

刘备占领益州后，首要的任务便是稳定内部，巩固自己在益州中心地区的统治，因此，暂时无暇顾及汉中。而曹操此时已经攻下枹罕，杀死宋建，彻底扫除了进取汉中的阻碍。曹操决定抓住时机，在刘备大军行动之前攻克张鲁，直取汉中。

意外的胜利

建安十九年（214年）十二月，曹操率军进驻长安，准备攻打汉中。黄门侍郎刘虞上书劝阻曹操，说："以前周文王曾三次讨伐崇国，但都没有成功，后来以修德感化，才降服了崇国。因此我们不如坚守险要之地，潜心治理国家，发展农业，奉行节俭。等国富民安的时候，就能以德行来感化他们了。"

曹操听后很不高兴，批评刘虞的主张不合时宜。随后，曹操任命上党太守郑浑为京兆尹，驻守长安，同时负责转运军粮。建安二十年（215年）三月，曹操亲自率军从长安出发，踏上了征伐张鲁的征途。

曹军抵达陈仓（今陕西宝鸡）后，准备从武都（今甘肃成县）进入氐人居住的地区，不想却被氐人阻断行军路线。于是，曹操派张郃、朱灵等将领率兵攻打，扫清前进障碍。这时，夏侯渊也率领凉州诸将及侯王前来与曹操会师，共同南进。

四月，曹操从陈仓出发，越过大散关（今陕西宝鸡市西南的大散岭上），抵达河池（今甘肃徽县）。就在这个时候，氐王窦茂突然率领万余人阻击曹军。曹操派遣张郃、张既领兵前往征讨，打败窦茂并斩杀数千氐人，将窦茂十余万斛粮食收入囊中。

由于大军行进途中一直受阻，曹操决定派张郃率步兵五千作为前锋，为主力部队扫清前进障碍。七月，曹操来到阳平关（今陕西勉县西北）。张鲁见曹军来势汹汹，大为震恐，认为以汉中一隅之地，势必难以抵抗曹操的强大兵力，于是有了投降的打算。其弟张卫却坚决不同意，亲自率兵与大将杨昂一起据守阳平关，依山筑起十多里长的石墙，以阻挡曹军前进。

在西征之前，曹操就曾派人进入凉州，探察汉中地区的防守，并重点对阳平关进行了勘查。当时，投降曹操的原凉州诸将都认为，张鲁军力薄弱，而阳平关南北距离又十分遥远，故而并不容易坚守。当曹操亲自抵达阳平关，看到张鲁军团所修筑的防御工事后，大为震惊，顿感传闻与现实之间的大相径庭，不禁叹息道："果然还是不能相信外面人说的话啊！"

阳平关久攻不下，曹军军粮趋近匮乏，士兵伤亡却与日俱增。曹操顿时有些灰心丧气，只得暂且下令撤军。张卫看到曹军撤走，非常高兴，以为大功告成，防备顿时松懈下来。

撤军命令下达后，曹操派夏侯惇、许褚等上山召回兵马。前军撤回的时候，因天黑迷路不小心误闯入张卫军营。结果，汉中军以为是曹军前来偷袭，大惊失色，四处逃散，还没有战斗就溃不成军了。侍中辛毗和主簿刘晔得知情况后立即向夏侯惇和许褚报告。夏侯惇证实情况后，立即报告给曹操。曹操当机立断，大举发兵猛攻张卫。

更为巧合的是，就在当夜，数千头野麋突然闯进了张卫营中，守军大惊，以为是敌人来袭。就在这个时候高祚也率军赶到，便乘机拼命地击鼓鸣角，张卫军中大乱，以为曹操主力大军来袭。曹操率军乘势攻杀，汉中军防线全面崩溃，张卫急忙翻身上马，趁着夜色一路狂奔，逃回了汉中。

张鲁见阳平关失守，又打算投降。功曹阎圃劝阻他说："我们现在投降是迫于形势，凸显不出功劳。不如先投靠巴中，让杜濩和朴胡抵抗一阵，然后我们再去归顺，这样功劳就大了。曹操也能善待我们。"

张鲁一听，认为很有道理，当即采纳了阎圃意见，南奔巴中。临行前，左右劝张鲁将仓库中储存的宝物和粮食全部烧掉，张鲁不同意，对众人说道："我本来就打算归顺朝廷，现在逃跑，只是暂时躲避曹军的兵锋，没有什么恶意。这收藏宝物的仓库本来就是打算献给朝廷的，所以万万不能损坏。"随即便下令将仓库全部封存，这才撤离巴中。

由此，曹操得以兵不血刃地率军进入汉中郡的治所南郑，看到张鲁封存完整的粮食和珍宝，曹操非常满意，也知道张鲁有归降之心，立即派人前去巴中说服张鲁，希望他早日归顺朝廷。

九月，巴族首领朴胡、杜濩、任约等各自率部前来归附。曹操将巴郡分为巴东、巴西和巴三郡，以朴胡为巴东太守，杜濩为巴西太守，任约为巴郡太守，且将三人都封为列侯。十一月，张鲁带着全家人到南郑向曹操投降。曹操非常高兴，亲自出城迎接他，并任命张鲁为镇南将军，封阆中侯，食邑一万户，张鲁的五个儿子也都相继封侯。

除了张鲁之外，曹操对其他的降附者也十分宽容。阎圃曾极力劝阻张鲁投降曹操，但曹操不仅没有因此惩处他，反而封他为列侯。程银、侯选在建安十六年（211年）曾随马超一起反抗曹操，兵败后南逃汉中，投降曹操后，曹操同样既往不咎，恢复他们原有的官爵。原马超的部将庞德也前来归顺，曹操喜爱庞德骁勇善战，当即任他为立义将军，封关内亭侯，食邑三百户。

曹操夺取汉中，前后只用了不到半年的时间。在此过程中，曹操对待降者的宽厚政策起到了至关重要的作用。

兵败定军山

建安二十年（215年），在刘备夺取益州后，孙权向其要求，归还此前借去的荆州南郡。但刘备又岂肯将到手的荆州归还，便借口说道："等我夺得凉州后，再把荆州还给你吧。"孙权非常气愤，立即派吕蒙率军夺取了荆州的长沙、零陵、桂阳三郡。刘备在益州得到消息后，担心荆州有失，随即率军五万顺江东下，进驻公安，让关羽进驻益阳，打算与孙权一决雌雄。

就在这个时候，丞相主簿司马懿向曹操建议道："刘备阴谋夺取了刘璋基业，蜀人还没有真心归附他，趁他现在率军东下同孙权争夺荆州，我们不如派汉中大军直取益州，如此一来，益州势必瓦解。时机就在眼前，还请曹公你赶紧行动。”

丞相主簿刘晔也同意司马懿的建议，对曹操说道：“刘备乃人中豪杰，雄心勃勃，只是运气不好。我们应立即决断，拿下益州，若稍有迟缓，等蜀地安定之后，刘备以精于治国的诸葛亮为丞相，以勇冠三军的关羽、张飞为大将，再据险防守，那时再想攻克益州就艰难了。今日不除刘备，他必将成为曹魏后患啊。”

但此时，曹操却不愿贸然出击，对二人说道：“人最怕的就是不知足。现在我们都得到陇右地区了，难道还要去图谋蜀地吗？”曹操言下之意倒不是说他真的满足了，只是此时，曹军刚拿下汉中，若贸然攻打益州，稍有差池，恐怕损失惨重。所以，曹操主张采取慎重态度，暂且按兵不动。

七天后，曹操派出的探子向曹操报告说：“蜀中大乱啊，一天要发生几十次暴动，刘备已经开始杀人了，都不能使之安定下来。”

曹操顿时后悔非常，这才知道自己已经失去了大好机会，但依然心有不甘便问刘晔说：“我们现在出兵还来得及吗？”

刘晔答道：“蜀中已定，不可攻击。”

曹操此时也只能后悔得捶胸顿足了。

后人大多认为，曹操若抓住此次机会向益州出兵，那么完成一统天下的大业也就指日可待了，历史或许也不会出现三国鼎立的局面。但实际上，这种说法也有失偏颇。当时曹军转战千里，进入汉中的时候已经相当疲惫。蜀中险阻，易守难攻，况且蜀中暴乱不足七天就被平定，即便曹操遵从司马懿等建议，当即挥师西进，七天之内未必能赶至蜀地。再者，刘备早于曹操一年拿下益州，政权已大体稳定，虽有小骚乱，也不足以动其根本。若刘备倚仗天险，以逸待劳，曹军将会遭受巨大损失。

再说，孙权和刘备虽然已经闹翻，但孙权最忌惮的人始终是曹操，而不是刘备。曹操一旦出兵，孙权必定不会袖手旁观。且当时关羽在荆州虎视襄阳、樊城，刘备在益州凭险抵抗，孙权在淮南威胁合肥，曹操一行动便会多面受敌，陷入进退两难的境地。因此，曹操错失攻取益州之机，未必就是一个失败的决策。

刘备得知曹操进攻汉中的消息后深恐益州有失，便主动向孙权求和，双方商定以湘水为界，平分荆州，湘水以东的长沙、江夏、桂阳三郡归属孙权，而湘水以西的南郡、零陵、武陵三郡则属刘备。达成和解后，双方恢复了联盟关系。

曹操占据汉中后，刘备非常不甘心，一直寻找机会想将汉中夺过来。此时张鲁还在巴中，没有归降曹操，于是刘备立即任命黄权为护军，带领诸将前去迎接张鲁。当黄权抵达巴中的时候，张鲁却已经北投曹操了。权衡利弊之后，黄权决定领兵攻打曹操所任命的巴东太守朴胡、巴西太守杜濩及巴郡太守任约，借机夺取对三巴地区的控制权，作为准备进一步攻打汉中的桥头堡。

曹操得悉刘备占据三巴后，立即委派张郃率军南下，把三巴地区的百姓迁往汉中。张郃进军到宕渠、蒙头、荡石一带时，遭遇巴西太守张飞伏击。张飞依险而守，采用游击战术不断骚扰张郃。

两军相持五十多天，张郃军团粮食殆尽，心急如焚，只得谋求机会，与张飞速战速决。张飞深知张郃的急迫心情，故意率万余精兵由峡谷假意袭击曹军。当张郃率兵迎击的时候，张飞趁机从侧翼攻击，将张郃军队截成两段。由于山路狭窄，张郃首尾不能相救，几乎全军覆没，数万人马只有数十人逃脱，伤亡惨重。

建安二十年（215年）十二月，曹操与刘备已在汉中对峙良久，曹操认为短期之内不会再有战事，便决定从南郑撤军，以夏侯渊为都护将军，率张郃、徐晃等镇守汉中。随后，曹操又采纳张既建议，将汉中百姓移民到中原。

建安二十二年（217年），法正向刘备建议说："曹操一举打败张鲁，平定汉中，却没有乘势攻取巴、蜀，反而留下夏侯渊、张郃驻守汉中，自己匆匆忙忙回去了，这不是因为他智慧不足，或者力量不够，而是因为后方必然有所忧虑。夏侯渊和张郃的确骁勇，但是才能谋略欠佳，如果此时发兵征讨，必然能够取胜。攻占汉中后，我们便可以趁机发展农业，等待北进的机会。这样一来，上可以消灭曹操，辅佐汉室；中可以夺取雍、凉二州，扩大地盘；下可以坚守险要，巩固势力。这是天赐良机，万万不能错过啊！"

刘备采纳法正的提议，随即以法正为参谋军机，率领赵云、黄忠、魏延诸将进军汉中。诸葛亮则驻守成都，负责补充兵员和供应军需。刘备大军进抵阳平关，夏侯渊率军抵御，汉中盆地剑拔弩张，战事一触即发。

同时，刘备派出马超、张飞以及吴兰等人率兵直入武都，屯兵下辩（今甘肃成县西），以牵制曹军力量，配合主力进攻汉中。曹操收到告急文书，立即派曹洪前去抵敌，曹洪虽然骁勇，但为人贪财好色，曹操怕他因此误事，便令谋士辛毗和骑都尉曹休前往协助，并特地下了一道令，说：当初高祖刘邦贪财好色，张良、陈平负责匡正他的过失，现在佐治（辛毗）、文烈（曹休）的责任不轻啊。

临行时，曹操还特意嘱咐曹休道："虽然你名义上是参军，但实际上是一军的主帅。"曹洪得知曹操意图后，凡事都听从曹休安排。

建安二十三年（218年）三月，曹洪准备出击吴兰，刘备派张飞屯兵固山，阻截曹军。收到消息后，曹军上下议论纷纷，曹休却说："如果敌军真的打算截断我军退路，应当秘密行动。但现在他们却事先就大肆张扬，说明他们这是醉翁之意不在酒啊。我们应当乘他们兵力还未集中之时，抓紧进击吴兰。一旦击破吴兰，张飞自然就撤军了。"

曹洪立即进军攻打吴兰，果然大获全胜，杀死吴兰的部将任夔等人。吴兰也弃城逃走，结果经过阴平时，被氐人强端杀死，将首级送给曹洪。张飞、马超见势不妙，立即向汉中方向逃走。曹洪打胜仗后，大摆宴席庆贺，让女艺人穿着轻薄的纱衣当众击鼓取乐，被武都太守杨阜严词制止。

而刘备在阳平关，遭到夏侯渊、张郃、徐晃等人的顽强抵抗，战事毫无进展。

刘备曾派部将陈式率军破坏马鸣阁（今四川广元北）栈道，企图截断曹军与外界之间的联系。徐晃及时率军前去护卫，打败了陈式，守住栈道，致使不少蜀军摔下山谷死亡。曹操得知消息后，十分高兴，特地给徐晃以假节的待遇，并传令嘉奖：此栈道，是汉中之险要咽喉。刘备想断绝我军内外联系以取汉中，将军一举克夺贼计，实在是太好了。

张郃镇守在巴、汉之间的广石，刘备率万余精兵分为十部，趁着夜晚向张郃发起猛攻。张郃率军奋勇还击，顺利击退了刘备。刘备感觉兵力不足，无法夺取广石，于是向诸葛亮求救，发急信要求诸葛亮增兵。诸葛亮向军中从事杨洪征求意见，杨洪回答说："汉中是益州的咽喉，如果没有汉中，蜀地也会失去。这是家门口的灾祸，自然是要发兵，还有什么犹豫的呢！"诸葛亮很欣赏杨洪的见解，立即发兵救援刘备，并且表荐杨洪为蜀郡太守。

与此同时，曹操见汉中战事胜负未卜，战事吃紧，便于这年七月亲率大军离开邺城，坐镇长安，密切关切汉中战局。

建安二十四年（219年）正月，刘备与夏侯惇已在阳平关对峙数年，始终无法攻破，于是便改变策略，从阳平南渡沔水（即汉水），顺着山势慢慢推进，在定军山（陕西勉县东南）一带扎营。

定军山是汉中西南的门户，如果失守，汉中难保住。夏侯渊率领诸将全力防守，在前沿阵地埋上削尖的树枝，围起鹿角，阻止敌军前进。刘备则乘夜将木栅烧掉，于是夏侯渊让张郃守护东南的工事，自己率领少数兵力守护南面工事，修补被烧掉的木栅。

夏侯渊号称中原第一名刀，恃勇而骄，刘备看出了这一点，并故意激发他的傲气，派老将黄忠火攻张郃防守的东城。夏侯渊闻讯立刻前去支援，黄忠见夏侯渊赶来便立即撤退，转而攻击夏侯渊的大本营南城。夏侯渊勃然大怒，派出所有兵力防守南城，而黄忠则马上撤退回定军山。由于连续的急行军，黄忠的军团有些慌乱，夏侯渊见其慌乱则认为歼敌的时机已到，率领少数部队出击，孤军前往定军山。

法正觉得出击夏侯渊的时机已到，马上建议刘备出兵。刘备便立即命令黄忠前去攻打夏侯渊。黄忠接到命令之后立刻击鼓呐喊，率领士兵居高临下冲向曹军，发动了猛攻。夏侯渊部队本身就是孤军深入，加上猝不及防，交过一番交战后，败得一塌糊涂。夏侯渊以及益州刺史赵颙被黄忠杀死。主将被杀，曹军顿时陷入一片慌乱。

在此危急关头，督军杜袭和司马郭淮立即出面稳定局势，决定由张郃暂代夏侯渊的职务。郭淮号令诸军说："张将军是国家名将，刘备非常怕他。现在情况紧急，非张将军不能担当此重任！"张郃也不是无能之辈，迅速部署好了防务，稳定了军心。

第二天，刘备打算抓住曹军混乱的时机，乘胜攻击。曹军诸将则认为己方兵力单薄，寡不敌众，想靠着河边列阵。郭淮觉得这样是向敌人示弱，并不是好的办法。不如采取诱敌之策，离河岸稍远摆开阵势，吸引敌人过来，趁他们渡河渡至中途开始攻击，必定可以大败敌人。

张郃听从了郭淮的意见摆开阵势，刘备见此阵势也生怕曹军在己方军队渡河时发动攻击，不敢贸然进军。此后，曹军坚守阵地，丝毫不退，双方再次形成对峙局面。郭淮等人将情况如实报告曹操，曹操深表赞同，立即派来使者授予张郃以假节的权力。

夏侯渊随曹操征战数十年，两人之间的感情早已情同手足，是曹操最亲信的大将之一。夏侯渊与曹操还有着复杂的姻亲关系，夏侯渊的妻子是曹操的姨妹，长子夏侯衡又娶了曹操弟弟海阳安侯的女儿。夏侯渊作战时行动迅速，经常能在敌人出其不意的时候发动突然袭击，因此军中有"典军校尉夏侯渊，三日五百，六日一千"的说法。在平定关西的系列战役中，夏侯渊屡建奇功，在关西一带颇有威望，但夏侯渊性格傲慢，以为自己武力过人，常常轻视敌人，有勇无谋。曹操就经常告诫他说："将领应当有胆怯之时，不能凭自己的勇气一味蛮干。将领应当以勇为本，同时要善于运用智谋。如果只知逞强恃勇，不过是一个匹夫而已！"夏侯渊表面上虽然表现出洗耳恭听的样子，但是并没真正把曹操的告诫放在心里。结果定军山一战，他果然因为恃勇轻敌的弱点而兵败身死。

夏侯渊死后，其长子夏侯衡承袭了他的爵位，夏侯衡的几个弟弟夏侯霸、夏侯威、夏侯惠、夏侯和后来也都被封为列侯。三子夏侯称，骁勇有父风，十六岁时，同夏侯渊一起外出打猎，驱马追逐猛虎，一箭即将其射倒。曹操听说这件事后，高兴地拉着夏侯称的手说："我可得到你了！"

定军山失利之后，曹操并不服气，有意贬低刘备，说："我就知道刘备不可能有这样的谋略，肯定是别人为其出谋划策。"这在无意之间抬高了法正。

鸡肋

定军山失利，曹军主帅夏侯渊被杀，军心顿时大乱。曹操为避免汉中守军遭受更大的损失，决定亲自率军进攻汉中。

建安二十四年（219年）三月，曹操亲率大军从长安出发，经斜谷（今陕西眉县西南）抵达汉中。斜谷古时候被称为褒斜道，全长近五百里，是陕川之间的险道。曹操为了安全起见，派兵沿斜谷据守险要，再逐步向南郑推进，赶赴阳平关前线。见曹操率援军抵达，阳平关守军顿时欢声雷动，士气大振。

此时，蜀军也因为接连的胜利而士气高昂，对曹操大军来援亦不屑一顾。刘备对部属说："即便曹操亲自前来，恐怕也无能为力了，汉川两地必将是我囊中之物！"刘备深知，如今情势对己方有利，根本不需与曹操大军正面对抗。于是刘备下令集中兵力防守险要，不与曹军正面硬拼。

曹操令曹真为征蜀护军，率徐晃等率先攻击刘备的部将高详。援军首战便获小捷，但此次胜利对整个战事没有任何推动。刘备坚守不出，曹操欲战不能，曹刘两军陷入了僵持状态。

曹军是孤军深入，因此最大的问题是军粮的运输补给，刘备企图从军粮方面下手，借此击溃曹操。曹军运粮部队经过北山下之际，大将黄忠以为有机可乘，率军攻击。但此时，曹操早已料定刘备必打军粮主意，已经设下埋伏严阵以待，最终黄忠军遭到曹操禁卫军团伏击，陷入困境。

赵云得到消息后，立即率领少数骑兵前去接应，不想中途却遭遇追击黄忠的大股曹军。蜀军士兵顿时慌张不已，赵云却毫无惧色，一马当先冲入敌阵，凭借一人之勇震慑曹军，随即带领士兵且战且退。

曹军乘胜追击至赵云营寨，营中守将张翼见曹军大举逼近，本想闭门拒守，赵云却下令大开营门，偃旗息鼓，亲自率领数骑立于营前。曹军行至营前，却不敢进攻，唯恐赵云设下埋伏，犹豫片刻后赶紧退走。这时赵云下令擂鼓呐喊，虚张声势，弓弩部队万箭齐发，射向曹军。曹军更认定赵云早有埋伏，惊骇无比，逃跑中自相践踏，死伤者不计其数。

第二天，刘备亲临赵云营寨视察战场，赞叹道："子龙浑身都是胆识啊！"

曹军本能一举攻破赵云大营，然而却因疑虑而遭遇惨败，全军上下一片惨淡。此时已到五月间，汉中雨季来临，粮食匮乏，曹军日渐困窘，陷入了进退两难的境地。

此时，曹操十分矛盾，一方面，他知道进取的艰险，且曹军已经没有能力进行长期坚守；但另一方面，他却又舍不得放弃汉中之地。一天，值班将领来问曹操，使用什么口令作为暗号，曹操竟随口答道："鸡肋。"军队中通常会使用一些只有自己人才知道的暗号来进行身份识别，而为了安全起见，所用暗号往往会定期进行更新。

各将领对"鸡肋"这个口令感到十分莫名，主簿杨修听完口令之后，却立即开始整理行装。大家都很惊诧，问杨修说："丞相还没有下令撤退，杨主簿你怎么就开始收拾行装了呀？"

杨修笑道："所谓鸡肋者，食之无肉，弃之可惜。这汉中对丞相来说，就好像是鸡肋一样，为一块鸡肋，没必要付出这么大的代价。丞相很快就会撤兵了。"

众人听了杨修的话之后，也纷纷开始收拾行囊准备撤退。曹操得知这件事后勃然大怒，以扰乱军心的罪名把杨修处斩了。正如杨修所说，曹操确实有撤退之心。但是军纪严明，主帅还没发话，杨修便私自散布撤退消息，确实有扰乱军心之嫌。曹军本来士气就不高，如今再出这样的差错，后果将不堪设想。

杨修确实聪明，通过一词便能猜到曹操心意。但杨修同时也不聪明，作为臣子，怎么能够擅自揣度主上的心思呢？更何况，你的主上还是向来多疑的曹操。猜不中他的心思或许尚好，猜得中他的心思，那便危险了。

同年五月，曹操终于下令撤军，将汉中拱手让给刘备。

刘备占据汉中后，立即挥军进逼汉中西北的下辩，又相继派遣刘封、孟达以及李平等攻取汉中东部房陵、上庸等地，进一步扩张其在汉中的势力。当时，下辩是武都郡的治所，地处偏远，曹操担心刘备攻取下辩之后，武都再难坚守，于是便派曹真前往掩护守将曹洪等撤离武都，收缩防地至陈仓。

曹操还打算将大量百姓迁徙到北方，但又担心汉中百姓顾恋乡土，不肯迁徙，便向张既询问意见，张既建议道："我们可以用躲避敌人为理由，劝说百姓到北方产粮区居住，然后再发布命令，但凡是愿意率先迁徙的百姓，朝廷都给予照顾和奖赏。如此一来，百姓们也就不会不愿意迁徙了。"

曹操很满意张既的建议，将移民问题交给了张既和武都太守杨阜全权处理，由汉中迁出的百姓先后达到五万多户，其中包括一部分氐人。汉末以来，战乱和瘟疫使得东汉人口急剧减少，拥有人口多少成了战争成败的一个关键。拥有的人口多，便能获得更多的劳动力来开垦土地，增加生产，从而增强经济实力，同时也能够扩充军需。

虽然失去了汉中土地，但曹操撤军、移民同时并举，从汉中获得了众多人口，也算是一种胜利。对于刘备来说，虽然得到了汉中，却没有得到人口，使得日后蜀汉国力的壮大遭遇了长期的困境。

七月，刘备在沔阳自称汉中王，并立长子刘禅为太子，以许靖为太傅，法正为尚书令，关羽为前将军，黄忠为后将军，马超为左将军，张飞为右将军。牙门将军魏延被提拔为镇远将军、汉中太守，负责镇守汉中。至此，刘备除占有荆州西部三郡外，还占尽巴、蜀、汉中之地，实力与之前不可同日而语。想当年，当阳一役刘备濒临灭亡，十年后却是如日中天，实现了诸葛亮当年在《隆中对》中所定下的"出秦川东指"的目标，成为三足鼎立的一方霸主。

汉中得而复失，对于曹操来说是一大损失，但同时，这也是势态发展的必然所致。赤壁之战后，三国鼎立的局面已经初步形成。从综合实力来看，曹操方军力最强，但刘备与孙权的结盟，却使得局面发生了逆转性的变化，曹军顿时处于劣势，只能采取防御的方针来保全自己。

曹操要歼灭巴蜀，必取汉中，但同时为了防守，却难以得陇望蜀，两头兼顾。汉中地处偏远，后方补给线过长，且山路崎岖，不便于运输，防守汉中反而可能使曹操陷入完全被动的局面。此外，汉中地区地形险峻，曹操的士兵大多来自平原，故而不擅长山地作战，难以与刘军相抗衡。想当初曹操在阳平关时，就曾因山路险峻难以作战而感叹道："我南征北战三十年，若在此葬送敌手，那会是怎样的情形啊？"而当曹操从斜谷进军到汉中时，又不无感慨地说道："南郑简直就是天狱，斜谷道不过只是一个长五百里的石穴罢了。"

因此，从长远战略考虑，曹操不愿在地形险恶的汉中与刘备长期周旋下去。同时，曹操此时已经是一个六十五岁高龄的老人，壮士暮年，心有余而力不足，也只能放弃如同鸡肋的汉中之地了。

借刀杀人

建安二十四年（219年），刘备称汉中王后，任命关羽为前将军，赐他节钺，并派益州前部司马费诗前往江陵授予关羽印绶。

关羽为人忠义，声望颇高，一向是刘备最倚重的左右手。他骁勇善战，领导力极强，因此深受部属崇拜。但关羽却一向恃才傲物，目中无人，即使军团中的将领，对他也是害怕多于尊敬。

关羽听说老将黄忠也因军功被授予后将军时，十分不满，当场拒绝接受印绶，气愤地说："大丈夫怎可以与老兵同列。"经费诗的一番劝解之后，才勉强接受印绶。

赤壁之战后，据守荆州江陵的关羽名为"襄阳太守"，但实际上荆州的襄阳、樊城等重镇依然控制在曹操手中，因此关羽对襄、樊一直虎视眈眈。

当初曹操与孙权大战合肥之时，关羽很想率军北上攻打襄阳。但是夏侯渊军团一直威胁益州的安全，为了随时支援刘备，关羽才不敢轻易挥军北上。

六月，刘备夺取汉中之后，又派遣孟达、刘封等率军攻取汉中郡东部的房陵、上庸等地，势力有所扩展。这时，关羽再也坐不住了，留南郡太守糜芳镇守江陵，将军傅士仁坐镇公安后，亲率主力部队北攻襄阳、樊城的曹仁军团。

襄阳、樊城隔汉水相望，互成犄角，是曹军抗拒南军北上的战略要地。但由于襄阳无险可守，因此曹仁驻守樊城，留将军吕常驻襄阳，将关羽的注意力转移到樊城来。果然，关羽只派一支前锋部队攻打襄阳，自己则率领主力军团直指樊城。

面对来势汹汹的关羽，曹仁不敢轻敌，立即派人向曹操请求支援。曹操下令满宠为襄樊守军参谋长，即刻前往樊城协助曹仁，同时派平寇将军徐晃率军支援曹仁，屯于宛城。樊城之战开始后，曹操又派左将军于禁、立义将军庞德前往支援，屯驻于樊城以北。

曹操征讨袁氏集团之后，于禁一直驻扎在冀州，负责北方防务，所属军团十分庞大。七月底，于禁军团到达樊城，由于兵员庞大，城内不能容下，曹操便下令其驻扎在城北十里处的峡谷，和城中相互呼应。

庞德急于求战，但年迈的于禁越发小心谨慎，主张以静制动，不打算主动攻打关羽在樊城外的阵营。关羽听闻于禁军团逼近，不敢大意，立即登高前往视察。当他发现于禁将大军驻扎于罳口川时，高兴地说道："北方军实在不懂水性，于禁空有虚名，但已经老迈迟钝了啊。"

时值八月，连降大雨，汉水暴涨，平地水深数丈。关羽命人备好船只，收拾水上武器准备作战。养子关平十分不解，问道："我们和曹军正在陆上对抗，为什么准备水战呢？"

关羽笑答："于禁熟悉陆战，驻军于狭隘关口，以为易守难攻。不知此峡谷之所以被称作罳口川，正是因为河川涨水时的泄洪通道。我已经命人暗中堵住其他水口，使湘江、汉水暴涨的河水灌注于此。等到河水上涨之时，我军乘船放水，这里将是于禁军团的葬身之地！"

果然，某夜，大雨倾盆，汉水暴涨，于禁七军均被水淹，四处流窜，淹死者不计其数。樊城外洪水滚滚，城内积水数丈，曹仁在城上看见于禁军团哀声遍野，便想出城救援。但满宠怕关羽趁机攻城，威胁到长安和洛阳安全，便全力劝阻。

于禁率领少数将士登上高地避难，此时，关羽军已经乘战船而至，于禁退无可退，被迫投降。庞德则率领少数亲兵坚守河堤，继续顽抗，誓死奋战，从早晨一直战到中午，箭尽矢竭，短兵相接，大部分将领纷纷被擒。庞德全无惧色，单身杀入关羽军船上，准备逃往樊城。但庞德不习水性，船只倾覆，不幸被擒，不屈而死。事后，曹操听说于禁被水淹七军投降，而庞德至死不屈，感叹道："于禁和我相交三十年，临危处难，反不如庞德，的确是老迈啊！"

关羽取得巨大胜利之后，乘胜围攻樊城，并以一部兵力包围襄阳。

此时，樊城周围白浪滔天，城墙浸水日久，逐渐崩塌，而樊城守军仅数千人，寡不敌众，难以坚守。曹仁下令全城男女全力抢修城墙，但仍然无法堵塞，一时间军心涣散。曹仁无奈之下考虑放弃樊城，却被满宠劝阻，满宠说："山洪暴发，虽然来势凶猛，但绝不会持久，不出十天，水势自然退去。关羽虽然并未攻城，但是已经派军包围襄阳，在郏（今河南郏县）下一带活动。荆州北部之所以没有全部丧失，正是因为我们固守樊城，使关羽忌惮腹背受敌，不敢向豫州行动。如果我军放弃樊城，恐怕黄河以南将全部失去！"

曹仁听了满宠的分析，决意拼死坚持，并激励将士齐心协力奋勇抵御。曹仁在城中设置弓箭手，日夜防护，使得关羽船队无法接近城池。城中百姓无论男女老少则都负责堵塞城墙。坚守十数日之后，洪水果然退去，樊城的危急才得以缓解。

此时，曹操辖区荆州刺史胡修、南乡（河南淅川东南）太守傅方，均降关羽，陆浑（今河南嵩县东北）人孙狼等人，斩杀官军起兵响应关羽。而许都以南地区也出现严重骚乱，汉室公卿大臣也有人暗中联系关羽，对抗曹操。关羽声势威震华夏。

曹操感到威胁重重，一度准备迁都，以避关羽锋芒。但丞相主簿司马懿及曹掾蒋济均极力反对，他们认为："于禁七军被洪水所破，不代表我军战斗力不足。孙权刘备表面合作，却各自心怀鬼胎。如今关羽威震华夏，孙权一定深感不安，丞相可以派遣使者要求孙权攻击关羽后方，并许诺以江南土地正式封赠，樊城之围则自动解除。"

曹操认为这是破坏孙、刘联盟的最佳时机，便派使者去见孙权。与此同时，曹操又派遣徐晃率兵前往支援曹仁。

自刘备取得汉中，并自立为汉中王之后，势力迅速膨胀，早已引起了江东孙权的恐慌。当初刘备借荆州，一借不回头，双方盟友关系就已破裂，只因为有鲁肃从中调解，再加上曹操进军汉中，双方才划湘水为界，共分荆州。但此举并未从根本上解决孙刘之间的矛盾，双方关系反而更加恶化。

建安二十二年（217年），维持孙刘联盟最重要的支柱鲁肃去世了，孙权以吕蒙接任鲁肃，负责东吴防线事务，孙刘双方有关荆州的争执再次呈现不安局面。吕蒙曾私下晋见孙权，表示关羽为人枭雄，野心勃勃，必有兼并荆州之心，应该先下手为强进行部署，并详细地制定了争夺荆州的计划。孙权本就对刘备借荆州不还而心生怨恨，再加上吕蒙的极力鼓动，更想将荆州据为己有。

况且当初孙刘联盟之时，孙权为了加强两家的关系，听从诸葛瑾的建议，想与关羽结成亲家，关羽竟然傲慢地说："虎女焉能嫁犬子。"孙权因好意被拒，反遭羞辱，对关羽甚为记恨。

襄樊战役打响之后，吕蒙认为这正是夺取荆州的绝好时机，于是针对关羽骄傲自负的弱点，向孙权献出妙计。吕蒙建议说："关羽北上攻击樊城，仍在江陵和公安留驻不少军队，目的是防备我军攻击。我一直有宿疾在身，这次可以借口病重，假意返回建业休养。军队在换防时作战力最弱，不能有所作为。关羽必将掉以轻心，集结全部兵力攻击襄阳。我们逆江而上，攻其后方，南郡则可轻易取下，关羽则很快就会灭亡。"

随后，吕蒙依计行事，名义上回建业养病，暗中却积极进行西线防务的调动，并将主持西线防务的重任交给陆逊。

正在这时，曹操派使者前来面见孙权，表达了主张联盟的意愿。孙权正担心攻取荆州时孤立无援，便十分高兴地同意了曹操的建议，并召吕蒙回建业，共商夺取南郡的计划。

孙权任命少年将军陆逊接替吕蒙，指挥大军攻打关羽。当时，陆逊年少多才，但却没有名望，正是需要建功立威之际。为了麻痹关羽，陆逊写了一封洋溢赞美之辞的信给关羽，颂扬他北伐之功，并表达了自己的倾心和尊重。关羽果然中计，积极调动后方军队增援北征军团。关羽想趁徐晃援兵未到，大水未退之际，先攻下樊城。他亲自督战，加紧攻城，而曹仁依旧坚守，关羽久攻不下。陆逊把关羽人马的调动情况详细向孙权做了报告，认为关羽可一战而擒。

此时，关羽尽得于禁军团，兵马越来越多，一时间粮秣需求大增。他责备南郡太守麋芳和傅士仁的粮草运送跟不上，二人于是存有叛心。为了解除燃眉之急，关羽便趁孙权防务调动之虚，向其统辖的长沙、江夏、桂阳三地征收粮食。关羽私自到东吴属地征粮，明显有侵犯东吴领地之嫌，孙权遂以此为借口攻击关羽后方。

随后，孙权以征虏将军孙皎和吕蒙为左右大都督，誓师西征。后在吕蒙的劝谏下，以吕蒙为统帅，全权指挥三军，以孙皎为预备军团，做后备支援。

九月底，徐晃到达荆州北部的阳陵坡，向驻扎郾城的关羽发起进攻。关羽见曹军来势凶猛，为了避免被曹军截成两部，首尾不顾，便烧掉营寨撤退了。徐晃见自己兵力不足，便采取了坚守不战的战略，诸将不知徐晃用意，争相催促他尽快解救曹仁。徐晃对众人说道："我军与樊城完全隔绝，关羽势力正盛，我军根本无法对抗。我军可派奸细通知曹仁援军已到，稳定军心，不出十日，曹公后援军肯定到达，关羽必败无疑。"最后，诸位将领这才安定下来。

这时，孙权给曹操写来密信，表示要袭击关羽后方，要求曹操不要泄露机密，以免关羽有所防备。

曹操属下大多将领都认为应该将此消息保密，唯独谋士董昭独持异议，董昭认为，对于此消息，应该表面上保密，但暗中泄露给关羽。关羽一旦知道孙权要来攻打他，必定会撤兵回防，这样一来，樊城之围便可解。只要关羽与孙权开战，曹军便可坐收渔翁之利。但如果保密此消息，一旦孙权得势，对曹军未必有利。且樊城被围已久，亟待救援，若城中将士不能坚守，一旦发生意外，局面将难以收拾。

曹操遂采纳董昭意见，令徐晃将孙权密信的内容绑在箭羽之上，射入樊城及关羽营中。樊城士兵收到此消息，士气倍增，信心满满地等待援军；而关羽得到此消息，既担心腹背受敌，陷入困境，又不舍得放弃樊城，一时之间犹豫不决。

随后，曹操亲率大军到荆州解救樊城之围，并接受参谋桓阶的建议，将大本营设在颍川附近的摩陂（今河南郏县东南），派殷署、朱盖等十二军团进至郾城，支援徐晃。

关羽在樊城守军的外围设置指挥营寨，成立四个防守营寨。徐晃以声东击西战术，扬言欲攻围总指挥营寨，却出其不意突袭其他四个营寨。关羽见形势危急，自率步骑五千出战，双方进行了激烈战斗。关羽战败，退回营寨时，徐晃率军穷追不舍，紧随其后冲入营内。关羽只好撤离，驻扎在河水，据险而守，试图截断徐晃与樊城守军的联系。

十一月，吕蒙率军进至浔阳（今湖北广济东北），化装成为商人从水上赶路，精锐士兵则藏于"商船"之中。驻守江防的蜀军不曾察觉，使得吕蒙军得以顺利进入江陵，将蜀军全部俘虏，致使江陵城陷入混乱。

吕蒙顺利进至公安，当蜀军发觉的时候，吕蒙军已经兵临城下。吕蒙让原骑都尉虞翻写信诱降驻守公安的蜀将傅士仁。傅士仁见大势已去，又对关羽不满，便开城投降。随后，吕蒙又使傅士仁引吴军迫降镇守江陵的蜀南郡太守糜芳，吕蒙大军最终进据江陵，一举夺回被刘备长期占据的荆州。

当关羽得知江陵、公安相继失守之后，立刻撤兵回救，樊城之围彻底解除。曹仁部将见关羽匆忙撤退，主张乘胜追击，参军赵俨却认为，孙权利用关羽攻击襄樊之际，偷袭关羽后方，又担心关羽回救江陵，才与我们交好。现在关羽已经败走，应当保留关羽一定实力与孙权作战，不宜追击。如果紧追不舍，势必引起孙权的疑心，使他改变对关羽的态度，这将坏了魏王的大事。曹仁也同意赵俨看法，未部署追击。而曹操得知关羽撤退消息后，果然派人传达命令，不许追击。

关羽撤军而回的时候，孙权已经先一步抵达江陵，并派陆逊攻占了夷陵（今湖北宜昌）、秭归（今湖北秭归）等地，切断关羽入川退路。回军途中，关羽曾多次派人到江陵打探消息，吕蒙每次都礼待来使，并让其自由在城中周游，帮助士兵传递家书。使者回营之后，将所见所闻告知众将士，将士们得知家眷安全，纷纷半路逃跑，投奔江陵。

关羽自知势孤力弱，派人向驻守在上庸的刘封及孟达二人求援，但二人均推托不予支援。一时之间，关羽陷入了腹背受敌、孤掌难鸣的困境，无奈之下只得败走麦城（今湖北当阳东南）。

陆逊乘机西进，夺取宜都。此时麦城东、西、南三面受敌，援兵又迟迟不到，关羽便决定突围回西川。十二月，孙权派使者到麦城劝关羽投降。关羽提出要求，让吴军退兵十里，后在南门相见。吕蒙果然退兵，静候关羽投降。但关羽却立假人于城上，暗中吩咐剩余部队各自逃命，自己则带领其子关平以及少数亲信从小路逃走。吕蒙料到他若逃命，必然会走麦城北边的小道，事先便已派兵埋伏。随后，关羽被吴将潘璋部司马马忠擒获，因拒绝投降，与其子关平一起被杀，年约五十八岁。随后，刘备追谥关羽为壮缪侯，其子关兴嗣其爵。

正所谓关羽大意失荆州，败走麦城而被杀。曾经威震华夏的关羽，却因为骄傲自大、麻痹大意而丢了卿卿性命。

关羽被杀后不久，孙权将其首级献给曹操，以表示对曹操的归附之意，同时也是为了激起刘备对曹操的不满。曹操一向欣赏关羽的忠义，便下令按照关羽的身材雕刻木身，以诸侯之礼安葬洛阳。

为了表彰孙权的功劳，曹操以其为骠骑将军，领荆州牧，封南昌侯。并接受司马懿的建议，采取了一些安民措施，襄樊地区再次稳定下来。

曹操借刀杀人，一石三鸟，借吕蒙之力削弱关羽，并解樊城之围；致使关羽败走麦城，死于孙权之手；而孙权的势力因此消耗，自己却得以保存军力，实在高明。自此，三方疆域大体固定下来，鼎足局面正式成形。

第十七章 ／ 曹氏父子

称王

随着势力的壮大，曹操逐渐滋生出不臣之心，其地位也逐步攀升，由列侯一直到魏王。自赤壁之战后，曹操便开始逐步剪除政敌，以巩固自己在东汉朝廷中的统治地位。

建安十五年（210 年），曹操位列丞相之后，下了一道《让县自明本志令》，说明自己的志向只是当将军、列侯，现在已经位列丞相，因此就没有更大的野心了。并且表示钦佩秦桓公、晋文公以及乐毅、蒙恬等古人尊君的行为，以表示对汉室皇帝的忠心。最后，曹操更是表示愿意从自己原来的四县三万户食邑中让出三县两万户退给朝廷，只享受平县一万户的租税。但对于军事大权，曹操却不肯有半点退让，因为他深知，在朝野之中，再多的封地，再高的权位都是虚的，唯有实实在在的军队才是保护自己、巩固权势的根本。

次年正月，献帝下诏，将曹操让出的两万封邑减去五千之后，平均分封给了曹操的三个儿子，曹植、曹据以及曹豹，并封曹植为平原侯，曹据为范阳侯，曹豹为饶阳侯。与此同时，曹操嫡长子曹丕被任命为五官中郎将，进一步加强了曹氏对朝廷的控制。

建安十七年（212 年），曹操平定关中，使他的声望进一步提高，汉献帝特意给他三项特权：朝拜时司仪唱礼不直呼其名；上朝时不必小步快走；上殿时可以佩剑穿鞋。所受到的礼遇同西汉初期名相萧何一样。

同年九月，在曹操授意下，献帝分别册封皇子刘熙为济阴王、刘懿为山阳王、刘邈为济北王、刘敦为东海王。对曹操此举，益州蜀郡太守许靖曾评价说："欲将取之、必先予之。这就是曹孟德的谋略啊！"

不久，董昭受曹操之命向献帝提出，因曹操功勋卓著，应晋爵为国公、加九锡的建议。

曹操帐下最得力的谋士荀彧敏锐地察觉到曹操滋生的不臣之心。荀彧虽然是曹操帐下最得力的谋士，为其立下众多功劳。但是，作为士人，荀彧的儒家伦理道德观念极强，忠君爱国思想牢固，在察觉曹操的野心之后，荀彧极力表示反对。

荀彧非常清楚，董昭不过是曹操代汉的一步棋子而已，于是对董昭说："曹公原本起兵的目的是辅佐朝廷、安定国家，怀着忠贞的诚意、谨守退让的实心。君子爱人以德，不应该如此。"

曹操虽然对荀彧十分器重，但是对其态度却十分不满。此后不久，曹操借出征孙权的机会，上表献帝，推荐荀彧到谯县慰问军队，将其调出了朝廷。随后，又将其留在军中，以便控制。当曹操领兵进军濡须口时，荀彧因有病留守寿春。一天，曹操派人给荀彧送来了一个空食盒，荀彧一看，当即明白了曹操的用意，曹操这是在告诉他，这大汉朝已经没有他荀彧可以吃饭的地方了。荀彧长叹一声，心中怅然，当即饮毒自尽，时年五十岁。自此，曹操排除了通往帝王之路的一大障碍。

次年正月，献帝下诏，将全国十四州合并为九州，并将幽州以及并州等郡都并入冀州，而曹操仍然为冀州牧。五月，献帝派遣御史大夫郗虑持节册封曹操为魏公，封地冀州的河东、河内、魏郡等十郡，并加九锡。

这是曹操通往称王称帝道路上的一个重要台阶。但是曹操却向献帝上表推辞，不肯接受。曹操推辞魏公的册封令许多人感到惊讶，众多大臣纷纷劝进，曹操这才勉强接受，但封地只接受了一个魏郡。

随后，曹操在邺城开始建立魏国的社稷、宗庙，并按照汉初封王的制度设置尚书、侍中、六卿，以荀攸为尚书令，毛玠、崔琰为尚书，杜陵、卫觊为侍中，钟繇为大理寺。曹操推辞献帝的册封，只不过是做样子给文武百官看，显示自己忠于汉室的决心，以退为进。从此，献帝进一步沦为曹操的傀儡。

建安十九年（214年）三月，献帝改授曹操只有诸侯王才能佩用的金印、赤绂、远游冠，使曹操享受王的待遇。同年十一月，曹操发现伏皇后过去写给她的父亲屯骑校尉伏完的一封密信。伏皇后在信中历数曹操残暴不仁之事，并请求父亲伏完能够效仿当年的董承，将曹操铲除。但伏完因惧怕曹操权势而一直不敢行动。

曹操发现密信之后非常震怒，要挟献帝废黜了伏皇后，甚至代献帝写好了废黜皇后的诏书。此后，曹操令御史大夫郗虑和尚书令华歆一起带兵包围皇宫，搜捕伏皇后。据说当时伏后藏于宫中的夹墙里，士兵们都不敢对皇后无礼，唯独华歆不怕，亲自动手将皇后拖出，去见献帝领罪。

伏皇后向献帝哭诉求救，献帝却悲哀地对伏后说道："朕都不知自己还能活到何时，又怎么来救你啊！"

献帝说完后悲从中来，转头对郗虑说道："郗公啊！你曾见过天下有这样的事情吗？"郗虑沉默不语。

后伏皇后被幽闭而死，她所生的两位皇子也被赐毒酒身亡，伏氏宗族百余人全部都未能幸免于难。

十二月，献帝再次下诏，让曹操享有诸侯王的荣宠。次年正月，献帝将曹操之女曹节晋升为皇后。此前，献帝已经先后纳曹操的三个女儿为贵人。同年九月，献帝又授予曹操分封列侯以及任命重要官员，如太守、国相的权力，其权势之盛，堪比帝王。

建安二十一年（216 年）五月，献帝正式册封曹操为魏王。此后不久，有人想诬陷崔琰、毛玠，说二人对曹操不恭，且在背后说曹操的坏话，曹操竟然无视二人的功劳，将崔琰处斩，毛玠罢官。

荀彧、崔琰、毛玠，他们都是跟随曹操南征北战的谋士，为曹操的江山立下过汗马功劳。但此时，对于曹操而言，但凡是阻挡他向权力顶峰迈进的人，都是必须清除的障碍，哪怕他们是与自己出生入死，生死与共的忠臣！

同年七月，南匈奴单于呼厨泉前来邺城朝拜魏王曹操，曹操将呼厨泉留在邺城，并派匈奴右贤王去卑监理南匈奴。曹操待匈奴单于如列侯，允许其子承袭封号，并且将南匈奴分为五部，派汉人为司马，对其进行监管。南匈奴的臣服使得曹操的声威更加远播。

建安二十二年（217 年）四月，献帝赐予曹操享受天子出行的待遇，同时特许曹操能够像天子一样，佩戴悬挂十二根玉串装饰的帽子，并可乘坐特制的六驾金银车出行，曹操的权势达到前所未有的顶峰。实际上，此时的曹操已经有了天子之实，只差一个坐上皇帝宝座的名声罢了！

选择

任何人在建功立业，称王称帝之后，都必然面临确立继承人的问题。建立丰功伟业的秦始皇因为扶苏和胡亥之争而亡国；袁绍、刘表也因立嗣的问题而头疼不已。曹操在称王之后，也面临着确立继承人的问题。鉴于历史的教训，曹操对立嗣问题十分重视，经过了一番深思熟虑之后，才最终确定。

曹操共有二十五个儿子，曹操的结发妻子丁氏并无子嗣。长子曹昂为刘夫人所生，刘夫人早亡，因此由丁夫人抚养。曹丕、曹彰、曹植、曹熊为卞夫人所生。而年纪较小的曹冲、曹据等为环夫人所生。其余则由众多妻妾所生。

按照惯例，曹操的继承人理应是长子曹昂，但是，早年曹昂被张绣叛军所杀。因此，继承人的顺序便应按曹丕、曹彰、曹植的顺序排列。古时的立嗣制度，讲究先嫡后庶，先长后幼，但是曹操对此并不怎么重视，他本人看重的是儿子的德行和才能。为此，他长期培养诸子，以观察物色自己的继承人。

曹操对诸子的要求十分高。因为当时曹操旨在扫平群雄统一全国，因此，他要求诸子习文习武，成为文武兼备的人才。对于那些喜好文学不喜欢习武的儿子，曹操则强制要求他们苦练武艺，还下令将"百辟刀"交给他们。曹丕、曹植都收到了曹操的"百辟刀"，可见曹操对于儿子的培养可谓用心良苦。

曹彰自小便喜骑马射箭，且膂力过人，武艺高强，据说能徒手与猛兽搏斗，因此深得曹操喜欢。但曹彰不爱读书，曹操时常对他说："你喜好骑马射箭是好的，但不读书来仰慕圣道，将来只能做一个武夫而已！"虽然曹操一直督促曹彰研读《诗经》、《尚书》等著作，但是曹彰始终不好此道，他常和左右说："大丈夫就应当成为卫青、霍去病般的大将，率领十万骑兵驰骋沙漠，驱逐戎狄，建功立业。"

曹操让几个儿子谈论自己的志向时，曹彰曾经骄傲地说自己想要当将军。曹操问他："那你如何做将军呢？"

曹彰回答说："身披盔甲手持锐器，面临危险而不顾，身先士卒，赏罚分明。"曹操见曹彰如此酷爱习武，便不再勉强他。

曹冲是曹操最喜爱的儿子之一，曹操曾一度有意培养他成为自己的接班人。曹冲非常聪明，五六岁的时候就表现出了过人的才智。建安六年（201年）左右，孙权派人送给曹操一头大象，曹操带着小儿子曹冲和文武百官前去观赏，大家都很惊诧，此前他们从未见过大象这种动物。见大象如此庞大，曹操突发奇想，对众人说道："有没有人能称一称，这庞然大物究竟有多重啊？"

众人你看看我，我看看你，谁也没有办法，毕竟去哪里找这么巨大的秤啊，即便找到了，恐怕也没有人能提起吧。

就在这时，曹冲走了出来，对曹操说道："父亲，请让我试一试。"

百官都不相信，区区一个小毛孩能够解决这个难题，全都在一旁等着看好戏。曹操答应了曹冲，也在一旁饶有兴致地看着曹冲。

曹冲将众人带到了河边，令人准备一只大船和许多石头，然后将大象牵到船上，大象非常重，船往水中沉了一些。曹冲用笔在吃水线的地方画下记号，随即又让人将大象牵下船，往船上搬石头，装载到船下沉至与大象同样的水位线时，曹冲对曹操说道："父亲，请让人称一称这些石头，这些石头的重量便是大象的重量。"

曹操大喜，对众人笑道："你们这些名士谋臣，却不如一个小孩子聪明啊！"

曹冲不仅聪慧，并且为人十分仁厚。有一次，曹操的马鞍放在仓库里面被老鼠咬坏了，负责管理仓库的官吏很害怕，认为曹操必定会重罚他们。

曹冲知道此事后，对这些官吏说："不用担心，你们三天以后再去请罪吧。"

随后，曹冲将自己的衣服弄破，假装是被老鼠咬坏的，然后装出一副难过的样子。曹操见状后便问道："你怎么了？有什么心事吗？"

曹冲说道："人家都说，老鼠咬破了衣服，是不祥的征兆。我的衣服被咬破了，所以我的心中十分烦恼啊！"

曹操大笑，安慰儿子说："这种胡说八道的事情怎么能相信呢？不就是一件衣服吗，根本不需要担心。"

三天以后，看管仓库的官吏前来向曹操请罪，曹操这才明白了曹冲的用意，未追究官吏的罪责。

曹冲可以说是曹操最满意的儿子，只可惜曹冲在十三岁时，得了一场重病，不幸去世。曹操十分伤心，当曹丕来劝慰时，曹操说道："曹冲去世是我的不幸，却是你们的幸运。"言下之意，如果曹冲不死，将会是最佳的继承人人选。

曹冲去世之后，曹操在一段时间内，又开始倾向于培养曹植为继承人。

曹植自幼聪颖，才华过人，十几岁的时候便能诵读诗文，下笔成章。当年邺城刚建成铜雀台的时候，曹操让所有儿子登台作赋，曹植挥笔一蹴而成，文采斐然，让曹操大为惊叹。

建安十九年（214年）七月，曹操领兵南征孙权，安排曹植镇守邺城。临行前，曹操告诫道："我以前任顿丘令，年龄二十三岁。回想当年所作所为，没有什么可遗憾的。现在你也二十三了，要努力自勉啊！"曹操的目的是借这个机会锻炼曹植，对他进行考验，希望他能独当一面。

同样，曹操也重视对曹丕的培养，曹丕年纪比曹植大五岁，从小善于骑马射箭，也擅长诗文，可谓是能文能武的人物。

曹操在立嗣问题上十分谨慎，虽然他倾向于曹植，也更喜爱曹植，但是他却给了曹丕、曹植同样的机会。

虽然曹操比较倾向于立曹植为嗣，但是曹植生性放荡，不注意言行，也时常招惹曹操不满。同时，曹操的一些老臣纷纷劝谏立长不立幼，因此，曹操在选择继承人的问题上左右权衡。正因如此，才导致了兄弟之间矛盾不断、争斗不休。

相煎何太急

曹丕和曹植为了得到曹操的赏识和器重，钩心斗角，尔虞我诈，甚至相互攻击、陷害。兄弟之间为了继承权的问题貌似团结友爱，实则暗潮汹涌。

在他们周围，各有一批人为其效力。杨修、丁仪和杨俊是曹植的拥护者。而吴质、陈群、司马懿则为曹丕的心腹，而一些老臣如贾诩、毛玠等，因曹丕为长，故而更倾向于曹丕。

丁仪是曹操老朋友的儿子，非常有才华，曹操曾经想把女儿嫁给丁仪，却遭到了曹丕的反对，曹丕对曹操说："这丁仪一只眼睛瞎了，怎么能配得上我妹妹呢！"于是曹操将此事作罢。

不久之后，丁仪觐见曹操，曹操与他谈古论今后非常佩服，赞叹道："丁仪确实是个人才啊！哪怕两只眼睛都瞎了，也足以般配我的女儿！"

后丁仪得知此事后一直记恨曹丕，于是投入了曹植的阵营，成了曹植的忠实支持者。

杨修长期在曹操身边办事，对曹操的心意非常了解，他知道曹操非常喜欢曹植，因此投入了曹植阵营。所谓朝中有人好办事，曹植深知，结交曹操身边的杨修，必然对自己大有帮助，于是两人结下了友好关系。

　　由于丁仪兄弟与杨修常常在曹操身边为曹植说好话，加之曹植确实极有才华，因此曹操越发倾向于曹植，甚至多次有意要立他为世子。

　　建安二十一年（216 年），曹操晋爵为魏王，曹丕与曹植之间的争夺更加激烈。

　　曹丕在曹操的众多儿子中并不算十分出色，他文不及曹植，武不及曹彰，因此一直对两个弟弟颇有忌惮。他唯一讨好父亲，赢得父亲喜欢的方式，便是在父亲面前装个乖儿子。

　　一次，曹操即将领兵出征，百官和其子都来为他送行，临别之前，曹植高声朗读了为曹操写下的文章，言辞华美，慷慨激昂，得到了众人的一致赞赏。这个时候曹丕急了，他没有曹植的文采，此时根本不知能做什么来赢得曹操的注意，这个时候，曹丕的亲信吴质悄悄在他耳畔说道："公子，你只要哭就行了。"

　　曹丕顿时心领神会，在曹操即将动身之前，泪流满面，抓着曹操的手不舍得放开。曹丕这一哭，百官都被感动了，曹操自己也掉下了眼泪，曹植那篇言辞华丽的辞赋早被丢到了九霄云外。

　　曹植为人率性，从不粉饰自己，行为放荡不羁，喜好饮酒，常常喝得酩酊大醉，让曹操甚为不满。

　　曹操为培养曹植，曾让素有盛名的邢颙对他进行指导，邢颙对曹植非常严厉，曹植因此十分不喜欢他，反而亲近成天与自己饮酒作乐、吟诗作对的"建安七子"之一的刘桢，让曹操大失所望。

　　有一次，曹丕听说曹植的亲信丁仪、丁廙兄弟为拥立曹植为嗣而积极活动。曹丕想找吴质商议对策，这时吴质已经被任命为朝歌县长，属于外官。按照规定曹丕不得与外官私自见面。当时，吴质还在邺城，于是，曹丕便命人用木箱将吴质暗中拉入府中。这件事情，却被曹植的亲信杨修得知，并将此事告知曹操。曹丕一时慌了手脚，吴质却非常镇定，并且心生一计，对曹丕说道："明天公子再命人拉竹箱入府，并在里头装满棉帛，到时候丞相必然会派人来查看，杨修就快要受罪了！"曹丕按照吴质所说行事，果然有人前来查验，结果查无所获，曹操从此对杨修产生了疑心。

还有一次，曹操想要考察曹植与曹丕的才能，便交给他们一个任务，让他们从两处不同的城门出城办事，事先则秘密授令看门人不准放行。结果，曹丕到城门口，守门人不让其出城，他便灰溜溜地回去了。而曹植因为事先从杨修处已经得知，这次任务是一次考验，于是遵从杨修之言，将守门人斩杀，果断出城。但没想到，杨修本是想让曹操认为曹植做事果敢有决断，却适得其反，给曹操留下了曹植好杀的印象。

最终，曹植犯下了一个致命的错误，令曹操对曹植彻底失望。建安二十二年（217年），曹植醉酒之后，私自乘坐车驾在帝王专用的驰道上奔驰，并由皇宫的司马门长驱直入，一直驶向金门。曹植此举严重违反禁令，让曹操甚为恼怒，并失望地说道："我本以为子建（曹植字子建）是我的儿子里最能成就大事的人，但我错了。"

同时，在确立嗣子的过程中，曹操还注意听取一些大臣的意见，尤其是不在曹丕、曹植身边当谋士的有识之士。他曾经询问过杨俊、贾诩、崔琰、毛玠等人的意见。

杨俊比较倾向于曹植，但是，贾诩、崔琰、毛玠等人却倾向于曹丕。

曹操在征求贾诩意见时，贾诩装作没听见久久未做回答。曹操对他说：

"我在询问你的意见，你怎么不回答呢？"

贾诩说："我刚刚在思索一件事情，所以没顾上立即回答。"

曹操不解地问："你在思索什么？"

贾诩回答说："我在思索袁绍、刘表他们父子的事情。"贾诩意在告诫曹操袁绍、刘表不立长子为嗣的后果，意在劝谏曹操立曹丕为嗣。曹操立刻便明白了贾诩的深意，于是哈哈大笑。

崔琰在曹操用信函秘密向他征求意见时，回信并不封口，表示公开自己的意见。他表示：我听说《春秋》中的古义，立太子要立长子，加上五官中郎将（曹丕）仁孝聪明，应该让他继承正统。这是我至死坚持的。曹植是崔琰哥哥的女婿，而崔琰能够做到不徇私情，让曹操很欣慰，也加深了他立长不立幼的想法。

而毛玠也劝谏曹操立曹丕为嗣，他对曹操说："袁绍不分嫡庶，弄得宗室覆灭，悲惨收场。太子的废立，关系国家大事，这不是我所应当听闻的。"

同时，邢颙、桓阶等人也支持曹操立曹丕为嗣。最后，在众人的劝谏下，曹操终于下定决心立曹丕为嗣。建安二十二年（217年）十月，曹操下令正式立曹丕为魏王世子。

建安二十三年（217年），就在曹丕被立为世子的第二年，曹操就在洛阳病故了。临终之前，曹操唯独召回了儿子曹彰。但曹彰还没抵达洛阳，曹操就已经撒手人寰。

随后，曹丕即魏王位，曹彰与曹植封诸侯，各自前往封国。

但是，曹植、曹彰始终是曹丕的心腹之患。

据《世说新语》记载：曹丕和曹植之所以交恶，除了争夺嗣位之外，还因为一名女子，即袁熙的妻子甄宓。据说，当时曹植和甄宓两情相悦，却被曹丕横刀夺爱。甄宓被曹丕赐死后，曹植悲痛欲绝，为了怀念她写下了流传千古的《洛神赋》。然而，这种说法却与史实相差甚远，曹丕和甄宓成亲时，曹植才十三岁，根本不可能与甄宓两情相悦。

曹植七步成诗的典故同样出自于《世说新语》，文中说，曹丕在即位之后，因担忧几个弟弟与他争夺权力，于是决定先下手为强。首先夺了曹彰兵权，然后逼曹熊上吊，最后将矛头指向曹植。但当时，曹植文采斐然，具有极高声望，曹丕不敢贸然动他，于是便想出一个主意，借考察曹植文采为名，要求曹植在大殿之上，七步之内以"兄弟"为题吟诗一首，但诗中却不能出现"兄弟"二字。

于是，大殿之上，曹丕迈步缓行，曹植凄怆难抑，最终张口缓缓道：

煮豆持作羹，漉菽以为汁；

萁在釜下燃，豆在釜中泣；

本自同根生，相煎何太急！

曹丕由此感念兄弟之情，终于放曹植一条生路。此后曹植离开京师，多次被迁封地，最后的封地据说是陈郡。232 年，曹植去世。至于曹彰，在被曹丕剥夺军权之后不久，便暴毙而亡，死因成谜。

《世说新语》的记载或许未必可靠，但纵观几千年历史，帝王子孙为了争权夺利而兄弟阋墙、相互残杀的情况比比皆是，和睦相处、互忍互让则少之又少。故此，曹植、曹丕之间必定也免不了明抢暗夺的争斗，而后人为显示其兄弟间争斗的激烈而杜撰一些故事也是情有可原。

第十八章 ╱ 此生无悔

盖棺定论

建安二十五年（220 年）正月，曹操还军洛阳，并于当月病逝在洛阳，终年六十六岁，谥曰武王。曹操临死前留下《遗令》，根据遗嘱内容，于二月廿一丁卯日（4 月 11 日）被安葬于邺城西郊的高陵。

同年十月，魏王曹丕问鼎皇位，自立为帝，国号魏，并追尊曹操为武皇帝，庙号太祖。

曹操年轻时，精于骑射，苦练武艺，同时也酷爱蹴鞠，因此身体十分强壮。到了晚年时期，曹操还经常带兵打仗，并且注意练习气功，学习养生之道，身体力行，因此取得了良好效果。

但是，曹操自年轻时期就有偏头疼的老毛病，并且久治不愈。后来，曹操听说华佗医术精湛，便派人将其请来治病。

据《三国志·陈登传》记载：华佗是当时非常有名望的医师，曾为广陵太守陈登治过病。当时陈登面色发红，身体不适，遍寻名医都医治无果，后寻到华佗才得以痊愈。后华佗嘱咐陈登，若是复发，一定要找他讨要药方。三年后，陈登再次犯病，但当时华佗外出采药，陈登一时寻不到他，这才不幸英年早逝。而在周泰受重伤时，华佗将其医好，所以有人向曹操推荐华佗时就说："江东那个治好周泰的神医您知道不？"

据《三国志》记载，华佗为曹操医治偏头疼取得了一定的效果，曹操每次发病，华佗都为其施针，为其止住疼痛。但是治标不治本，这病总是治不了根。于是，曹操便让华佗做他的侍医。所谓医者仁心，更何况是华佗这样的神医，他以悬壶济世为己任，自然不愿专门服侍权贵。于是，华佗托故向曹操请假回乡，一去不回头。曹操多次派人去找他，他都以妻子生病为由，拒绝接受曹操召见。后曹操派人前往查看，竟发现他的妻子是在装病，一怒之下将他抓捕入狱，并下令狱吏直接在狱中将华佗处死。

华佗死前仍不忘济世救民，将自己毕生绝学《青囊经》取出，希望狱吏能将它流传下去。可惜，狱吏因惧怕曹操而不敢接受，华佗悲愤交加，将医书投入火中焚毁。

后来，曹操的偏头疼几次发作，诸多医师束手无策，病情日益加重，但是他依然毫无悔意，并且对左右说："华佗能治疗我的病痛，但是却不能根治，并且以此为要挟，即使我不杀他，这病痛也很难治愈。"直到后来，曹操最喜爱的儿子曹冲身患重病而死，曹操才悔恨地说："今日我才后悔杀华佗，致使我儿病死。"

建安二十二年（220年）正月，曹操在取得荆州后，也已经身心俱疲，回到洛阳之后，也无心再回邺城。不久，他的偏头疼再次发作，加上劳累过度，不堪重负，终于病倒，很快去世。

曹操临死前留下三份遗嘱，分别是《终令》、《遗令》和《内戒令》。在曹操的遗嘱中，他为自己选择了邺县西面贫瘠之地作为寿陵，同时主张节俭，反对厚葬，更嘱咐文武百官脱掉孝服，各军将士和各地官吏各尽职守。曹操虽然出身权贵之家，一生更是获得无限荣耀，但是他一生不讲究吃穿，提倡节俭，即使丧葬也是如此，这是难能可贵的。

在中国历史上，曹操可谓是一位前无古人、后无来者的传奇人物。一生叱咤风云的曹操，在死后却背负着无数骂名，由于小说《三国演义》和戏曲的渲染，曹操在人们心中的形象往往是一个奸诈、阴险、谋权篡位的奸雄。实际上，这歪曲了曹操在历史上的真实面目。

不容否认，曹操在性格、品德上有很多欠缺之处。当时生存的环境使其形成了放荡不羁、诡诈多疑、残忍自私的性格。他曾为报父仇夺取徐州，滥杀无数无辜百姓。但是，《三国演义》和戏曲中的演绎确实有夸张之处。

正如《三国志》作者陈寿评论曹操说："汉末，天下大乱，雄豪并起，袁绍虎视眈眈，占据四州，强盛莫敌。太祖（曹操）运筹演谋，鞭挞宇内，用申不害、商鞅之法术，用韩信、白起之奇策，选拔人才，任人唯贤，各因其器，矫情任算，不念旧恶，终能总御皇机，克成宏业，这是和他谋略最优分不开的。曹操真可谓非常之人，超世之杰。"陈寿肯定了曹操的谋略和军事才能，任人唯贤和广阔胸怀，尽管不算全面，但也符合历史。

著名的文豪鲁迅先生也曾经说过："其实，曹操是一个很有本事的人，至少是一个英雄。"

曹操从登上政治舞台到病逝洛阳，共经历了四十七年，足以体现曹操卓越的政治见识和非凡的军事才能。曹操出身宦官之家，却走上了反对宦官专权的道路。曹操捷足先登，取得了挟天子以令诸侯的优势，却始终不肯僭越称帝。

曹操政治清明、整顿吏治，抑制豪强，减轻赋税，使得社会得到安定。他讨平群雄，消除割据势力，实现了北方的统一，从而促进了经济复苏，百姓安定。

曹操在北方全力发展农业生产，因地制宜兴办屯田、兴修水利，为军队解决了粮食匮乏的问题，促进了农业生产的恢复和发展。

曹操求贤若渴，曾先后三次下达"求贤令"，用人唯才，打破世族门第观念，起用了王修、司马芝、杨沛、吕虔、满宠、贾逵等地方官吏，并大力打击不法豪强，对政治清明、加强中央集权统治起到了很大作用。

曹操也非常注意节俭，并以身作则，扭转了东汉以来的奢华之风，天下的人都以廉洁勤俭自律。

同时，曹操也是一位出色的军事家，他自幼钻研兵法，有高深的军事理论，博览群书，熟读孙武、吴起等前代军事家的著作，并将自己的战争经验加以论述集结成册，著成《兵书摘要》；开创整理注释《孙子》十三篇的先河，撰成《孙子略解》。战略战术上，曹操灵活多变；军队法制上，曹操赏罚分明。正因如此，曹操才能在兼并战争中立于不败之地。

曹操在文学上也有很高的成就，是建安文坛上的领袖，与其子曹植、曹丕并称"三曹"。尤其是诗歌方面成就显著，其《短歌行》、《苦寒行》、《步出夏门行》等都是不朽之作："老骥伏枥，志在千里，烈士暮年，壮心不已"、"山不厌高，海不厌深，周公吐哺，天下归心"等诗句更是成为脍炙人口的绝句。同时，曹操还注意网罗文学人才，使建安文学呈现崭新的面貌。

正所谓时势造英雄。东汉末年，刘氏汉室的统治已经腐朽到极点，给人民百姓带来了无数的灾难，无论是豪强地主，还是平民百姓都揭竿而起，从而也涌现出一批出色的人物。作为东汉末年军阀割据时代的收官者，和三国鼎立时代的开启者，曹操理所当然是这个时代的骄子。但是，他也是把持朝政、肆意弄权的权臣和奸雄，因此，他可谓是中国历史上最有争议的人物。曹操被后人冠以乱臣贼子，但是他的所作所为在那个时代来说，却是顺应时势、大势所趋，更是推进了社会发展的历史进程。

不敢越雷池

东汉末年，诸多豺狼虎豹都忙于称帝、称王，诸如袁绍、袁术之辈，但是，当时最有实力、最有机会的曹操却一直对献帝称臣，直至去世都不敢越雷池半步。

当时，尽管曹操将东汉末年的汉献帝当成一个傀儡操纵于股掌之中，但是却一直没有将其彻底废除，自己取而代之。他早就怀有不臣之心，却始终对自己一手扶植的傀儡称臣。曹操结束了东汉末期诸侯割据的混乱局面，实现了北方的统一，但是他却未能改朝换代、登基称帝。后人不禁产生疑问，是他不敢僭越，还是有其难言之隐？

其实，曹操不是不想当皇帝，只是前车之鉴，使他不敢登上这个皇位罢了。

当初曹操初登政坛，冀州刺史王芬、许攸等人便想废黜灵帝、自立为王，还想拉曹操入伙。但是，这些人的筹谋还未实施便夭折，最后众人死的死、逃的逃，谋朝篡位成了一场闹剧。

汉灵帝死后，董卓擅权，控制中央政权。但是出身低微的董卓，为了提高自己的威望，竟然废长立幼，杀死少帝，改立献帝。尽管汉献帝只是一个傀儡，但是其汉室正统的权威和尊贵却依然存在，董卓因此也走上了不归路。

士族大臣、豪强诸侯纷纷群起而攻之，不到三年董卓便死在吕布手中。

随后，袁术、袁绍兄弟都有自立为帝的野心，袁术更是倚仗传国玉玺而称帝。当时，汉室虽然名存实亡，皇帝只是一个傀儡，但是，各豪强军阀都有野心称霸，势必不甘心旁人骑在自己头上。最终袁氏兄弟众叛亲离，他们的称帝之路也成了一场黄粱美梦。

正所谓前车之鉴，曹操亲眼看见这些妄图称帝而失败的教训，他深知如果自己贸然行动，必将成为众矢之的。曹操深知，汉末天下大乱，群雄蜂起，挟天子以令诸侯，要比称帝讨伐，更加名正言顺，得天应人些。正是因此，曹操才能够在短时间内平定群雄、统一北方。曹操如果废帝自立，诸侯便会联合起来对抗他，即使能用武力消灭割据势力，也很难让百姓和士族阶层服从。且不说孔融、崔琰等人，即使是他手下最得力的谋士，荀彧、荀攸叔侄，都反对他称王，更何况登上帝位呢！因此，曹操才会踌躇不前。

况且，献帝虽然软弱，但是并不甘成为傀儡，并且积极联系各方势力，反对曹操。尤其是以董承为首的朝廷官员，多次想要铲除曹操。建安二十三年（218年），在许都发生了拥护汉室而反抗曹操的叛乱。京兆人金祎和少府耿济都是汉朝忠臣，他们想先占据许都，再挟天子联合关羽攻打邺城。同年，在邺城还发生了魏讽阴谋反曹事件，虽然，叛乱被曹操镇压，但是对他的打击还是很大的。

因此，当孙权上书曹操，向曹操称臣并劝曹操取代汉朝自称大魏皇帝的时候，曹操将孙权来书遍示内外群臣，说："孙权这是要将我放在炉火上烤啊！"

这时，曹操手下群臣也乘机劝曹操称帝，顺应天命，曹操则说道："'施于有政，是亦为政'。若天命在吾，吾为周文王矣。"曹操借用《论语·为政》表达，只要掌握了政治实权，何必一定要皇帝的虚名呢？并且明确表示，即使当皇帝的时机已经成熟，自己也不当皇帝，要做周文王，让自己的儿子当皇帝。

曹操初登政坛时，曾经以兴复汉室为理想，并且为此做出了许多努力，但是经历董卓专权、群雄割据之后，他的理想便成了泡影。随后，曹操奉天子以令不臣。随着北方统一的完成，权势的增大，曹操逐渐产生了不臣之心。曹操控制朝政，将自己子嗣、宗亲以及亲信委以重任，使汉政权有名无实，而曹操则逐步封爵称王，甚至达到与献帝对等的地位。

　　等到时机成熟时，曹操已经年纪老迈，六十五岁高龄，而且身体患有疾病，不久于人世。如果自己称帝不仅违背自己绝无代汉自立的宣言，而且会遭到政敌的反对和攻击。况且，此时曹操虽不是皇帝，却胜似皇帝，效仿周文王的举措，才对自己和子孙有利。

　　所以说，曹操的做法是非常明智的。曹操坚持不称帝实际上是为曹丕统一全国、实现霸业做准备。果然，曹丕在曹操死后不久，便取代汉朝，自立为帝，国号魏，追尊曹操为武皇帝，庙号太祖。这便是曹操与袁术等鼠目寸光之辈的天壤之别。